SRI DAYA MATA
(1914 – 2010)

Kolmas Self-Realization Fellowshipi/Yogoda Satsanga Society of India
president

Rõõmu leidmine iseendas

Isiklikud nõuanded Jumala-keskseks eluks

Autor

Sri Daya Mata

Self-Realization Fellowship
FOUNDED 1920 BY PARAMAHANSA YOGANANDA

SELLEST RAAMATUST: *Rõõmuleidmine iseendast*, mis anti välja aastal 1990, on 1955. aastast kuni oma lahkumiseni 2010. aastal Self-Realization Fellowshipi presidendiks ja vaimseks juhiks olnud Sri Daya Mata kõnede ja esinemiste teine kogu. Esimene köide *Ainult armastus: elades vaimset elu muutuvas maailmas* anti välja 1976. aastal. Alates 1950. aastate keskpaigast talletasid mungad-nunnad Paramahansa Yogananda aašramites Daya Mata poolt satsangide (tõeotsijate kogunemised, kus liider kõneleb improviseeritult inspireerivatel teemadel) kestel peetud esinemised, säilitamaks tema paljusid isiklikke lugusid Paramahansa Yoganandast ja koos temaga veedetud enam kui kahekümne aasta endasse imatud vaimse nõuande rikkust. Ülestähendused pandi seejärel kirja ja valikud neist esinemistest said ajakirja *Self-Realization* (Paramahansa Yogananda poolt 1925. aastal asutatud ajakiri) osaks. Kuna erinevate usundite ja eluvaldkondade inimesed leidsid need olevat abistavaiks ja kaastundeküllasteks juhisteks, saigi materjal kokku pandud raamatuks. Uued esinemised ilmuvad igas *Self-Realizationi* numbris ja neid antakse samas seerias välja ka edaspidistes numbrites.

Los Angeleses (Californias) asuva *Self-Realization Fellowshipi*
väljaande originaali tiitel inglise keeles:
Finding the Joy Within You: Personal Counsel for God-Centered Living

ISBN-13: 978-0-87612-288-4

Tõlge eesti keelde: Self-Realization Fellowship

Autoriseeritud Self-Realization Fellowshipi
Rahvusvahelise Kirjastusnõukogu poolt.

Ülaltoodud Self-Realization Fellowshipi nimi ja embleem on SRFi raamatutel, salvestistel ja teistel trükistel, tagades lugejale, et töö pärineb Paramahansa Yogananda poolt asutatud ja tema õpetusi ustavalt edastavalt ühingult.

Esimene väljaanne eesti keeles, 2021
First edition in Estonian, 2021

Käesolev trükk: 2021
This printing: 2021

ISBN-13: 978-0-87612-891-6

1123-J6595

Igavese tänu ja pühendumusega
on see köide pühendatud
mu austatud Gurudeva

PARAMAHANSA YOGANANDALE

tema armastava ja eksimatu
juhtimise eest
täiusliku rõõmuni

SISUKORD

ILLUSTRATSIOONID

EESSÕNA

Dr Binay Ranjan Sen

Endine India suursaadik Ameerika Ühendriikides ja ÜRO toidu- ja põllumajanduse organisatsiooni direktor

Peaaegu nelikümmend aastat tagasi oli mul imeline õnn kohtuda Paramahansa Yoganandaga – selle jumaliku hingega, kelle vaim ja õpetused on nii kaunilt edastatud tema kõige peamise elava õpilase Sri Daya Mata[1] kõnede kogumikus. Paramahansadžiga kohtumine on mu mällu sööbinud unustamatu sündmusena. See juhtus 1952. aasta märtsis. Olin 1951. aasta lõpus vastu võtnud oma kohustused India suursaadikuna Ameerika Ühendriikides ja viibisin ametlikul ringsõidul, külastades selle maa erinevaid osi. Kui saabusin Los Angelesse, oli minu kõige peamiseks mõtteks kohtuda Paramahansadžiga, kelle eneseteostuse õpetusel oli suur vaimne mõju mitte ainult Ameerika Ühendriikides, vaid ka paljudes teistes maailma maades.

Kuigi olin kuulnud palju Paramahansadži ja tema töö kohta, ei olnud ma ette valmistatud selleks, mis ootas mind Mt Washingtoni mäel asuvas Self-Realizationi keskuses. Sellest hetkest alates, mil ma saabusin, tundsin nagu oleksin läinud kolm tuhat aastat ajas tagasi ühte neist muistsetest aašramitest, mille kohta oleme lugenud meie pühakirjades. Siin oli oma järgijatest ümbritsetud suur *riši* (valgustunud tark) ning kõik pühendunud olid riietatud *sannjaaside*

[1] Sri Daya Mata lahkus 2010. Vt. lk. xxvi.

(loobujate) safrani-karva rüüdesse. See paistis jumaliku rahu ja armastuse saarena meres, mida räsivad kaasaja mäslevad tormid.

Paramahansadži oli mind ja mu naist ukselävel tervitamas. Tema nägemise mõju oli määratu. Tundsin end ülendatuna viisil, mida ma pole kunagi kogenud. Olin tema nägu vaadates pimestatud – see kiirgas sõna otseses vaimsuse valgusest. Tema mõõtmatu leebus ja armuline lahkus haarasid sooja päiksepaistena endasse minu ja mu naise.

Järgnevatel päevadel oli Meister koos meiega igal vabal hetkel. Kõnelesime palju India raskustest ja plaanidest, mida meie liidrid inimeste elutingimuste parandamiseks tegid. Võisin näha, et tema mõistmine ja taipamine ulatusid kõige tavalisemate ilmalike probleemideni, vaatamata sellele, et ta oli Vaimu inimene. Leidsin temas tõelise India suursaadiku, kes kandis ja levitas India muistset tarkust tervele maailmale.

Viimane temaga koos oldud ja seotud stseen Biltmore'i hotellis toimunud banketilt sööbis mu mällu igaveseks. Taolisi sündmusi on kirjeldatud varemgi – see oli tõesti *mahasamaadhi* stseen. Oli kohe selge, et suur vaim lahkus viisil, nagu seda vaid temataoline suudab. Ma ei pea silmas leinameeleolu. See oli tunne, mis ületas igasuguse joovastava vaimustuse, sest tulenes jumaliku sündmuse tunnistamisest.

Sellest päevast alates on mu töö viinud mind paljudesse maadesse. Lõuna-Ameerikas, Euroopas ja Indias on inimesed, keda Paramahansadži jumalik valgus puudutas, pöördunud minu poole ja küsinud mõne sõna selle suurmehe kohta, olles näinud fotosid tema elu viimaste päevade kohta, kus ka mina viibisin. Kõigis neis tundsin ma ära pakilise vajaduse, igatsuse teatud suuna järgi, et nende elud oleks ärevatel aegadel juhatatud. Hakkasin nägema, et tema alustatud töö heitis aina enam ja enam valgust inimestele üle terve maailma ja oli Yogananda lahkumise järel väljasuremisest kaugel.

Kusagil mujal ei helenda tema pärand nii säravalt kui tema õpilases Sri Daya Matas, keda guru valmistas ette oma tööd jätkama. Enne lahkumist ütles meister õpilasele: „Kui ma olen lahkunud, siis vaid armastus saab asuda mu kohale." Neil, kel sarnaselt minule oli privileeg kohata Paramahansadžid, leiavad Daya Matas sama jumaliku armastuse ja kaastunde vaimu, mis avaldasid mulle tohutut muljet minu esimesel Self-Realizationi keskuse külastamisel peaaegu nelikümmend aastat tagasi. Selles köites üles tähendatud Daya Mata sõnade näol on meil tegu hindamatu tarkuse ja armastuse kingitusega, mis kiirgasid suurest meistrist tema ellu ja mis puudutasid kustumatult ka minu oma.

Uude aastatuhandesse liikuvas maailmas ähvardab meid pimedus ja segadus seninägematul moel aina enam. Vanad riik riigi, religioon religiooni ja inimene looduse vastu toimimise viisid tuleb ületada uues kõikehõlmava armastuse, mõistmise ja teistest hoolimise vaimus. See on India nägijate igavene sõnum, mille Paramahansa Yogananda meie ajastusse ja tulevatele põlvkondadele on toonud. Ma loodan, et tema jäetud tõrvik, mis on nüüd Sri Daya Mata käes, näitab teed miljonitele, kes otsivad oma elule suunda.

Kalkuta
20. oktoober, 1990

AUTORI EESSÕNA

Aastast 1931 kuni aastani 1952 oli minu privileeg ja kohustus Paramahansa Yogananda õpetusi järeltulevatele põlvedele stenograafiliselt kirja panna: selle hulka kuulusid tema avalikud loengud ja kursused, pühapäeval ja neljapäeval Self-Realization Fellowshipi[2] rahvusvahelises peakorteris ja templites läbi viidud inspireerivad teenitused, aga ka paljud tema mitteametlikud pühendunuile jagatud vaimsed nõustamised.

Guru kursustel ja loengutes kõlanud õpetuste põhjal kokku pandud „*Self-Realization Fellowshipi õppetunnid*" sisaldasid täpsemaid üksikasjalikke juhendeid jooga meditatsioonitehnikate osas ning olid mõeldud neile, kes panid end kirja igas linnas toimunud Gurudži eratundidesse. Üle saja aastate kestel Self-Realizationi templites ja rahvusvahelistes peakorterites liikmetele ja huvilistele esitatud inspireerivatest esinemistest on välja antud kahes koguteoses „*Inimese igavene otsirännak*" (*Man's Eternal Quest*) ja „*Jumalik armulugu*" (*The Divine Romance*), teised ilmuvad ajakirja *Self-Realization* numbrites. Käesoleva teose (ja selle eelkäija „*Ainult armastus*"/*Only Love*) eesmärk on edastada isiklikku juhendust ja inspiratsiooni, mida Paramahansadži jagas lähedastele järgijatele – iga päev suure Meistriga suheldes said nad osa sügavutiminevast vaimsest treeningust ja distsipliinist.

[2] Eneseteostuse vennaskond. Paramahansa Yogananda on seletanud, et nimi Self-Realization Fellowship tähendab vennaskonda Jumalaga läbi Kõrgeima Mina teostuse ja samuti sõprust kõigi tõdeotsivate hingedega. Vaadake samuti peatükki "Self-Realization Fellowshipi eesmärgid ja ideaalid".

Neile meie hulgast, kes tulid tema juurde siira sooviga tunda Jumalat, kõneles Gurudeva[3] väga ausalt, mida teha, et muuta ennast ja kasvada Jumala teadlikkuses. Enamus juhistest ei olnud antud mitte pikkade esinemiste või üksikasjaliste selgitustena. Kui meie mõtted või teod eksisid kõrvale Jumala-keskselt elamiselt, siis oli tal palju peeni mooduseid – ja mõningaid, mis ei olnud nii peened – et suunata meid tagasi püüdlustele keskenduma. Mõned suunavad sõnad, tähelepanelik pilk, julgustav märkus ideaalse pühendunu omadustest või mõni tõe põhimõte kandsid alati meie soovitud muutumise täielikku potentsiaali. Kõige esmalt aga õppisime Gurudeva eeskuju ja omaenda pingutuste varal elama elu, mis peegeldas nii täiuslikult Jumala armastamist ja rõõmu.

Selles raamatus toodud nõuanded on nende minu Guru jalge ees oldud kahekümne aasta kogutud viljad. See on antud kõigile neile, kes ei tunne vaimsete tõdedele suhtes mitte üksnes intellektuaalset uudishimu, vaid tõelist igatsust ligineda Jumalale, kinnistades Temas oma elu.

Enamus siintoodud materjalist on võetud satsangidest – mitteametlikest kogunemistest, kus liider vastab kohalolijate küsimustele või räägib improviseerides vaimsetel teemadel. Aastate jooksul on Gurudži järgijad salvestanud paljud neist esinemistest ja kirjastanud need *Self-Realizationi* ajakirjas, andes osad neist välja ka salvestistena. Möödunud kuudel töötasin ma koos meie toimetajatega, vaadates üle varem trükis ilmunud materjali – selgitades teatud punkte, lisades edasisi üksikasju siia ja sinna ja korraldades kõne all olevat teemat raamatuna väljaandmiseks.

[3] Viidates oma gurule Paramahansa Yoganandale kasutab Sri Daya Mata mõistet Gurudeva (jumalik õpetaja), Gurudži ("*dži*" on austav liide, mis lisatakse India nimedele ja tiitlitele) ja Meister (lähim ingliskeelne vaste sanskriti mõistele *guru* - tähistades seda, kes oma enesevalitsemises on ainulaadselt kvalifitseeruv teisi juhtima nende Jumala-teostuse seesmisel teekonnal). *(Kirjastaja märkus)*

Vaadates tagasi paljude aastate taha, tunnen ma sügavat tänutunnet selle üle, kuidas Gurudeva nõuanded on mu elu juhatanud. Need on olnud täieliku südame ja hinge rahulduse aastad. Siin ei tule mingil viisil mind tänada - see kõik on mu Guru ja tema õpetuste kaudu tulnud õnnistus. Minu alandlik lootus on, et vaimsed praktikad ja ideaalid, millistel on olnud niivõrd ümberkujundav mõju minu elule, annavad tõestust sarnasest õnnistusest teistele, kes leiavad nendega tutvumise võimaluse selle raamatu lehekülgede kaudu.

Los Angeles
19 november, 1990

SISSEJUHATUS

„Milline määratu suur armastuse ja rõõmu maailm on hinges!
Me ei pea seda omandama – see on juba meie oma.“
— Sri Daya Mata

See kõnede kogu pakub mõjuva tunnistuse sellest, et vaatamata välistele oludele, võime me elada iga päev meie olemuse sügavamalt tasandilt leitavas katkematus rõõmus ja turvalisuses. „*Rõõmu leidmine iseendast*“ on kaastundlik ja praktiline teejuht, elamaks elu, mis on täis Jumalaga ühele lainele häälestumist – see on autori kuuekümne Jumalale elatud aasta ja teistega oma rõõmu jagamise elu vili.

Sri Daya Mata sündis 31. jaanuaril 1914 Salt Lake Citys Utah osariigis.[4] Juba varastel eluaastatel oli tal igatsus õppida Jumalat tundma. Kaheksa-aastaselt, kui ta koolis esimest korda Indiast kuulis, tundis ta imelist seesmist ärkamist ja ühes sellega ka veendumust, et Indial on tema elu teostumises täita võtmeroll. Sel päeval, peale kooli, jooksis ta koju ja hõiskas juubeldades oma emale: „Kui ma kasvan suureks, siis ma ei abiellu kunagi, ma lähen Indiasse.“ Prohvetlikud sõnad lapse suust.

Kui Daya Mata oli kuueteistkümne aastane, anti talle pühakirja raamatu Bhagavad Giita/„Jumala laul“ köide – see pühakiri liigutas teda sügavalt, kuna näitas Jumala kaastundlikku armastust ja mõistmist Oma laste suhtes. Näis, et Talle on võimalik lähedale pääseda, tunda ja Tema lapsi kutsuti jumalikeks olevusteks, kes võivad

[4] Neiupõlve nimega Faye Wright, sai ta hiljem tuntuks oma nunnanimega Daya Mata, mis tõlkes tähendab *Kaastunde Ema* ja Sri on seal austavaks tiitliks.

enesepingutuse kaudu teostada oma vaimset sünniõiguse – ühtsust Temaga. Daya Mata otsustas, et kuidagi, mingil viisil pühendab ta oma elu Jumala otsimisele. Ta käis ühe usutegelase juurest teise juurde, kuid alati jäi tema südamesse vastamata küsimus: „Aga kes *armastab* Jumalat, kes *tunneb* Teda?"

1931. aastal tuli Paramahansa Yogananda Salt Lake Citysse kursuseid pidama.[5] Tol ajal seitsmeteistkümnene Daya Mata osales sellel koos oma ema ja õega. Meenutades oma esimesi muljeid, ütles ta: „Seistes puupüsti täis saali tagaosas, tardusin ma paigale, olemata teadlik millestki muust enda ümber peale kõneleja ja tema sõnade. Terve mu olemus oli läbi imbunud tarkusest ja jumalikust armastusest, mis tungisid mu hinge ja ujutasid üle mu südame ja mõistuse. Võisin vaid mõelda: „See inimene armastab Jumalat nii nagu ma olen seda alati igatsenud teha. Ta *tunneb* Jumalat. Temale ma ma järgnen.""

Tuhandete osalejatega üritusel näis, et noorel tüdrukul pole mingit võimalust oma Guruga kohtuda. Kuid öeldakse, et vastasseis on vahel maskeeritud õnnistus. Daya Mata oli kaua kannatanud ränga verehäire all. Haigus, mida arstid polnud võimelised välja ravima, sundis teda viimaks koolist lahkuma. Ometi osales ta visalt Paramahansadži kursustel ja sidemed tema paistes näol näisid ilmselt tõmbavat suure Guru tähelepanu. Kursuste lõpus tervendas ta tüdruku jumalikul moel ja ennustas talle, et seitsme päeva pärast pole haigusest jälgegi ega tule see ka iial tagasi. Ja nii see ka juhtus.[6] Kuid Daya Mata jaoks oli märkimisväärse tervenemise kõrval veelgi

[5] Paramahansa Yogananda asutas 1917. aastal Yogoda Satsanga Society of India ning elas Ameerika Ühendriikides alates 1920. aastast. Samal aastal kutsuti ta India delegaadina rahvusvahelisele religioossete liberaalide kongressile Bostonisse. Aastate kestel pidas ta loenguid üle terve maa ja asutas Los Angeleses oma töö tegemiseks Self-Realization Fellowshipi peakorteri.

[6] Daya Mata kirjeldab seda jumaliku tervendamise juhtumit põhjalikumalt lk 3-4.

suurem õnnistus kohata seda Jumala-meest. Ta oli äärmiselt häbelik ja imestab tänase päevani, kuidas ta leidis julguse, et lausuda Yoganandale: „Ma tahan nii väga tulla teie aašramisse ja pühendada oma elu Jumala otsimisele.“ Guru vaatas hetke talle läbitungiva pilguga otsa ning vastas siis: „Ja sa tuled.“

Kuid selle soovi õnnestumiseks oli vaja imet, sest perekonna vastuseis oli suur. Noore tüdruku perekond – välja arvatud tema mõistev ema – oli kindlalt häälestunud tema kodust lahkumise ja nende jaoks võõra usundi järgimise vastu. Ühel õhtul ütles Paramahansa Yogananda oma loengul, et kui pühendunu kutsub Jumalat piisavalt sügavalt, on vastuse saamises kindel, tuleb Temalt vastus. Daya Mata tegi oma otsuse – sel ööl peale pere puhkamaheitmist läks ta elutuppa, kus ta sai omaette olla. Pisarais pöördus ta kogu oma südames palvega Jumala poole. Peale mitut tundi vajus üle tema olemuse põhjalik rahu ja nutt vaibus. Ta teadis, et Jumal oli tema palvet kuulda võtnud. Kahe nädalaga avanesid kõik uksed ja 1931. aasta 19. novembril oli tal luba minna Los Angelese Paramahansa Yogananda aašramisse. Aasta hiljem andis ta oma viimased loobumise ja Jumalale pühitsemise tõotused, saades üheks esimeseks Self-Realizationi ordu *sannjaasidest.*

Aeg lendas Guru jalge ees kiiresti. Kuigi ta oli sügavalt õnnelik, ei puudunud nendes aašrami treeningutes võitluse aastad. Paramahansadži tegeles noore nunna eeskujulikuks õpilaseks ümberkujundamisega kindlalt, aga armastavalt. Kohe algusest oli ilmne, et Paramahansadži oli Daya Mata eriliseks rolliks välja valinud. Gurudži ütles hiljem Daya Matale, et andis talle sama intensiivse vaimse väljaõppe kui tema guru Svaami Sri Yukteswar oli talle andnud – mis on märkimisväärne tähelepanek, kuna Daya Mata pidi pärima Sri Yukteswari annetatud vaimse ja organisatsioonilise mantli. Üle kahe aastakümne kuulus Sri Daya Mata väiksesse Guruga katkematult koos viibinud lähedaste pühendunute ringi. Aastate möödudes lisas meister Daya Mata õlgadele aina enam ja enam kohustusi ning oma elu lõpus kõneles Yogananda avalikult järgijaile Daya Mata ülemaailmsest rollist, mida ta oli täitma määratud.

Tagasihoidlik Daya Mata leidis, et tema õlule surutud liidripositsioon on tohutu proovilepanek. Ta anus Meistrit, et too laseks tal teenida ükskõik kelle teise käe all, kelle Meister välja valib. Kuid Yogananda oli järeleandmatu. Soovides üle kõige täita Jumala ja Guru tahet, alistus Daya Mata seesmiselt sellele, mida tal teha paluti. „Nüüd on minu töö tehtud," ütles Meister talle. „Sinu oma algab."

Paramahansadži sisenes *mahasamaadhisse*[7] 1952 aastal. 1955, sai Sri Daya Matast pühakliku Rajariši Džanakananda järel Self-Realization Fellowship/Yogoda Satsanga Society of India järgmine president. Paramahansa Yogananda vaimse järglasena jälgis ta SRF/YSS liikmete juhendamise, Self-Realization/Yogoda aašramites asuvate munkadest-nunnadest õpilaste väljaõppe ja Paramahansa Yogananda ideaalide ja soovide tõetruu elluviimise ja tema õpetuste levitamise ja vaimse ning humanitaarse ülemaailmse töö avardamise eest.

1990. aasta 7. märtsil teatasid Los Angelese piirkonna ajalehed Sri Daya Mata 35. juubelist ühingu juhina. Ühes artiklis seisis: „Olles üks esimesi naisi, kes määrati ülemaailmse religioosse liikumise vaimseks juhiks, on ta olnud eelkäijaks kasvavale tendentsile aktsepteerida naisi vaimse võimu esindajana, kuigi enamikus usulahkudes on see traditsiooniliselt kuulunud meestele. Ta on olnud sellel ametikohal kolmkümmend viis aastat. Paljud on Daya Mataga tutvunud tema ülemaailmsetel kõnetuuridel, nii ida kui lääne suurte religioonide poolt omaks võetud universaalsete ideaalide põhjal koostatud kirjutiste, tehtud filmide ning salvestiste kaudu."

[7] Jumala-teostuse saavutanud isiku teadlik kehast lahkumine füüsilise surma hetkel. Paramahansa Yogananda sisenes *mahasamaadhisse* 7. märtsil 1952. aastal Los Angelese Biltmore'i hotellis, veidi aega peale suursaadik B. R. Sen'i auks korraldatud banketti.

Paramahansadži kirjutas Daya Matale tema sünnipäeva puhul 1946. aastal: „Sünni Kosmilises Emas ja inspireeri kõiki vaid oma vaimse emadusega – toomaks teisi Jumala juurde enda elu eeskujuga."

Self-Realization/Yogoda liikmed üle terve maailma vaatasid Sri Daya Matat kui *Sanghamatat* ehk "ühingu ema." Palju teisigi on puudutatud tema inspireeritud suurest armastusest ja vaimsest väest. Üks ärimees, kes pakkus aastate vältel Self-Realization Fellowshipile oma teeneid, kirjutas talle: „Teie isiklik häirimatus on mulle ja teistele väga tähtis. Teie ja inimesed teie ümber on nagu nurgakivid – alusmüür, millele toetuda selles väga ebakindlas maailmas. Ma tean, et te ei väida endal olevat selles mingit teenet – elate oma veendumuste kohaselt ja kõik muu lihtsalt järgneb."

Olles teeninud enam kui 55 aastat Paramahansa Yogananda ülemaailmse töö vaimse juhina, lahkus Sri Daya Mata 30. novembril 2010 96. aastasena rahulikult siit ilmast. Tema elusaavutused India ajas austatud vaimsete traditsioonide levitamise teedrajava isikuna said jäädvustatud ajalehtedes *New York Times*, *Los Angeles Times*, *The Times of India* ja teistes suurtes ajalehtedes ja ajakirjades Ühendriikides, Indias ja mujal.

Kuigi ta elu oli peamiselt pühendatud eeskätt tema Guru tööle ja Eneseteostuse tee järgijaile, tundis ta, et kõik Jumala otsijad on usutunnistusele vaatamata tema vaimse perekonna osaks. Katoliiklik heategevusele pühendunud nunn märkis peale Daya Mataga kohtumist ja mitme tema kõne kuulamist: „Minu kui religioosse ordu liikme jaoks on Daya Mata särav eeskuju sellest, milline peaks olema Jumala ja ligimese teenimisele pühendatud elu. Ta paneb mind mõtlema suurest Kristuse eelkäijast Ristija Johannesest, kes ütles enda kohta: „Ma olen hüüdja hääl kõrbes. Tehke Issanda tee otseks." Tema juuresolekul pole ei katoliiklasi, protestante ega hindusid, vaid ainult ühe Isa, Jumala lapsed. Ja ta võtab neist igaühe vastu armulikult ning igaühe jaoks neist on tal koht oma südames. Katoliikliku nunnana olen kogenud nii palju tema headust, huvi ning julgustust. Olen alati tundnud, et ta kohtles mind nagu ühte enda omadest. Minu jaoks on ta alati ideaal sellest, milline mu elu peaks religioossena olema ... Ta kiirgab Jumalat.“

Self-Realization Fellowship

FINDING THE JOY WITHIN YOU

Jah, me võime tunda Jumalat!

Igal aastal Los Angeleses toimuva Self-Realization Fellowshipi kokkutuleku (kursuste, meditatsiooni ja vaimse vendluse nädala) avasõnavõtt.

Homme algavad kursused ja mulle meenuvad päevad Salt Lake Citys, mil sain neidsamu õpetusi meie austatud gurult Paramahansa Yoganandalt. Milline vapustav mõju oli tal minu elule!

Lapsepõlvest alates on mind saatnud katkematu soov leida Jumal veel selles elus. Kohtasin Paramahansadžid oma seitsmeteistkümnendal eluaastal. Mu keha oli sel ajal väga haige. Kannatasin veremürgituse all ja arstid ei leidnud sellele mingit ravi. Üks silm oli kinni paistetanud ja mu näol oli kolm sidet. Need sidemed olidki õnnistuseks, sest meenutasin selles kuulajaskonnas haavatud ja kinniseotud pöialt!

Neil päevil tavatses Meister pidada mitu loengut, tutvustades kursuslaste ees oma õpetusi – käsitledes seal jooga sügavamaid tahke ja meetodeid. Peale viimast avalikku loengut tavatses ta kogudust ette kutsuda ja igaüht personaalselt tervitada. Lähenesin temale värisevate jalgadega – olin väga-väga häbelik. Kui ma ta ees seisin, siis vaatas ta mu moondunud nägu ja küsis: „Mis sinuga lahti on?“ Peale seda kui mu ema, kellega koos ma olin loengutele tulnud, oli mu terviseprobleemi ära seletanud, ütles Paramahansadži: „Tule homme tagasi õppetundi, (muidugi tulin ma igal juhul) kuid jää pärast siia.“

Veetsin järgneva päeva innukas ootusärevuses, et saaksin Guruga uuesti rääkida. Sel õhtul kõneles ta usust ja tahtejõust. Ta inspireeris mind niivõrd, et ma istusin ja kuulasin ning tundsin, et usuga Jumalasse on tõepoolest võimalik mägesid liigutada.

Peale kohtumist ootasin, et saaksin teda kõige viimasena tervitada. Keset meie vestlust, ütles ta äkitselt mulle: „Kas sa usud, et Jumal võib sind terveks teha?" Kui ta seda ütles, oli jumalik vägi tema silmis süttinud.

Ma vastasin: „Ma tean, Jumal võib mind terveks teha."

Ta puudutas mind õnnistades kulmudevahelises kohas, mida me nimetame Kristuse ehk *Kutashta* keskuseks.[1] Seejärel ta ütles: „Sellest päevast alates oled sa terve. Nädala pärast ei ole sidemeid enam vaja, su armid on kadunud." Ja täpselt nii see juhtuski. Nädalaga oli haigus kadunud ja ei ole iial tagasi tulnud.

Keha, mõistuse ja hinge harmooniline areng

Self-Realization Fellowshipi õpetused rajanevad keha, mõistuse ja hinge harmoonilisel arengul. Kui me oleme täielikult süüvinud selle keha probleemidesse, kui füüsiline valu imeb endasse kogu meie keskendumise, siis ei ole võimalik Jumalat tunda. Ja ei ole see võimalik ka siis, kui mõistus on täidetud muretsemise, hirmu, kahtluste ja emotsionaalsete probleemidega, sest me ei saa pöörata Talle Tema leidmiseks vajalikku tähelepanu. Seepärast ütlevad India joogid, et Jumala-teostuse otsimise tähtsaks abiliseks on teatud meetodite järgimine, mille kaudu saate te hoida oma keha tugevana, kasutades lihtsat igapäevast hoolitsemist ja õppides arendama oma keskendumise võimeid, et selle maailma tõusudest-mõõnadest ärevaks tehtud mõistus poleks võimeline teid häirima, kui te mediteerima istute.

[1] Peenkehas olev keskus (*adžna tšakra*), mis asub kulmude vahelises piirkonnas; kõikeläbiva vaimse silma ja inimeses peituva Universaalse Kristuse Teadvuse asupaik ja tahte ja keskendumise keskus.

Paramahansa Yogananda „elamise kunsti" juhised ja tehnikad[2], mida te järgneva nädala jooksul saate, rajanevad neil põhimõtetel. Nad aitavad teid keha ja mõistuse kontrollimisel ja võimaldavad teie teadvusel ületada füüsilised ja mentaalsed piirangud mõistmiseni, et te olete tehtud Ühe Kosmilise Armastatu näo järgi.

Teile antakse võti – kuid nagu armas Guru meile tavatses öelda: selle kasutamine sõltub teist endist. Te tulete ja võtate need õpetused vastu, olles neist ajutiselt inspireeritud, sest lausute koju jõudes, et „oli väga värskendav nädal" ning unustate seejärel kõik, siis mu kallid, ei oma need õpetused teie jaoks püsivat väärtust. Inimene peab neid hoole ja entusiasmiga praktiseerima, et tal oleks võimalik saavutada edu meie poolt õpetatavas *radža joogas*[3].

Jumalik eluotstarve

Me oleme sellel maal kindla eesmärgiga – et nõuda, nagu õpetas Kristus, Jumala lastena endale tagasi meie kaotatud jumalik pärand. „Eks te tea, et te olete Jumala tempel ja et teie sees asub Jumala Vaim?"[4]

Me oleme kõik seda varem kuulnud, kuid kes meie seast on selle teostanud? Religiooniteaduse teoreetilise arusaamise, hingeteaduse ja otsese Jumala-tajumise vahel on suur vahe – Jumala tajumise all pean silmas kõigi inimsüdamete janu tegeliku üksolemise järgi Jumaliku Armastatuga (ja teadke, et ma kõnelen siin teist kõigist).

Me kõik januneme seesmiselt midagi, mis on sellest maailmast

[2] Viide „*Self-Realizationi õppetundides*" toodud Paramahansa Yogananda õpetatud Kriija jooga keskendumise-, meditatsiooni- ja elujõu kontrollimise teadusele.

[3] Kuninglik ehk kõrgeim tee Ühtsusele Jumalaga. *Radža jooga* sisaldab kõigi teiste joogavormide põhiolemust. See pakub teaduslikke tehnikaid - lõpliku Jumalateostamise vahendit Kriija joogat.

[4] Pauluse esimene kiri korintlastele 3:16.

väljapool. Isegi Jumal tunneb mõningast puudust, mõningast igatsust. Tal on universumis ühe erandina kõik olemas – Ta nutab Oma laste armastuse järgi – teie ja minu ja kõigi meie armastuse järgi. Ja Ta ei ole iial rahuldatud, ei ole iial täielikult rahul, kuni Ta teab, et me oleme välja saanud sellest hirmsast omatekitatud segadusest. Kui Meister seda mulle aastaid tagasi esimest korda ütles, süütas see kogu mu olemuse leegina põlema ja ma otsustasin pühendada selle elu vaid Jumala otsimisele.

Mõelge neile meeletutele probleemidele, millega inimkond selles maailmas silmitsi seisab: vihkamine, eelarvamused, isekus; mõnedel on oma vajadusteks palju, teistel puudu; võitlusele selle „ismi" ja tolle „ismi" vahel, kus iga grupp mõtleb, et nende „ism" on parem teise grupi omast. Miks lõi Jumal nii palju erinevaid inimolevusi, miks Ta tegi nii palju mentaliteete? Kui me oleme kõik ühe Jumala lapsed, siis mis on meie erinevuste taga?

Seesmise vaikuse ja selge taju viljelemine

Kõik maailma pühakirjad ütlevad, et me oleme tehtud Jumala näo järgi. Kui see nii on, siis miks ei tea me seda, et me oleme Tema sarnaselt rüvetamatud ja surematud? Miks ei ole me Tema vaimu kehastustena teadlikud iseendist?

Gurudži tavatses võrrelda mõistust järvega. Kui vesi on vaikne, paistab Kuu selle pinnalt. Oletagem, et ma viskan peotäie kiviklibu järve. Siis näete te Kuust vaid moonutatud kujutist, kuna kividest põhjustatud virvendav lainetus rikkus vee siledat vaikust. Samal viisil häirivad inimmõistust pidevad selles ja eelmistes eludes[5] omandatud

[5] Viide taaskehastusele ehk reinkarnatsioonile, doktriinile, mis seletab evolutsiooniseadusest tulenevat inimolevuste korduva ja edeneva taaskehastumise sundust – kus nad arenevad kõrgemate elude suunas, kohates teel valede tegude ja soovide takistusi ja edenedes vaimse pürgimuste läbi, kuni saavutatakse eneseteostus ja Jumalaga üksolemine.

Esinemine SRFi liikmetele 1989. aasta kokkutulekul Los Angeleses.

„Kui tihti lasi Gurudži meil koos temaga korrata jaatavaid kinnitusi, et peame elama oma elusid rõõmus, mis on Jumal: „Rõõmust olen ma tulnud. Rõõmus ma elan, liigun, selles on mu olemine. Ja ma sulan sellesse pühasse Rõõmu tagasi." Hoidke sellest tõest kinni ja te näete, kuidas see Rõõm teid seespidiselt toidab ja üleval hoiab – vaatamata kõigele, mis teie ellu tuleb."

emotsioonide, tujude, harjumuste kiviklibu tekitatud lainete virvendused, mis teevad selge mõtlemise ja veel vähem temas oleva Jumala peegelduse selge nägemise talle võimatuks.

Te ütlete: „Kas siis ei ole Jumalat võimalik teada või tunda?" Mida pühakirjad siinkohal ütlevad? „Jätke järele ja teadke, et mina olen Jumal."[6] „Palvetage lakkamatult."[7] Inimesed tulevad minu juurde nii siin kui välismaal ja ütlevad: „Kuidas on võimalik istuda meditatsioonis liikumatuna nii palju tunde? Mida te teete nende vaikuseperioodide jooksul?" Muistse India joogid, kes arendasid religiooniteaduse välja nii, nagu ükski teine tervel planeedil pole teinud, avastasid, et teatud teaduslike tehnikate abiga on võimalik mõistust vaigistada, et rahutute mõtete virvendus ei segaks ega juhiks tähelepanu kõrvale. Selles selges teadvuse järves näeme me iseendas Jumaliku kujutise peegeldust.

Püsiva tähelepanuga regulaarsel jooga praktiseerimisel tuleb kord aeg, kus te ütlete järsku endale: „Oo! Ma ei ole see keha, kuigi ma kasutan seda selle maailmaga suhtlemisel. Ma ei ole see mõistus ühes tema viha, armukadeduse, vihkamise, ahnuse ja rahutusega. Ma olen see suurepärane sisemise teadvuse seisund. Ma olen tehtud Jumala õndsuse ja armastuse jumaliku näo järgi."

Inimene kannatab, sest on Jumalast ära pöördunud

Elueesmärgiks on Jumala tundmine. Ja kõigi selles maailmas asetleidvate võitluste põhjuseks on, et inimene on Jumalale selja keeranud. Nüüd peame me uuesti pöörduma tagasi Tema juurde. Kas see tähendab, et me peaksime põgenema Himaalaja mägedesse, aašramisse või kloostrisse? Üldsegi mitte. Meister väljendas seda palves nii: „Sina pead sinna tulema, kuhu Sa mind asetasid." Kuid

[6] Psalmid: 46:11

[7] Pauluse esimene kiri tessalooniklaste 5:17

see tähendab sedagi, et igapäevasest kahekümne neljast tunnist, mis kulub enamikul inimestel keha toitmiseks ja rõivastamiseks, lugemiseks, et arendada mõistust või puhkamiseks ja magamiseks, peaksime me olema võimelised pühendama vähemalt ühe tunni Jumalale. Kas saab meist keegi tõesti öelda, et see pole võimalik?

Issand Krišna ütles Ardžunale: „Mine eemale Minu kannatuste ookeanist.“[8] Sageli ei hakka meiegi Jumalast mõtlema enne, kui meid tabab raskelt isiklik tragöödia – midagi, mis ärritab meid põhjalikult ja paneb meid mõistma, et kõigele vaatamata pole meil selles maailmas turvaline. Ei raha, tervis ega inimlik armastus ole püsivad – seega, millest on meil kinni hoida? Kui elukogemused meid raskesti raputavad, otsime mingit viisi tasakaalu taastamiseks. Me hakkame otsima sügavamalt – elu tõelist eesmärki. Me võime hakata käima kirikus või uurima filosoofiat ehk hoopis pühakute elusid, näiteks. Niiviisi algab Jumala otsirännak.

Kui me küsime endilt, kes näitas tõeliselt ideaalset tasakaalu selles maailmas, tuleb meelde Kristuse elu. Isegi kui temalt oli võetud keha, ei suutnud see kauaks eksitada Jumala kohalolu teadvuse rõõmu. Tema õnn ja turvalisus ei sõltunud kehast ega teistest välistest, materiaalsetest asjadest. Tema rõõm, tema turvalisus oli Jumalas. Tema ja teised suured temasarnased on kõige tasakaalukamad olevused, kes iial on inimkonna ajaloo kroonikasse kantud.

Miks on tänases maailmas nii palju tasakaalutust? Mis on inimkonnal viga? Meie häda on selles, et me püüame leida rahu, rõõmu, otsitavat armastust valedel teedel. Me mõtleme, et me võime hakkama saada ilma Igavese Tegelikkuse – Jumalata. Vaid Tema üksi on olnud aegade algusest koos meiega, on seda ka praegusel hetkel ja siis, kui oleme sellest maailmast lahkunud. Kuni ja kui me ei

[8] „Nende jaoks, kelle teadvus on kinnistunud Minus, saan Ma õige pea nende Vabastajaks, toomaks neid välja surelike elude merest“ (Bhagavad Giita XII:7).

pöördu tagasi Tema juurde, kui me ei tee teadlikult Tema leidmiseks igapäevaseid pingutusi – vähemalt üks tund kahekümne neljast – ei saa me tunda kestvat õnne.

Tee rahuni

Maailm on duaalsuse, valguse ja varju asupaik, mis ei saa kunagi tundma ideaalset rahu. Igal hommikul me mõtleme, et millised on homsete uudiste pealkirjad, millised rahvad kargavad üksteise kõri kallale. Kuidas saab maailm teada, mis on rahu, kuni inimene ise seda oma südames ei tunne, näidates seda ka välja? Kas te arvate, et konverentsid saavad tuua püsivat rahu? Ei. Need aitavad, aga ei ole lõplik lahendus, sest rahu peab tulema seest. Laske sel alata meie endi südameist. Te võite tunda tõelist rahu kui te tõmbate oma mõistuse eemale sellest heitumist, hädasid ja südamevalu täis maailmast – ja kinnitute Jumalal.

Mõned ütlevad, et need, kes otsivad Jumalat, on pelgalt eskapistid ehk maailma eest põgenejad. Näidake mulle, kes seda ei ole! Me kõik püüame seda teha! Tark on see isik, kes on mõistnud, et ainus kindel varjupaik kurbuse eest on vaid Jumal, ei miski muu.

Suure hinge eeskuju

Elades nõnda palju aastaid Paramahansa Yogananda taolise suurhinge lähedal, nägin ma lugematuid imelise vaimse eeskuju ilmutusi, mis inspireerisid hingede hulki tema jälgedes käima. Minu elus oli ta selliseks vapustavaks inspiratsiooniks, seepärast meeldib mulle temast rääkida. Tal oli tervendamise vägi. Olin tunnistajaks, kuidas ta paljusid haigustest tervendas. Ja tal oli vägi teiste mõistust lugeda. Kuid samas ütles ta tihti: „Ma ei sekku kunagi kellegi mentaalsesse privaatsusse, kui ma pole selleks saanud kutset, kui keegi palub minult abi ja juhatust või kui Jumal käsib mul seda mingil põhjusel teha.“ Kui palju kordi on ta lugenud mu mõtteid ja

Daya Mata kõnelemas Self-Realization Fellowshipi viiekümnenda juubeli tähistamisel üle maailma kokku tulnud pühendunuile Los Angeleses 1970. aastal.

„Me oleme ühendatud jumaliku armastuse, jumaliku vendluse, jumaliku sõpruse ja ühe ühise eesmärgi kaudu: ühise Jumala otsimise ja Tema teenimise kaudu ulatame oma abikäe meile kõigile - elavatest olenditest koosnevale suurele perekonnale.“

vastanud pigem neile kui mu sõnadele. Tegelikult ei ole kerge elada sellise õpetaja lähedal, sest te ei saa tema eest varjata ühtki tuju või negatiivset mõtet. Ta tavatses meile öelda: „Ma ei tegele sellega, mida te räägite, vaid sellega, mida te mõtlete." Ja uskuge mind, me teadsime seda!

Ja ikkagi oli Gurudži paljuski lapsesarnane. Ma ei mõtle selle all lapsikust – selles on suur vahe. Tal olid kõik lihtsad, usaldavad, armastavad omadused, mis on lapsel armastatud ema suhtes. Selline oli tema Jumalaga koosolemise viis. Piibel ütleb: „Laske lapsed minu juurde tulla, ärge keelake neid, sest selliste päralt on Jumala riik."[9]

Gurudži ei uskunud, et inimene peaks kõigile demonstreerima oma armastust Jumala vastu. Ta õpetas, et Jumala armastamine on sügavalt isiklik ja püha suhe pühendunu ja tema Looja vahel. „Ärge kõnelge oma kogemustest," tavatses ta öelda, „ja ärge otsige imesid ja võimeid. Arendage Jumaliku Armastatu suhtes vaid lihtsat, lapsemeelset suhtumist." Ta õpetas, et fenomenaalsed kogemused ja imed on tihti eksitajateks vaimsel teel, mis juhivad inimese eesmärgist kõrvale. Need tulevad, kuid ei ole eesmärgiks, seega, ärge laske neil end peibutada. Kogu kavatsus peab olema ühtsusel Jumalaga: „Issand, Issand, ma tahan Sind tunda. Ma tahan ära sellest kannatuste ookeanist. Ma tean, mida enam ma toon Sind enda ellu ja mida enam ma Sinust sõltun, seda enam leian ma oma südamest rahu. Ja kui ma ise muutun rahulikuks, armastavaks olendiks, siis vast on mul võimalik panustada palju rahumeelsema maailma hüvanguks."

Kogemus Jumaliku Emaga

Ma tahaksin teile ette lugeda oma ülestähendusi Meistri kogemustest, mis aitab heita sügavama pilgu tema ellu (Õnneks oli kiirkiri üks ainetest, milles ma koolis parim olin. See kulus marjaks

[9] Markuse 10:14.

ära neil aastatel, mis ma veetsin Guru jalge ees. Ma ei läinud kusagile ilma oma märkmiku ja pliiatsita, et saaksin üles tähendada nii palju tema tarkuse pärleid kui võimalik).

Ühel puhul ütles Gurudži seda:

> Teie mediteerige, kui teised raiskavad oma aega ja te näete, et see Vaikus hakkab teiega meditatsioonis kõnelema. „Mu Ema[10] - hüüdke kogu hingest. Ta ei saa rohkem peitu jääda. Tule välja vaiksest taevast, tule välja mägede orgudest, tule välja mu salajasest hingest, tule välja mu vaikuse koopast!"[11] Näen Jumalikku Vaimu kõikjal Emana end ilmutamas. Kondenseerunud vesi muutub jääks ja nõndasamuti võib mu pühendumise pakane anda kuju nähtamatule Vaimule. Kui te vaid näeksite Ema kauneid silmi, mis mulle öösel otsa vaatasid. Mu südant täidab igavene rõõm. Minu südame väike tassike täitub pilgeni nende vahel naeratavates silmades nähtud rõõmust ja armastusest. Ma ütlesin Talle: „Oo! Ja inimesed peavad Sind ebatõeliseks!" ja Jumalik Ema naeratas. Ma ütlesin: „Sina oled tõeline ja kõik ülejäänud asjad on ebareaalsed," ja Jumalik Ema naeratas uuesti. Ma palvetasin: „Oo, Ema, ole kõigile tõeline!" Ja ma kirjutasin Tema nime mõne kohalolnu otsaette. Saatan ei saa iial võtta ära nende elusid.

Gurudži jätkab, öeldes:

> Sellist rõõmu tunnen ma päeval ja öösel. Päev muutub ööks ja ma unustan aja täiesti. Ma ei pea nüüd enam mediteerima, sest Too, kellele ma mediteerisin on saanud minuga üheks. Vahel ma hingan, vahel ma ei hinga. Vahel mu süda lööb, vahel ta ei löö.

[10] India pühakirjad õpetavad, et Jumal on nii isikuline kui ebaisikuline, seesolev, kui ka kõikeületav. Lääne otsijad on viidanud Jumala isikulisele aspektile kui Isale, Indias on Jumala kontseptsioon leidnud laialdast rakendust armastava, kaastundliku Universumi Emana.

[11] Paramahansa Yogananda „Kosmilised skandeeringud".

> Ma näen, et olen heitnud endalt kõik, peale selle ühe teadvuse. Ma näen seda suurt Jumala valgust vaatamata sellele, kas see füüsiline mootor töötab või mitte. Selline on minu rõõm.

Kui ülev oli selle, Self-Realization Fellowshipi[12] gurude liinis viimase, Indiast pärit suure ja jumaliku meistri teostumine. Ja kui te võtate siit kursuste seeriast teile antava sõnumi südamesse ja praktiseerite õpetatut sügavasti ja siiralt ning keeldute loobumast oma Jumala-otsingutest, siis saate te selles elus kahtlemata tundma tema sõnades peituvat tõde.

Armastagu Jumal teid kõiki!

[12] Mahaavataara Babadži, Lahiri Mahasaya, Svaami Sri Yukteswar ja Paramahansa Yogananda.

Mõistes hinge vajadust Jumala järele

Indias Bareilly's peetud kõnest

Nende peas, kes mõtlevad Jumalast, kerkib esile palju küsimusi: Kes on Jumal? Kes on hing? Mis on Tõde? Mis on religioon? Milline on *tõeline* religioon? Milline on Jumalani viiv õige tee? Miks on vaja Jumalat otsida?

Vaagigem esmalt küsimust: „Kes on Jumal?" Keegi pole iial olnud võimeline Temast täielikku pilti andma. Kuid need, kes on Tema kohaloleku jumalikku nektarit maitsnud, on võimelised Temaga kohtumist pisut kirjeldama. Üks pühakirjaline kirjeldus Mõõtmatu kohta on *Sat-Tšitt-Ananda* – alatiolev, alatiteadvel, alati uus Õndsus (ehk Olemine-Teadlikkus-Õndsus). Alatiolev tähendab, et Ta on igavene; alati teadvel tähendab, et Ta on alati teadlik Oma igavesest olemasolust; alati uus Õndsus tähendab, et Ta on rõõm, mis iial ei vanane, ei koltu. Iga inimolevus otsib sellist kogemust.

Pühakirjad ütlevad meile veel, et on teatud Jumala ilmutused, mida saab kogeda, kui keegi liigub Temale lähemale. Jumal on armastus, õndsus, tarkus, rahu, valgus ja vägev kosmiline *Aum* (Aamen[1]) heli. Kõik pühakirjad viitavad sellele, et Jumaliku Armastatuga kohtudes kogevad pühendunud neid aspekte.

[1] *Aum on* universaalne sümbol-sõna Jumala kohta. Veedade *Aum*'ist sai tiibetlaste püha sõna *Hum, Amin* moslemitele ja *Aamen* egiptlastele, kreeklastele, roomlastele, juutidele ja kristlastele. *Aum* on Pühast Vaimust (nähtamatu Kosmiline Võnkumine tema Looja aspektis) esile tulev kõikeläbiv heli, Piiblist pärit „Sõna" ehk „Trööstija"; loomise hääl, mis annab tunnistust igas aatomis olevast Jumalikust Kohalolust. *Aum*'i võib kuulda

„Hästi," võime me küsida, „kui see on Jumal, mis või kes on siis hing?" Määratlus, mille andis Gurudeva Paramahansa Yogananda, on see, et hing on individualiseeritud alatiolev, alatiteadvel, alati-uus Õndsus. Kuna tillukene veetilk ookeanist on väikseim ookeani osake, siis sisalduvad ookeani omadused temas ilma igasuguse erandita. Täpselt samuti sisaldab *atma*, hing, kõiki Jumaliku omadusi.

Inimene on unustanud oma tõelise olemuse

Inimene teab oma jumalikkust ebateadlikult. Kuid teadlikult oleme oma tõelise olemuse unustanud. Inimesele on viis meelt antud selleks, et ta võiks olla maailmast teadlik ja kasvada läbi siinsete kogemuste mõistmises. Kui ta aga kasutab meeli vääralt, siis süüvib ta meelelisse ja kaotab teadmise oma mõõtmatust olemusest. Ja samas jätkab see loomus vaevu hoomatavaid teid pidi enda ilmutamist.

Näiteks püüdleb iga inimolevus võimu suunas, mõni januneb selle järele. See on loomulik, sest hing teab oma kõikvõimsusest. Aga kuna tavateadvuses ei ole hing oma piiramatust loomusest teadlik, siis püüdleb ta selle asemel võimu- ehk üleoleku positsiooni, või püüab saavutada kontrolli inimeste, aga ka rahvuste üle. Kõikvõimsuse ideaal ei ole vale, kuid liiga sageli on selle võimu saavutamise ja kasutamise meetod vale. Need, kes teavad Jumalat, mõistavad ja kasutavad õigesti hinges asuvat määratut väge – mis võib liigutada südameid, rahvuseid, rahvaid ja mis on muutnud elusid läbi sajandite.

Teine viis, kuidas inimese varjatud jumalik loomus end väljendab, on tema janu materiaalse rikkuse järgi. Hing teab, et oma üksolemises Jumalaga on ta kõikide asjade omanik ja et tal on vägi luua tahte abil kõike, mida ta vajab. Kuna aga me pole oma hinge potentsiaalist teadlikud, siis hakkame selle asemel koguma

---

Self-Realization Fellowshipi meditatsioonimeetodeid viljeledes.

materiaalseid asju, püüdes rahuldada oma mahamaetud veendumust, et kõik, mida me vajame või tahame, kuulub meile meie jumaliku sünniõigusega.

Inimene januneb ka õndsuse järele. Hing teab, et ta on täis õndsust, aga kuna ego seda ignoreerib, alistub ta *maaja*[2] loodud pseudo-rõõmude kiusatustele. Läbi ajastute on inimene kasutanud selle maailma unustamiseks joovastavaid aineid veini ja narkootikume – sest ta mäletab alateadlikult palju õndsamat maailma. Kas pole see nii? Seegi siht pole vale, sest Jumala näo järgi tehtud inimene, kelle olemuseks on õndsus, igatseb automaatselt seda segamatut rõõmu. Teadmata aga, kuidas seda tagasi saada, toetub ta joovastuse pseudo-rõõmule. Ta joob ja tarvitab narkootikume, et vähemalt viivuks unustada see maailm. Tragöödia seisneb selles, et kui inimese keha küllastub neist ainetest, hävitavad nood tema närvid ja aju.

Samuti otsib inimene armastust, ebateadlikku vastust oma hinge olemusele, mis ongi armastus. Aga kuna ta ei koge seda puhast, kõikerahuldavat jumalikku armastust teadlikult, käib ta ringi nagu kerjus, anudes väikest inimsüdamete kiindumust. Ei ole vale januneda armastust, kuid vahendid, mille abil enamik inimesi seda püüdlevad, on mõtlematud ja vigased. Nii tihti kui inimene mõtleb, et on leidnud inimsuhtes täiusliku armastuse, leiab ta selle asemel, et surm, truudusetus või mõni teine ebaõnn jätab ta pettununa ja illusioonideta maha. Nagu Gurudeva tavatses sel puhul meile öelda: „Iga naudingu roosipõõsa taga on illusioonide purunemise lõgismadu." See on tõsi!

Inimeses on ka janunemine ühtsuse järgi. Kõik siin ilmas püüab ühineda. Külgetõmbeseadus toimib isegi mateeria lõpmatult väiksemate osakeste puhul. Kui te vaatate läbi mikroskoobi, siis näete seda väge toimimas paljude loodusnähtuste puhul. Inimene on samuti püüelnud samasuse harmooniat. Tema hing teab, et tema ja

[2] Kosmiline eksikujutlus.

kõik teised hinged on põhiolemuslikult Jumalaga üks. Aga kuna inimene samastab ennast oma ihulise vormiga, siis on ta selle ühtsuse unustanud ja otsib seda erinevates suhetes järgemööda paljude hingedega, püüdes alati leida ühtsusest tulenevat kaotatud rahuldustunnet.

Meie unustatud Jumalikkuse tagasisaamine

Miks peaks inimene otsima Jumalat? Sest, nagu õpetas Krišna – nii kaua kuni me samastame end oma sureliku kehaga, oleme me määratud kannatama. See piiratud maailm ja kõik temas olev rajaneb duaalsuse seadusele. Sel hetkel kui Ühest sai palju, kehtestas Ta looduse duaalse olemuse: te ei saa tunda naudingut teadmata valu; te ei saa tunda õnne, teadmata samas kurbust; te ei saa tunda elu ilma surmata; te ei saa tunda inimarmastust ilma, et tunneksite vihkamist jne. Me peame kannatama nii kaua, kuni meid pillutavad duaalsuse lained – ühel hetkel rõõmsad, järgmisel kurvad; ühel hetkel on meie elu täis elu ja elujõudu, järgmisel on ta savitükina surnud. Kas elu ainsaks sihiks on sündida neisse väikestesse vormidesse, kasvada üles, saada väheke teadmisi, mille abil tegutseda selles maailmas, abielluda, saada lapsi, saada vanaks, haigestuda ja surra? Ei! Elu eesmärgiks, ainsaks eesmärgiks on saada teada, et me oleme tehtud Jumala näo järgi. Teades seda, teostame me oma tõelise alatioleva, alatiteadliku ja alati uue õndsa olemuse.

On öeldud, et enne kui me sünnime esimest korda inimesena, oleme me läbinud kaheksa miljonit inkarnatsiooni vähemates eluvormides. Ja siis tuleme me inimolevustena Maa peale aina ja uuesti, kuni oleme rahuldanud kõik surelikke kogemusi nõudvad soovid ning jõudnud seisundisse, kus me teame oma ühtsusest Jumalaga.

Kuidas me saame siis tagasi oma unustatud jumaliku teadvuse? Jooga õpetab seda ja iga pühakiri ütleb meile sama asja: istu vaikselt

– mine sissepoole. Sealt saab leida Jumala ja Eneseteostuse. Tõmbuge tagasi sellest lõplikust maailmast ja tungige sügavale oma hinge tuumani. Seal teostate te lõpliku saavutusena selle, mis on iga inimolevuse alateadlik siht.

Ma kõnelen iseenda kogemusest ja sellest, mille tunnistajaks ma olin kakskümmend üks aastat oma õnnistatud Gurudeva jalge ees olles. Kui tihti nägime teda ekstaasis olevana – nagu lääne maailmas seda Jumalaga üksolemist kutsutakse. Indias teatakse seda *samaadhi* nime all. Seda seisundit ei suuda ükski sõna täielikult kirjeldada.

Mis on Tõde?

Meie järgmiseks küsimuseks on: „Mis on Tõde?" Uurigem kõige esmalt, mis on religioon. Ja milline tee viib Jumalani. Religiooni tõeline tähendus või määratlus saab olla vaid üks: See käitumise- ja tõe rakendamise meetod, mille kaudu võib inimene kõrvaldada oma kolmekordse kannatuse – keha, mõistuse ja hinge tasandi kannatuse, juurides selle täielikult välja, et see enam iial tagasi ei pöörduks. See ongi religioon – või mis ta peaks olema.

Kahjuks on religioon tänapäeval muutunud paljude jaoks vaid uskumuste ja rituaalide süsteemiks. Kuid need ei rahulda hinge. Kui need seda teeksid, siis miljonid templites, mošeedes ja kirikutes käivad inimesed oleksid Jumala armastusest purjus. Kuid nii see paraku ei ole. Väline jumaldamine on hea ja tähtis religiooni aspekt siis, kui mõistus on keskendunud Temale, kellele me oma armastuse ja jumaldamise suuname. Kui aga rituaal või tseremoonia muutuvad mehhaaniliseks ja kummardamise Objekt on unustatud, siis ei ole sellisel Jumala-teenimisel mingit tähendust ega väärtust. Juhtunud on see, et inimene on katnud oma Jumala-teenimise dogma koorikuga. See ongi põhjuseks, miks ta ei tea, ei tunne Jumalat.

Mingem tagasi küsimuse juurde: „Mis on Jumal?" Jumal võib ilmutada End iga jumaliku omaduse või iga vormina, kuid Teda ei ole võimalik ühe teatud kontseptsiooni külge vangistada – Ta on *kõik* ideed. Ta on universumis kõige sees ja kõik on Temas. Iga inimmõtet on Jumal juba mõelnud, vastasel juhul ei oleks inimesele saanud see pähe tulla.

Läbi sajandite tagasi vaadates näeme, et inimene on Looja meelespidamiseks kasutanud sümboleid. Varasemad tsivilisatsioonid valisid Tema tähistamiseks päikese, tule või muu loodusnähtuse. Sümbolitest said nende jumalad.

Inimese arusaamise järkjärgulise suurenemisega arenes ka religioon, rüütades mõõtmatu ja vormitu Vaimu inimkehastuste ja -omadustega. See muutus religioonitegelaste seas terveks lahkhelide maailmaks – üks grupp ütleb: Jumal on see, teine ütleb: Jumal on too, tülitsedes üksteisega. Milline jaburus! Issand võib võtta ükskõik, millise kuju või jääda ilmutamatuks Vaimuks.

Jumala otsimises tundub pühendunule vahel palju lihtsam see, kui ta valib Mõõtmatu nähtavaks sümboliks mõne jumaliku vormi. Kuna läbi paljude-paljude kehastuste on inimene harjunud vormiga, siis on tal niiviisi Jumalast kergem mõelda. Selle jaoks, kes peab seda vajalikuks, on ka vorm-kuju vajalik, kes peab seda mittevajalikuks, on ta mittevajalik. Kuid on rumalus tülitseda selle üle, milline printsiip on õige, sest Jumalikkus on nii vormitu kui ka igas vormis, ebaisikuline ja personaalne.

Ma tean, et mu Jumalik Armastatu on põhiolemuselt Vormitu. Kuid see ei tee Teda vähem tõeliseks. Armastusel ei ole vormi, tarkusel ei ole vormi, rõõmul ei ole vormi, kuid me kogeme neid, eks ole? Need on meie jaoks palju tõelisemad, kui kuju. Hästi – see ongi, see, mis Jumal on. Lõplikus mõttes on Ta mõõtmatu armastus, tarkus, rõõm. Vaatamata sellele, mõned pühendunud leiavad olevat kasuliku ja vaimselt kütkestava mõelda Temast kui ühest Tema jumalikust vormist – nagu näiteks Issand Krišnast, Jeesus Kristusest, Buddhast või kui Taevasest Isast, Emast, Sõbrast või Armastatust.

Kogemused kõigis religioonides oleva Ühe Jumalaga

Kui ma seitsmeteistkümneaastase noore tüdrukuna aašramisse tulin, siis oli mul üks idee peas: „Nüüd, mu Armastatu, pean ma kogema Sind nii, nagu Sind kõigis religioonides tuntakse, sest ma austan neid kõiki." Minu jaoks ei ole keegi mu Armastatu kaitse ja juhatuse puhtusesärast väljapool. Üle terve maailma reisides olen ma Jumalat kummardanud mošeedes, templites, kirikutes ja katedraalides. Minnes meditatsioonis enesesse, kogesin Jumala jumalikku õndsust.

Iga isik saab kogeda seda õndsust, kui ta vabastab oma mõistuse eelarvamustest. Arukate inimolevuste mõistuses ei ole kohta eelarvamustel. Need on varjatud kammitsad, mis seovad hinge ja lämmatavad seda. Jumalikkus on salliv. Jumalikkusel pole eelarvamusi. Kui me oleksime Tema moodi, kas me siis ei peaks praktiseerima ka sallivust? Kui me tahame Teda tunda saada, siis me peame seda praktiseerima!

Sallivus ei lähe vastuollu lojaalsusega. Mulle tähendab see seda: ma järgin oma Guru teed, kuid ma austan kõiki teisi samuti. Omapoolses Jumaliku kutsumises austas Gurudži alati enda gurude liini. Palve algas: „Taevane Isa, Ema, Sõber, Armas Jumal" - kõik need on Jumal. Seejärel austas ta nimepidi kõiki missiooni varasemaid gurusid. Lõpuks kutsus ta kõigi religioonide pühakuid õnnistust andma - selline oli tema austus kõigi suhtes, kes elasid vaid Jumalale mõeldes. Tõde on üks, Jumal on üks, kuigi Teda kutsutakse paljude nimedega.

Tulles nüüd tagasi mu varajaste kogemuste loo juurde: ma olin purjus igatsusest Jumala järgi. Mu mõistuses leegitses vaid üks soov ja ma vandusin: „Ma ei lahku siit maailmast enne, kui ma saan teada, et mu Jumal on mu armastus." Vaid see oli minu jaoks tõeline. Olin valmis hülgama kõik, kui oleksin vaid saanud tõestada seda üht tõde oma elus: mu Jumal on armastus ja mu Jumal armastab mind.

Issand Krišna jumalik mäng – liila

Minu esimene kogemus tuli sellest, kui Gurudeva andis mulle raamatu Issand Krišna elust. Kuude kaupa olin Krišna jumalikust elust, tema jumalikust mängust purjus. Mu mõistus oli sellest purjus, kas tegin siis parajasti aašramis majapidamistöid või olin peale seda eraldatuses. Mulle meeldis minna öösiti välja, istuda aašrami murul ja olla vaikses ühtsuses Jumalaga Krišna näol.

Issand Buddha Õigete Tegude tee

Siis, vast umbes aasta hiljem, andis Gurudži mulle raamatu Issand Buddha elust. Ja jälle olin ma võlutud. Krišna oli kadunud ja jäänud oli vaid Buddha. Mulle meenuvad pisarad, mis voolasid siis kui lugesin määratu suurest kaastundest, mida ta tundis erinevate kannatuste suhtes, mis inimkonda vaevasid. Elu polnud selline nagu noort Siddhartat oli uskuma õpetatud ümbritsetuna üliküllusliku palee müüride vangistuses kaitsvast perekonnast. Kui ta asus riskides uurima ülejäänud osa oma kuningriigist, nägi ta pimedat, nägi surnud mehe keha, nägi nälgivaid kerjuseid - ja ta ütles selle peale: „Kas selline ongi elu? Siis pean ma leidma selle tõelise tähenduse."

Sellest otsusest tulenevalt ja olles mediteerinud pikalt ja väga sügavalt, mõistis ta suurt karma ratast – mis toetus seadusele, et mida iganes me selles maailmas ka külvame, seda peame me ühel päeval ka lõikama. Iga tõeline filosoofia õpetab seda. Te ei saa õunaseemet külvates sellest greibipuud kasvatada. Mis iganes seemet te ka ei külvaks, saak on alati sellesarnane. Kui te külvate valede tegude seemneid, siis teadke, et kindlasti kannavad need seemned kas selles või mõnes tulevases elus oma kibedaid vilju. Kui inimene saab selle seaduse tähendusest täielikult aru, siis püüab ta mõistmisega järgida alati õigete tegude teed, ega tee seda hirmust. Selline on Buddha poolt lahti seletatud tõde. Niiviisi sai Daya Mata mõistmise osaliseks – kujustades Buddha elu ülevat eeskuju.

Kristuse kõikehõlmav kaastunne

Ja seejärel, kuigi kasvasin selles üles, ei olnud ma kunagi mõistnud kristliku maailma doktriini, koondasin oma tähelepanu Jeesus Kristusele. Nägin tema suurt kaastunnet ja andestust inimkonna suhtes. Kuigi ta oli muutnud vee veiniks, oli teinud pimeda terveks ja elustanud surnu, ei olnud need imed midagi võrreldes suure armastuse eeskujuga, mis ta andis maailmale. Inimene peab kõige suuremaks Jumalalt saadud kingiks füüsilist ihu. Kui Kristuse kehalisse templisse sisse tungiti ja see lõhki rebiti, siis ütles ta selles ülimas katsumuses: „Isa, anna neile andeks, sest nad ei tea, mida nad teevad!"[3] Siit tuli Daya Ma tõeline Kristuse ja tema elu mõistmine.

Jumaliku Ema kõikeembav armastus

Hiljem andis Gurudeva mulle raamatu, mis kõneles Jumalast, kes ilmus pühendunule Jumaliku Emana – ning seal kadus mu teadvus Temasse täielikult. Mõeldes Jumaliku Ema õrnast kaastundest, teab iga inimsüda, et seal on alati võimalus andestuseks. Just nagu ema, kelle poeg on mõrvar või röövel ja keda ema hoiab oma süles ja räägib maailmale: „Te ei mõista, kuid mina mõistan – ma tean, miks ta on neid asju teinud," niiviisi vaatab Jumalik Ema meist igaüht. Tema kaastunne, Tema armastus ja Tema andestus on meie jaoks olemas, kui me neid vaid otsiksime. Seetõttu meeldibki mulle mõelda Jumalast kui oma Jumalikust Emast. Selles mõttes leidsin ma hingest igatsetud lohutuse, õndsuse ja armastuse.

Nii – siin te näete, et pühendunu võib Jumalikus kogeda armastuse erinevaid vorme, selle puhtaimas ja kõrgeimas olekus. Mingi armastus ei ole võimalik, kui see ei tule Kosmilise Allika kanalist. See on vaid Jumal, kes valab inimsüdamete kaudu lapsele

[3] Luuka 23:34.

emaarmastust, lapsearmastust tema vanemaile, armastajalt armsale. Kuigi me võime määrida seda inimliku rikutusega, on kõik need väljendused ikkagi Jumala armastus.

Gurudeva ütles tihti: „Kui palju on ajaloo lehekülgedel neid, kes on vandunud üksteisele igavese armastuse truudust! Inkarnatsiooni tee on palistatud nende pealuudest. Kus on nende armastus täna?“ Kuid need hinged, kes on Jumala armastusest purjus - nende armastus elab edasi. Nad on muutnud inimkonda, sest kõige esmalt on nad Jumala igavesele armastusele häälestudes kujundanud ümber iseendid.

Inimene on sündinud selleks, et saada teada oma ühtsusest Jumalaga

Kui traagiline on see, kui inimene hülgab Jumala! Ma ei ole loobuja. Tõelised loobujad on need, kes hülgavad Jumala, sest nad on hüljanud Tema, kes on kõige andja selles universumis. Ta on elu alalhoidja. Liiga tihti ütleme me Talle: „Mu Issand - mul on mu lapsed üles kasvatada, mul on oma töö teha, mul on kõik need asjad, mis vajavad tegemist ja silma pealhoidmist - kuidas ma leian aega Sinu jaoks?“ Kuid oletagem, et Ta vastab meile: „Mu laps, Ma olen nii hõivatud Oma vastutustega, juhtides ja korraldades kõigi nende paljude universumite tööd - mul pole aega sinust mõelda.“ Mis siis? Me lakkaksime siis olemast.

Ta teab isegi pisimat liivaterakest, sest Ta on kõigeteadja, sest et Ta on kõikjalolev, sest kõik selles loomingus on Tema. Miski peale Tema ei eksisteeri. Inimene on sündinud selleks, et nõuda tagasi oma kaotatud jumalikku pärandust, saamaks teada, et ta on Jumalaga üks.

Inimene on kolmekordne olend: keha, mõistus ja hing. Tal on keha, mida ta kannab mõningad aastad, nagu mantlit. Kui see muutub viledaks, siis parandab ta seda nii kaua, kuni saab. Palju organeid saab nüüdsel ajal teatud ajaks uutega asendada, kuid varem või hiljem tuleb keha minema heita. Inimesel on mõistus, kuid ta ei ole see tujukas, kitsarinnaline mõistus, mis nii tihti on täidetud eelarvamustest, vihkamisest, vihast, armukadedusest ja ahnusest. Inimene on hing. Kui rumal temast pühendada pea kogu oma elu, oma tähelepanu, oma energia sellele ihule. Vast mõned püüavad parandada oma mõistust heade raamatute lugemisega. Kuid kes mõtleb oma Isest – hingest?

Milleks oodata kannatusi, mis meid Jumalat otsima sunnivad?

Ma armastan nii väga oma Indiat, sest see püha maa toitis ja hellitas mu jumalikku Guru enne, kui ta läände minusuguseid vaimse alatoitluse all kannatavaid näljaseid hingi õpetama läks.

Läbi ajastute on Jumal saatnud jumalikke sõnumitoojaid, kes püüavad äratada inimkonda tolle eksikujutluse unest. Nad on olnud hüüdjaks keset metsikut padrikut[4]: „Ärgake, mu lapsed, ärgake!" Kui te ei vasta sellele kutsele, siis peame taluma suurt äratajat, keda ei saa ignoreerida – kannatust. Milleks seda oodata? See raputab kõiki, kes eksikujutluses magavad. Suure kriisi hetkel hüüab isegi ateist: „Oo, mu Jumal!" Kas pole see nii? Loomulikult pöördub ta Jumala poole, kuna tema hing teab, et on vaid üks Vägi ja seesmiselt on inimene alati tolle juurde suunatud.

Tihti öeldakse, et kannatused on suurimaks õpetajaks. Ongi – kui suhtume sellesse väitesse õigesti. Keegi ei suuda selles maailmas kannatusi vältida, kuni ta ei näe duaalsust, vaid ainult Ühte – ühte inimkehade lambipirne läbivat Valgus-voogu. Seejärel ületab inimene eksikujutluse ja ületab kannatused. Aga sinnamaani raputavad teda nii suured kui väikesed kurbuse ja valu maavärinad. Selline on kõigi saatus, kes ei tee kuulma nende jumalike sõnumitoojate häält.

[4] „Mina olen hüüdja hääl kõrbes: tehke tasaseks Issanda tee, nõnda nagu prohvet Jesaja on ütelnud." (Johannese 1:23)

Jumalikku Armastatut ei ole iial liiga hilja otsima hakata, aga milline tragöödia on oodata nii kaua, kuni keha hakkab koost lagunema ja tõmbab inimese tähelepanu kõrvale sügavast Jumalale mõtlemisest. Seetõttu innustavad suurvaimud meid, öeldes: „Otsige Jumalat nüüd, praegu."

Jumalikul Armastatul ei ole lemmikuid. Ema armastab kõiki Oma lapsi võrdselt, nii nagu päikesevalgus langeb võrdselt kõrvuti lebavale briljandile ja söetükile. Briljant peegeldab valgust tagasi, kuid süsi mitte. Minu Armastatu arm, armastus, õnnistused, tarkus ja rõõm säravad võrdselt kõigi Tema laste peale. Briljandi mõttelaadiga peegeldavad Tema valgust, söe mõttelaadi tuleb veel töödelda. Kõik.

Tehku igaüks teist pingutusi, saamaks enda ellu jumaliku rahu, armastuse ja rõõmuga õnnistavat Jumala valgust.

Mida me saame teha maailma probleemide osas?

Koostatud Self-Realization Fellowshipi rahvusvahelises peakorteris peetud esinemiste põhjal

Mulle on tihti esitatud küsimusi, eriti viimastel aastatel, mis puudutavad meie praeguseid ärevaid aegu. Inimestele kõigis maailmajagudes teeb muret meie planeedi olukord.

Ajaloo jooksul on inimrass läbinud nii palju kriise – need tulevad ja lähevad. See maailm pöörleb tõusvates ja langevates tsüklites, mis pidevalt iseendid kordavad.[1] Praegu edeneb ühiskonna kui terviku teadvus ülespoole, jõudes tuhandete aastate pärast oma tippu, seejärel hakkab see jälle alla käima. Edasiliikumine ja regressioon, tagasiliikumine – sellel duaalsuse tasandil toimub pidev tõusude ja mõõnade vaheldumine.

Tsivilisatsioonid tõusevad ja langevad evolutsioonitsüklites. Võtke näiteks kõrgeltarenenud mineviku tsivilisatsioonid Hiinas ja Indias. Näiteks toovad muistsed India sanskritikeelsed eeposed[2] ära Sri Raama ajastu, mis oli tuhandeid aastaid enne kristlikku aega – kõrgelt arenenud tehnoloogiast annab seal tunnistust võimas

[1] Maailmaajastutest ehk *juugadest* on kirjutatud üksikasjalikumalt Svaami Sri Yukteswari raamatus „The Holy Science" (mille on kirjastanud Self-Realization Fellowship).

[2] Raamajaana ja Mahabharata allegoorilised ülestähendused ajalooliste eksisteerinud kuningriikide kohta Sri Raama ja Sri Krišna valitsemisaegadel.

lennuaparaat. Veelgi silmapaistvamad olid tol kuldajastul elanute mentaalsed ja vaimsed võimed. Ent lõppude lõpuks hakkas too tsivilisatsioon alla käima, kuni pimedatel ajastutel igasugune edenemine pidurdus. Mis põhjusel? Mõtlesin eile meditatsiooni järel praegu maailmas toimuva peale.

Praeguse kriisi olemus

Langeva tsükliosa jooksul muutuvad inimesed üha ignorantsemaks oma olemuse vaimse külje suhtes, kuni kaob kõik õilis. Seejärel ei ole tsivilisatsiooni langus enam kaugel. Sama protsess võib rahvustega juhtuda ka tsükli kasvavas perioodis. Kui inimese moraalne ja vaimne edenemine ei pea sammu teadmiste ja tehnoloogia arenguga, siis kasutab ta omandatud võimeid vääralt – enda hävinguks. Selline on meie tänapäevase kriisi olemus.

Inimese teadvus on piisavalt arenenud, et avada aatomi müsteerium ja selle suurepärane vägi, millega võib ühel päeval sooritada vapustavaid asju, millest me praegu isegi unistada ei oska. Kuid mida me oleme selle teadmisega teinud? Peamine tähelepanu on kulunud hävitusrelvade arendamisele. Samuti oleme tänu tänapäeva tehnoloogiale vabanenud paljudest aeganõudvatest tegevustest, mis on olnud vajalikud füüsiliseks ellujäämiseks. Kuid tihti ei kasuta inimene juurdesaadud vaba aega mentaalse ja vaimse olemuse edendamiseks, vaid lõpututeks materiaalseteks ja meelelisteks naudinguteks. Kui inimene mõtleb vaid vihkamise, armukadeduse, lõbujanu ja ahnuse emotsioonidest juhitud meelelisusest, on selle vältimatuks tagajärjeks inimeste vahelised ebakõlad, rahutused ja segadused ühiskonnas, konfliktid rahvaste vahel. Sõjad ei ole iial midagi terveks ravinud ega lahendanud – selle asemel loovad nad lumepalli efektiga veelgi suuremaid holokauste – üha uuesti teineteist sigitavaid vastasseise. Vaid targemate, palju armastavamate inimolevuste arenedes, muutub maailm paremaks paigaks.

Tsivilisatsiooni ellujäämine sõltub vaimsest progressist

Mõeldes tänase maailma olukorrast, meenutan kogemust 1963. aasta palverännakul Himaalajas asuvasse Mahaavataara Babadži koopasse. Olen seda mujal üksikasjalikult kirjeldanud.[3] Teel koopasse veetsime öö tillukeses Dwarahati lähedal asuvas puhkemajas. Keset ööd oli mul üliteadvuslik unenägu, kus nägin üle terve planeedi levimas suurt ähvardavat tumedat pilve, mis püüdis endasse haarata tervet maailma. Enne kui see sai juhtuda, ilmus särav jumalik valgus, mis seisis pimedusele vastu, seda tagasi surudes. See oli sedavõrd võimas kogemus, et ma karjatasin, äratades niiviisi oma kaaslased. Ehmunult pärisid nad, mis juhtus. Ent ma ei tahtnud sellest rääkida, sest ma mõistsin, mida see nägemus tähendas. Ma nägin, et kogu maailm seisab silmitsi eksikujutluse pimeduse surmaohuga, koos selle kurjuse, eituse ja valede tegude jõududega.

Kakskümmend viis aastat on möödunud ja tänasel päeval on moraalitus ja sellest tulenev vägivald maailmas nii valdavad, et näib nagu kordaksime Rooma impeeriumi langust. Seda eriti suure hulga noorte inimeste seas, kus moraalsus on langenud praktiliselt nullini. Kõikjal on nii palju südamevalu ja kannatusi. Inimesed küsivad: „Miks Jumal laseb sel sündida?" Kuid Jumalal pole sellega midagi pistmist. *Meie* lubame sel sündida. Tema ei karistaks meid - need oleme meie, kes iseendid karistavad. Oleme nende tingimuste loojad, millega silmitsi seisame. Need on kõigis eluvaldkondades aset leidnud moraalitu käitumise ja eetiliste standardite allakäigu kogusumma.

[3] Mahaavataara Babadži on esimene Self-Realization Fellowshipi gurude liinis. See oli tema, kes taaselustas muistse kadunud Kriija jooga vaimse teaduse ja määras Paramahansa Yogananda seda ülemaailmselt levitama. Tema elu ja vaimset missiooni on kirjeldatud „*Joogi autobiograafias*".
Sri Daya Mata kirjeldab siin uuesti kogemust, millele ta on viidanud oma raamatus „*Ainult Armastus*" peatükis „Õnnistus Mahaavataara Babadžilt".

Tsivilisatsiooni ellujäämine sõltub õige käitumise standardite järgimisest. Ma ei räägi siin inimeste loodud ja ajaga muutuvatest koodeksitest, vaid ajatutest universaalsetest käitumise printsiipidest, mis edendavad tervislikke, õnnelikke ja rahumeelseid indiviide ja ühiskondi – võimaldades mitmekesisuse harmoonilist ühtsust.

Vahel on meil raske hoomata oma tavateadvusega Jumala ülesehitatud universumi taga peituvate tõdede üüratust. Kuid lõplikud tõed on olemas – need Jumala poolt kosmost ja kõiki selle olevusi ülalhoidvad seadused, mida on vaja tähele panna ning mis ei kujuta endast mingit ohtu. Universumis on kõik omavahel seotud. Inimolevustena ei ole me seotud mitte ainult üksteisega, vaid kogu loodusega – sest kogu elu tuleb ühest Allikast: Jumalast. Ta on täiuslik harmoonia. Kuid inimese valedel mõtetel ja tegudel on Tema harmoonilise plaani ilmutamisele selles maailmas takistav mõju. Nii, nagu te püüate häälestada raadiot kindlale jaamale ja staatiline müra takistab teil selle programmi selget vastuvõttu – nõndasamuti häirib inimese „staatiline" halb käitumine loodusjõudude harmooniat. Sõjad, looduskatastroofid, ühiskondlik rahulolematus ja teised tänased maailmaprobleemid, millega me silmitsi seisame, on selle tulemus[4].

Vaimne muutumine algab moraalsuse ja positiivse mõtlemisega

Eelkirjeldatud nägemuse lõpus pagendati maailma ähvardanud pimedus suureneva arvu vaimseid põhimõtteid järgivate indiviidide

[4] „Järsud looduses toimuvad kataklüsmid, mis toovad endaga kaasa kaost ja massilisi vigastusi, ei ole Jumala teod. Sellised katastroofid tulenevad inimeste mõtetest ja tegudest. Me näeme hävingut seal, kus iganes on maailma hea ja kurja tasakaal inimeste vale mõtlemise ja valede tegude kahjutoovate võngete tõttu häiritud... Kui inimteadvuses domineerib materiaalsus, siis toimub seal negatiivsete kiirte emissioon, nende kumulatiivne vägi häirib looduses olevat elektrilist tasakaalu ja selle tulemusena toimuvad maavärinad, üleujutused ja teised looduskatastroofid. Jumal ei ole nende eest vastutav! Enne looduse kontrollimist tuleb kontrollida inimmõtteid." – Paramahansa Yogananda *„Inimese igavene otsirännak"*.

poolt. Vaimsus algab moraalsusest, iga religiooni aluseks olevatest õige käitumise sellistest reeglitest, nagu tõe järgmine, enesekontroll, abielutruudus, teiste mittekahjustamine. Ja me peame tugevdama käitumise kõrval oma mõtlemistki. Kui me jätkame teatud viisil mõtlemist, siis kujunevad neist mõtetest lõpuks ikkagi teod. Seega peame enda muutmist alustama mõtetest. Püüdke saada palju positiivsemaks indiviidiks. See, kelle mõtted on alati negatiivsed – tujukad, vihased, täis armukadedust, kadedust ja kitsidust – ei ole vaimselt edenev isik. See isik lülitab Jumala valguse välja ja jääb pimedusse. Ta levitab süngust ja ebakõla kõikjal, kuhu läheb.

Mõte on jõud – sel on meeletu vägi. Seepärast usungi sügavalt Gurudži algatatud Ülemaailmsesse Palveringi. Ma loodan, et te kõik olete sellesse kaasatud. Kui inimesed saadavad välja keskendunud, positiivseid rahu, armastuse, hea tahte, andestuse mõtteid, nii nagu seda tehakse Ülemaailmses Palveringis, siis loob see suure väe. Kui sellega tegelevad massid, siis käivitab see headuse võnked, mis on maailma muutmiseks piisavalt võimsad.[5]

Muutke endid ja te muudate tuhandeid

Paramahansa Yogananda järgijatena on meie rolliks teha kõik endast olenev, et häälestada oma elu Jumalaga ühele lainele, et oma mõtete, sõnade ja eeskujuliku käitumise kaudu jõuda kaugemale ja avaldada sel teel vaimset mõju ka ülejäänud maailmale. Inimese sõnadel on vähe mõtet, kui ta pole neid ise ellu viinud. Kristuse

[5] SRFi Ordu munkade-nunnade koostatud kehalistest haigustest, mentaalsetest ebakõladest ja vaimsest ignorantsusest tervendamise palveid palvetatakse Self-Realization Fellowshipi Palvenõukogus igapäevaselt. Endale või oma armsatele mõeldud palveid võib tellida, kirjutades või helistades Los Angeleses asuvasse Self-Realization Fellowshipi. Seda palvemissiooni toetab üle maailma tegutsev SRFi liikmetest ja sõpradest koosnev Self-Realization Fellowshipi Ülemaailmne Palvering, mis palvetab regulaarselt maailmarahu ja inimkonna hea käekäigu hüvanguks. Ülemaailmse Palveringi tööd kirjeldavat trükist on võimalik nõudmisel saada.

sõnad on täna sama võimsad, kui nad olid kaks tuhat aastat tagasi, sest ta elas ise seda elu, mida õpetas. Ka meie elud peavad vaikselt, ent väljendusrikkalt peegeldama neid põhimõtteid, millesse me usume. Nagu Gurudži tihti tsiteeris: „Reformige iseendid ja te olete muutnud tuhandeid."

Te võite öelda: „Kuid maailmas on nii palju, mida on vaja teha, nii palju on vaja parandada." Jah, vajadused on muljetavaldavad, kuid maailma hädad ei kao pelgalt seepärast, kui me püüame korrigeerida vaid väliseid asju. Me peame korrigeerime inim-elementi, mis on nende hädade põhjuseks ja me peame alustama iseendist.

Te võite inimesele tuhat korda öelda – ära suitseta, aga kui ta on pähe võtnud, et talle meeldivad sigaretid, siis ei muuda üksinda teie sõna tema harjumust. Alles siis, kui ta hakkab köhima ja kannatama suitsetamise negatiivsete tagajärgede käes, jõuab see talle pärale ja ta mõistab: „see mõjutab *mind* – nüüd muutub see millekski, millest pean hakkama mõtlema." Samuti ei pruugi teie sõnad üksi avaldada mõju ebakõlalisele isikule, et ta oleks rahumeelsem. Aga kui see isik tunnetab teie enda rahumeelsest olemusest voolavat veidigi kombatavat harmooniavaimu ja heaolu, on see talle kasulik.

Seesmine harmoonia tuleb meditatsioonist

Paljude poolt otsitavat rahu ja harmooniat ei saa materiaalsetest asjadest ega ühestki välisest kogemusest – see pole lihtsalt võimalik. Vahest võite te tunda ajutist häirimatut rahu vaadates imekaunist päikseloojangut või minnes mägedesse või mereäärde. Kuid isegi kõige inspireerivam tegevuspaik ei anna teile rahu, kui olete seesmiselt ebakõlas.

Oma elu välistesse olukordadesse harmoonia toomise saladus seisneb enda hinge ja Jumalaga seesmise harmoonia loomises. Võtke igapäev väheke aega, et eemalduda maailmast, pöörata oma mõistus sissepoole ja püüda tunda Jumala kohalolekut. See on meditatsiooni eesmärk. Te leiate, et peale seda kui olete sügavalt mediteerinud ja harmoneerinud oma teadvuse seesoleva Jumala rahuga, ei põhjusta välised raskused teile nõnda palju stressi. Te olete võimelised tegelema nendega ilma enesevalitsust kaotamata ja ilma ülereageerimata – ilma „peata kanana ringitormamiseta" nagu tavatses öelda Gurudži. Teil on seesmine vägi, mis võimaldab teil öelda: „Hästi, ma tegelen selle takistusega ja ületan selle."

Kaks isikut võivad läbida täpselt sama kogemuse: üks võib kibestuda, samas kui teine saab targemaks ja mõistvamaks. See kõik sõltub indiviidist. Kui inimesed kirjutavad mulle ja ütlevad, et neil on liiga palju koormaid kanda, et nad on loobumise äärel, siis mõtlen: „Oo, kui ma saaksin süstida neisse veidi usku, et nad tunneksid: Jah, ma saan sellega hakkama!" Viljelege positiivset mõtlemist ja isegi kui te ei saa probleemist koheselt jagu, alustage esimesest sammust ja öelge iseendale: „Kui ma selle teen, on mu olukord homme parem."

Hoidke igas olukorras kinni seesmisest rahust ja rõõmust

Meie raskustes pole suuremat ressurssi, kui nende Jumala ette asetamine. Ta ei pruugi neid kõrvaldada, sest me kasvame väljakutsetega silmitsi seistes. Kuid me saame Temalt jõudu nendega toimetulemiseks ja tarkust tegutsemiseks.

Ma ei tea kuidas inimesed elavad, ilma, et neil oleks aega olla Jumalaga. Jah, meil kõigil on päevakavas palju nõudmisi ja kohustusi, mille täitmine on meie panus elule. Kui me oleme aga siirad, siis leiab igaüks meist aega, et anda end meditatsioonis Jumalale. Mulle meeldib tõusta kaua enne koitu, mil ülejäänud veel magavad. Maailm on siis veel nii vaikne, te ei kuule isegi linde laulmas. See on imeline aeg Jumala vestlemiseks, rääkides Temaga vaikselt, meeldivalt kõigist asjadest, mida te ei tihkaks rääkida isegi oma parimale sõbrale. Me mõtleme nii paljudest asjadest, kuid tihti tunneme, et meil pole kedagi, kellega oma mõtteid jagada. Kuid meil on. Kogu oma elu jooksul on mul olnud Keegi, kellele rääkida – ja see on Jumal. Ta annab mulle nii palju mõistmist ja lohutust – ükski sõna ei suuda seda kirjeldada. Ma lähen Tema juurde kõigi oma rõõmude ja samuti oma probleemidega ja see on asi, mida ka teie peaksite tegema. Kes peale Tema veel teid kuulab? Ta mõistab meid, isegi siis, kui me ise ennast ei mõista. On ülimalt väärtuslik leida aega selle seesmise suhte viljelemiseks.

Selleks, et Jumalani jõuda, vajame me õigeid meditatsioonitehnikaid, mida Gurudži meile on andnud. Ustav Self-Realizationi järgija jätab endale iga päev aega Gurudži õpetuste lugemiseks ja õppimiseks ning kodus vaikseks istumiseks ja mediteerimiseks. Kuid pelgalt vaikne istumine, kus mõistus liblikana siia sinna vilksab, ei ole meditatsioon. Meditatsioon on võime tõmmata oma mõistus ära kõigilt välistelt eksitavatelt asjadelt, suunates selle vaid Jumalale. Rahutu mõistuse kontrollima õppimine nõuab regulaarset praktikat. Sõrmedega mööda klaveri klahve üles-alla klõbistamine pole veel klaverimängimine, kuid selline harjutus on sissejuhatuseks vajalik. Samuti on tõeliselt mediteerima õppimiseks vajalik praktiseerida meditatsioonitehnikaid. Me teame, et me edeneme vaimselt, kui käesoleva päeva meditatsioon on sügavam kui eelmise päeva oma ja kui me hoiame igas olukorras kinni meditatiivse seisundi rahust ja rõõmust.

Palju aastaid tagasi viis Meister meid vaatama inspireerivat filmi „Bernadette'i laul", mis kõneles suurest lääne pühakust.[6] Ma mäletan pühaku viimaseid sõnu. Tema elu hilisem osa oli täidetud kannatuste ja katsumustega, aga kui ta oli kehast lahkumas, tajus ta Jumalikku Kohalolekut ja ütles viimase jõupingutusega: „Ma armastan Sind!" See on minu jaoks ekstaasi tähendus – elada, liikuda ja olla selles

[6] Pühak Bernadette Sourbirous, kelle pühad kogemused Prantsusmaal Lourdes'is 1850. aastatel on teinud sellest paigast ühe kõige tihedamini külastatava palverännakupaiga läänes.

maailmas Jumala armastuses. Pidage meeles öelda Talle iga päev: „Ma armastan Sind, Issand.“ Kui te ei tunne veel seda armastust enda südames, öelge Talle: „Ma tahan tunda seda armastust, Issand. Ärata mu süda Oma Armastusega.“

Kui Jumal on meie elude tähelepanu keskpunktiks, siis mõtleme me alati: „Kas ma tegutsen nii, et see meeldib mu Armastatule, Temale, kellest olen ma tulnud ja kelle jaoks elan?“ Viljeledes seda teadvust, muutume me tõesti rahumeelseteks, õnnelikeks, mõistvateks inimolevusteks.

Selles maailmas ei saa leida täiuslikkust

Kuna suurem osa inimkonnast püüab seda seisundit saavutada, siis kahanevad ka maailma ähvardavad kriisid. Kuid me peame mõistma, et see maailm ei saa iial täiuslikuks, sest see pole meie püsiv kodu – see on kool ja selle õpilased on erinevates õppeklassides. Me oleme siia tulnud, et läbida kõik elukogemused, nii head kui kurvad ja neist õppida.

Jumal on igavene ja samuti oleme meie igavesed. Tema universum edeneb oma tõusude ja mõõnadega. Need oleme meie, kes me peame end seadma harmooniasse Tema loomise seadustega. Need, kes nii teevad, jätkavad ülespoole arenemist, vaatamata välistele oludele või konkreetsele maailmatsüklile, kuhu nad on sündinud. Ja oma teadvuse viimistlemise kaudu leiavad nad Jumalas vabaduse.

Ülimas tähenduses rajaneb meist igaühe pääsemine vaid meil endil – sellel, kuidas me elule vaatame ja seda kohtleme, kuidas me käitume. Kas elame ausalt, siiralt ja teisi arvestades ja teeme seda vapruses, usus ja Jumala usaldamises? Kui me keskendume Jumala armastusele, muutub see lihtsaks. Siis tahame me teha head ja olla head, sest me leiame, et Temast, kellest me oleme tulnud, voolab meie teadvusse rahu, tarkust ja rõõmu.

Kui tihti lasi Gurudži meil ühes temaga jaatusega kinnitada, et me peaksime elama oma elu rõõmus, mis on Jumal:

Rõõmust olen ma tulnud. Rõõmus ma elan, liigun ja seal on mu olemus. Ja pühasse Rõõmu sulandun ma uuesti.

Hoidke sellest tõest kinni ja te näete, kuidas see Rõõm teid seespidiselt toidab, ükskõik, mis teie ellu ka tuleb. Rõõm muutub teile palju tõelisemaks kui kaleidoskoopse maailma igimuutuvad sündmused.

Maailm on meie pere

Self-Realization Fellowshipi Rahvusvahelise Peakorteri Gyanamata aašramis Ameerika Ühendriikide 200. aasta juubeli tähistamiseks (nunnade residentsis)1976. aasta juulis peetud kõnest

Täna meenutan ma paljusid Gurudevaga veedetud neljandaid juulisid. Meie Jõulude ja Kevadpühade pidamised olid osaliselt pigem pühalikud sündmused, kuid neljas juuli oli alati juubeldamise aeg. Meil polnud palju raha kulutamiseks, kuid me saime alati hankida mõned säraküünlad ja ilutulestikuraketid ja väheke jäätist ning pidasime koosviibimist siin Mt. Washingtoni[1] murul. Hiljem, kui hakkas toimima Encinitase Erakla[2], viis Gurudži meid naabruses asuvale Misjoni plaažile, kus me võisime vaadelda tulevärgi vaatemängu ookeani äärest.

See tegi mind nii õnnelikuks, kuidas te kõik ühinesite vaimus Ameerika kahesajandat aastapäeva tähistama. Mäletan Gurudžid ütlemas, et ta tuli Ameerikasse mitte seepärast, et ta oleks teisi rahvaid vähem armastanud, vaid et leidis siin vähem eelarvamusi ja suurema vabaduse valida Jumala-austamise vormi, mis pakkusid omakorda enam võimalusi Self-Realizationi õpetuste aluseks oleva vaimu ja ideaalide levitamiseks. Kuid see ei tähenda, et Ameerika

[1] Los Angeleses Washingtoni mäel asuva Self-Realization Fellowshipi Rahvusvahelise Peakorteri ja -keskuse sagedasti kasutatud nimi.

[2] Encinitas on Los Angelesest umbes saja miili kaugusel lõunas asuv väikelinn, kus Paramahansa Yoganandale anti kõrgel Vaikse ookeani kaldal kõrguv suur erakla. Seal veetis ta 1936. aasta lõpust kuni 1948. aastani suure osa oma ajast.

Sri Mrinalini Mata (neljas SRFi president), Sri Daya Mata ja Ananda Mata (vt lk 263+) 1976. aastal Janakananda aašramis SRFi peakorteris aastal 1976.

„Oma elu välistesse olukordadesse harmoonia toomise saladus seisneb seesmise harmoonia kehtestamises hinge ja Jumalaga. Võtke iga päev väheke aega, et tõmbuda eemale maailmast, pöörata oma mõistus sissepoole ja püüda tunda Jumala kohalolekut.“

oleks täiuslik. Ent rohkem kui üheski teises planeedi osas, on siin suurem võimalus kogeda ja väljendada nelja vabadust.[3]

Et olla tõeliselt isamaad armastav, tõeliselt ameeriklane, olla selle rahva alusmüüriks olevate ideaalide elavaks näiteks, peame viljelema ja väljendama armastust ja sõprust kõigi vastu. Me alustame sellest, et armastame neid, kelle perekonda Jumal meid saatis, seejärel avardame oma armastuse meie naabrite, oma maa ja lõpuks kõigi rahvasteni. Self-Realization Fellowshipi õpetuste elluviimine avardab meie teadvust, kuni me tunneme ja aktsepteerime kogu maailma oma perena. Siis väljendame me Jumala kõikehõlmavat armastust.

Mis on vabadus?

Rohkem kui kunagi varem peavad Ameerika ja kõik teised rahvad tänasel päeval töötama selle kõikehõlmava armastuse viljelemise kallal. Maailm on tükkideks rebitud käitumisstandarditega, mis ei vii rahu ja tõelise vabaduseni. Vabadus ei tähenda seda, et te teete seda, mis teile meeldib, eirates teiste õiguseid. Vaba-olemine nõuab enesedistsipliini viljelemist. Tõeline vabadus tähendab lõplikus tähenduses halbade harjumuste, eelarvamuste, tujude ja isekate huvide, iseka tahte sundusest vabanemist. Kui saate juhituna puhtast tarkusest kõigis oma tegudes kasutada vaba valikut, siis olete te vaba.

Kui läksin esimest korda Indiasse, siis oli see astumine täiesti erinevasse maailma. Vaimne atmosfäär täitis mu hinge rõõmuga, kuid materiaalsed tingimused olid kaugel sellest, mis on meie maal. Mäletan, et olin juhm, nähes nii suuri vaesusest tingitud kannatusi pelgalt hinge seeshoidmise pärast. Mu süda nuttis ja ma vandusin, et kui ma tulen Ameerikasse, siis panen ma rohkem kui iial varem rõhku jagamise tähtsusele ja seesmise vabaduse ja õnne leidmisele.

[3] Franklin D. Roosevelti formuleeritult: sõna- ja väljendusvabadus, Jumala-austamise vabadus igaühe vabalt valitud viisil, vabadus sundusest ja hirmust.

Me ei vaja väliselt rahuloluks palju, kuid me vajame hingevabadust. Seesmine vaimuvabadus ei sõltu meie keskkonnast, kuid me saame kasu sellest keskkonnast, mis annab meile võimaluse Jumalast palju sügavamalt mõelda ja Tema armastamist viljeleda.

Meister ennustas, et ühel päeval, peale suuri kannatusi, võitlusi ja südamevalu, ühinevad kõik maailma rahvad. See ühtsus tuleb siis, kui rahvaste hulgas olevad üksikisikud asuvad otsima seesmist vabadust. Selle eneseteostuse tee õpetuste kaudu oleme olnud õnnistatud suurima võimalusega meie hingede vabaduse – vaimse vabanemise leidmisel – ja enda eeskuju najal, julgustades oma peret, rahvust ja kogu meie maailma, otsima enda vabadust Jumalas. See peab kusagilt algama. Suured õpetajad tulevad ja kõnelevad tulihingeliselt inimkonna ühtsusest. Rahvahulgad rõõmustavad, lehvitavad lippe ning nõustuvad, et universaalne vendlus on vajalik. Ideaal elab veidi aega mõistustes ja südametes ja siis sureb. Miks? Sest igaüks ootab, et keegi teine teeks algust tarvilike vaimsete printsiipide praktiseerimisega. Kuid see praktiseerimine peab algama iseendast.

Hingevabadus on see, „kus ta on“, nagu tänapäeval öeldakse! Ja see vabadus tuleb enda igapäevasel alistamisel Jumala tahtele.

Õige tegevus algab õigest suhtumisest

Karma joogi ideaaliks on Jumala teenimine. Mida tähendab Karma jooga? Kõige esmalt tähendab see õige suhtumise väljakujundamist, mille kaudu viite lõpuks ellu õige tegevuse. Õige tegevus on mitte enda, vaid Jumala jaoks tehtud tegevus. Täiustunud karma joogi ohverdab kõik oma teod ja viljad seetõttu vaid Jumalale.

Et alustada, selleks peame mõistma, et maailm ei võlgne meile üldse mitte kui midagi. See mõte on vabastav. Liiga tihti tunnevad inimesed, et maailm võlgneb neile midagi, isegi kui nad pole seda ära teeninud. Vaimsel teel peab inimene omandama suhtumise: „Maailm ei võlgne mulle midagi, kuid mina võlgnen palju maailmale.“

Maiustuste jagamine kokkutulnuile peale Ranchis 1968. aastal toimunud satsangi, kus Matadži loopis kokkutulnuile mänguliselt paberisse pakitud komme.

Ranchis 1973. aastal.

„Igaüks, kes armastab sügavalt Jumalat, leiab, et väga raske on olla kogu aeg pühalik. Ikka pulbitseb sisemusest välja jumalik rõõm."

Sellest tõest jätkugu teie mõtted: „Ma võlgnen Jumalale palju: ma võlgnen Talle oma elu, ma võlgnen Talle kõik, mis mul on. Nii kaua, kui ma hingan, tõmban ma endasse Tema elu. Nii kaua, kui mõtlen, laenan ma Tema arukust. Ma sõltun Temast tervikuna." Kui te niiviisi arutlete siis hakkate te mõistma, et teie elu ja kõik, mis teil on, tuleb Jumalalt. Siis tahate te endast Talle vastu anda.

Peale seda, kui oleme selle endale teadvustanud, peaksime mõtlema: „Kuidas saan ma Teda teenida?" Paljud tunnevad, et Jumal on neid sellesse maailma saatnud erilise missiooniga. See on vale arvamus, sest ainus kutse, mis Ta meile on andnud, sisaldab kutset Teda otsida ja leida. Seetõttu ütleb pühendunu: „Issand, kasuta mind, mis iganes viisil Sa seda tahad. Kui Sa tahad mind rakendada siin või seal, olen võrdselt õnnelik – see on mulle kõik üks ja sama. Mu pilk on kinnitunud Sinule. Vaid Sina üksi oled mu sihiks."

Ei piisa, kui te teete oma tööd mehhaaniliselt või kadedusega, hoides kogu aeg seesmiselt tagasi. Õige käitumine või õige tegevus pole üksnes väline praktika. Me peame olema valvel seesmise kibestumise suhtes: „See on mu distsipliin ning isegi kui see mulle ei meeldi, arvan, et pean seda ikkagi järgima." Kui me seesmiselt ei alistu – lubades minna oma vastupunnimisel ja lubades Issandal ennast kasutada täpselt nii nagu Tema seda tahab – ei saavuta me otsitavat vaimset vabadust.

Mida iganes me oma teel ükskõik mis ajahetkel ka ei kohtaks, tahab Jumal, et avaldaksime selles olukorras koos rõõmsameelsusega parimat võimalikku suhtumist. Püha Francis de Sales ütles: „Pühak, kes on kurb, on kurb pühak!" Igaüks, kes armastab sügavalt Jumalat, leiab olevat väga raske olla kogu aeg pühalik. Alati pulbitseb sisemusest jumalik rõõm.

Naerda on nii tore – ja veelgi toredam on olla võimeline naerda iseenda üle. Me peaksime ületama selle tundlikkuse, mis tekitab haavumist. Kui meie tundeid on nii lihtne haavata, tähendab see seda, et me toidame oma ego. Meil pole õiget suhtumist, kui me ei talu enda aadressil kellegi kriitikat või halvasti öeldut. Laske teistel öelda, mis nad tahavad. Kui meie mõistus püsib Jumalal ja kui me püüame anda endast parima, kas loeb siis üldse, mida inimesed meist mõtlevad? Mil iganes kogen oma teel eitust, olen palvetanud nii: „Issand, mida Sa minust mõtled? Kui ma teen midagi valesti, paranda mind, distsiplineeri mind. Muuda mind." Me peaksime alati vaatama, mida Ta meile igas olukorras õpetada tahab.

Armastav teenimine kõigi Jumala laste heaks

Alles Jumala poole vaatamise, Tema armastamise ja seejärel Tema teenimise kaudu kõigis, kellega meie teed ristuvad, saame me teada sellest kõikehõlmavusest, milles peitub tõeline vabadus. Viljelege sellist teadvust:

„Issand, ma olen selles maailmas, sest Sina saatsid mind siia. Ma olen siin ühe eesmärgiga: armastamaks Sind ja Sinu lapsi – kes iganes nad on, kus iganes nad on – olgu nad ameeriklased, aafriklased, asiaadid, eurooplased, budistid, kristlased, hindud, juudid või moslemid." Mis iganes meie usk või rahvus ka on, me oleme kõik sugulased, ühe Isa lapsed.

Mõelge teistest niiviisi: nad on minu omad – nad on osa minu Jumalast. Minu Jumal on end ilmutanud neist igaühes. Lase mul neid teenida oma parimate võimete kohaselt.

Neid põhimõtteid peaksime me viljelema osana oma igapäevaelust. Olge hoolivad üksteise suhtes, tundke üksteisele kaasa, tegutsege üksteise heaks. Ja austage seda tehes teineteist Jumala kujutistena.

Kui Ameerika, või mõni teine rahvas peaks lõpuks saama tõelise vabaduse maaks – selliseks, mis on rajatud vabadusele vaimsest ignorantsusest ja eksikujutlusest – mis on iga hinge-kodaniku sünniõiguseks – siis peab see algama igas indiviidis olevate jumalike omaduste toitmisest. See on ideaalne vabadus, mida kiita ja järel aimata. See on kindlaim alusmüür iga rahva ülesehitamiseks, sest edendab inimsüdame ja vaimu täielikku potentsiaali.

Ameerika on ikka veel paljude maailma rahvastega võrreldes titeeas. Aga kui te lähete mujale, siis te saate aru, kui palju ollakse saavutanud ja kui õnnistatud on inimene, kes sellel suurel maal elab. Ma olen selles mõttes kindlalt patrioot – ma hindan kõike seda, mida see maa on mulle andnud. Ja ikkagi – kui ma sõidan välismaale, siis ma leian, et kõik maad on minu omad, kuna kogu inimkond on minu perekond. Jumala teadvuses ei ole piire ja ei tohiks olla rahvuste-, rasside- või usutunnistuste piire olla ka Tema laste teadvuses.

Palju õnne Ameerikale ja Jumal õnnistagu teda!

Rahulootus muutuvas maailmas

Indias Jharkandi osariigis Ranchis asuvas Yogoda Satsanga of India haru eraklas peetud esinemisest

Ükskõik, millist maad ma külastan – igal pool näen ma inimestes sama sügavat püüdlust: „Kuidas leida rahu?" Gurudeva Paramahansa õpetas meile, et rahu ei saabu iial väliste vahendite kaudu. Me võime olla kindlad, et nii tihti kui me asetame oma lootused välistele tingimustele, on sealt leitav rahu alati lühiajaline.

Parafraseerides Bhagavad Giitas toodud Krišna sõnu Ardžunale, tavatses Gurudeva öelda: „Kui sa tahad rahu, siis kinnitu Tolle külge, mis on muutumatu." Miski selles maailmas ei ole püsiv – midagi ei ole muutumatu, peale Jumala. Tuhandeid aastaid tagasi kõneldud sõnade kaudu: „Jää pidama Minusse[1]!" näitas Krišna teed kogu inimkonnale, sest me ei tunne iial tõelist rahu, ilma Jumalasse „asumata" või „kinnistumata".

See oli üks esimesi tõdesid, mida Gurudži mulle peale aašramisse saabumist õpetas: Kinnistu Jumalasse, ainsasse muutuvas maailmas olevasse muutmatusse Printsiipi! Kuidas seda teha? Mediteerides ja hoides oma mõistus alati kinnistatuna kulmude vahelises piirkonnas olevas Kristuse teadvuse (*Kutastha*) keskuses. Siin ja oma südames ühtime me Jumalikuga.

Tavalise inimese mõistus on pidevalt rahutute mõtetega lainetav ja laperdav keset kõiksugu muretsemisi oma töö, perekonna,

[1] Bhagavad Giita, II:45.

ühiskondliku positsiooni ja materiaalse edu teemal. Selle tulemusel on ta lihtsalt üks närvipundar. Isegi kui keegi hülgab maailma aašramis elamise nimel, ei tähenda see seda, et kõik tema probleemid oleksid järsku minema pühitud. Tal on täpselt sama palju hädasid, kui igal teisel inimolevusel - kuid aašramis õpib ta, et ükskõik, mis ta ellu ka ei tuleks, on seal olemas lootus, turvalisus, lahendused, seal on alati Üks, kelle poole pöörduda - inimene on kindel, et ta saab abi ja see Üks on Jumal. See on õppetund, mida igaüks peaks selgeks õppima.

Meie häda seisneb aga selles, et me tahame sõltuda Jumalast vastumeelselt, sest me ei ole kindlad, et see, mida Ta meile annab, on just see, mida me tahame. Me mõtleme: „Kui ma annan oma elu Talle, siis ei pruugi Ta minu järele vaadata, Ta ei pruugi anda mulle turvalisust, Ta ei pruugi mu soove täita." See on inimese läbikukkumine. Ja see on ka vale arutluskäik, sest kui me asetame oma tähelepanu Jumalale ja viljeleme iga päev väheke enesealistumist, siis näeme, kuidas Ta meie järgi eksimatult vaatab.

India kui inimkonna vaimne liider

Kõigist maailma maadest on India vaimselt kõige enam õnnistatud. Gurudži tavatses öelda: „Kui lääs on keskendunud materiaalsele ja teaduslikule tõhususele, nii on India sajandeid olnud keskendunud vaimsele efektiivsusele." India on suurte vaimsete hiiglaste maa. Ükski teine rahvas ei ole tootnud nii palju pühakuid. Nad on sündinud teie pühaks päranduseks olevatest pühadest traditsioonidest.

Ma olen külastanud paljusid maid. Kui pühendunud saavad teada, et lähen Indiasse, siis küsivad nad alati teie vaimsete juhtide kohta. Paljud unistavad Jumala siiatulekust, et otsida Jumalat: selline on Indiast lähtuv inspiratsioon ülejäänud maailmale. See ei tohiks iial kaduma minna.

India muutub ka materiaalselt arenenud maaks. Selles ei ole üldse küsimus. Lõppude lõpuks on India vaid kakskümmend aastat vana – võite öelda – iseseisvaks saadi kakskümmend aastat tagasi.[2] Nende aastatega olete teinud kiireid samme ja teete neid veel palju. Kuid ma palun teid, eriti selle püha maa noori – et materiaalse paranemise otsinguil ei heidaks te kõrvale oma suurimat aaret: oma vaimset pärandit. See on midagi, mille tõttu kogu maailm India poole pöördub.

Te olete ainus rahvas, kes on nii sügavalt juurdunud *daršanis* ja *satsangis*.[3] Kuigi te võite neid traditsioone pidada enesestmõistetavateks, sest nad on teile nii omased, tulenevad need rahva sisemisest sügavast vaimsest olemusest. Kasutage seda õigesti ja julgustage seda loomulikku suundumust. Hingede jaoks on tähtis tulla kokku meditatsiooni ja *satsangi* pärast – sõpruse, vendluse pärast jumaliku *Sat*'i, Jumalaga. Kui te seda meeles peate, siis teete te Indiast selle ajastu suurima rahva. Aga kui te heidate kõrvale need vaimsed omadused ja joobute materialismist, siis lasete te käest kõige tähtsama võimaluse, mis sel rahvusel kunagi maailma juhtimiseks on olnud. Ma räägin seda teile oma hinge sügavustest, sest armastan seda maad nii väga.

Niiviisi olen ma kõnelenud ülikoolides üle terve maa. Noored on kindlad, et nad võivad alistada terve maailma. Nende huvid on suunatud oma unistuste ja püüdluste teostamisele. Nad kalduvad järele aimama ja kuna noorus on soovide ja ambitsioonide ärkamise aeg, siis korjavad nad tavaliselt üles kõige halvemad harjumused või

[2] See esinemine on aastast 1968.

[3] *Daršan* – püha isiku või asupaiga nägemisest või kohalolust saadud õnnistus. Satsanga – jumalik vennaskond, vendlus teiste tõde-otsivate, Jumalat otsivate hingedega. Vaimse seltskonna ja pühade isikute ja pühamute väärtusest lugupidamine ja nende mõistmine on indialastesse sügavalt sissesööbinud. Need on indialaste väe- ja inspiratsiooniallikaiks kohtumisel igapäevaelu katsumuste ja väljakutsetega.

käitumisjooned teiste rahvuste eakaaslastelt – kuna meelte veetlus on tugev. See on suur tragöödia. Seega: kui te püüate endi olukorda materiaalselt parandada, ärge heitke kõrvale mõtet Jumalast.

See on just see, mida lääne materialistid on teinud. Nad mõtlevad: „Nii kaua, kuni mul on kõik muu olemas, ei vaja ma Jumalat." Tal ei ole kohta paljude eludes. See on vale. Ja tänapäeva Ameerika on hea näide, mis sellisest suhtumisest välja tuleb. Ma olen näinud tuhandeid noori inimesi kurvas mõistmatuse, rahutuse, kurbuse, segaduse seisundis, sel konkreetsel põhjusel, et Jumal on kõrvale heidetud. Ja nüüd näete neist aina rohkemaid India poole pöördumas. Te olete lugenud oma ajalehtedest paljude kohta, kes järgivad India õpetajaid. Nad on teinud terve ringi ja leidnud, et materialism ei too rahuldust. Nad püüavad leida rahu ja elamise mõtet ning leiavad need India vaimsetest õpetustest.

Ma olin õnnistatud, et kohtasin Gurudevat väga varases nooruses – seitsmeteistkümneaastasena. Ta transformeeris, kujundas mu elu ümber. Olen talle igavesti tänulik. Ma ei suuda ei oma sõnade ega tegudega talle võlga tasuda, ega sedagi väljendada, kuidas ta imelisel viisil mu elu mõjutas. Ta läks Indiast läände ning hindas sealseid materiaalseid saavutusi, kuid ei heitnud kõrvale oma jumalikku pärandust – ta ei unustanud iial Jumalat ega vaimseid ideaale, millega teda oli toidetud ja hellitatud. Ta võttis need endaga ühes ja istutas need lääne mulda. Ja seetõttu leiate te igal maal tuhandeid Gurudeva Paramahansa Yogananda järgijaid.

„Ole truu iseenda Tõelisele Minale"

Kuidas siis leida selles ärevas maailmas seesmist rahu, mille külge klammerduda? Väga lihtsalt: hoides oma olukorda parandada püüdes Jumalat enda südameis. Keha eest hoolt kandmise ajal: teda toites, riietades ja majutades – peaksime me mitte unustama pühenduda Jumalale mõtlemisele, võtma Talle mediteerimiseks igapäevaselt veidi aega, isegi kui seda on vaid 10-15 minutit. Kui rumalad me oleme, kui me Ta unustame!

Ütlen teile ausalt, et ma ei tea, kuidas saab elada ilma Jumalasse kinnistumata. Pole mingi ime, et maailmas on nii palju mittevajalikku häda ja viletsust. Olen näinud inimkonna kannatusi – paljude jaoks on see talumatu koorem. Ma ei kannata välja elu ilma Jumalata. Kui erinev on see elu, mis on kinnistunud Jumalasse. Teda tunda on nii lihtne. Tee selleni on meditatsioon. Inimene teeb selle keeruliseks, sest ta ei taha teha tegelikult pingutust. Selle asemel püüab ta õigustada oma mentaalset laiskust.

„Ole truu iseenda Tõelisele Minale, see peab järgnema nagu öö järgneb päevale, siis ei saa sa olla võlts ühegi inimese silmis."[4]

See on nii lihtne. Kõiges, mida teete, küsige esmalt iseendalt: „Kas ma olen aus ja siiras iseenda vastu?" Ärge kunagi otsige vabandusi oma nõrkustele. See põhiprintsiip on seotud Patandžali *jooga kaheksaosalise tee*[5] kahe esimese astme *jaama* ja *nijaama*ga – õige käitumise ettekirjutuste ja keeldudega. Te võite selle kokku võtta ühe fraasiga: ole õiglane iseenda vastu. See tähendab, et peaksite olema aus ja truu igal hetkel ja mitte egole, sellele pseudo-hingele, vaid *atmale*, teie tõelisele Isele või hingele. See tähendab tõsimeelset püüdlust olla aus, siiras, lahke ja armastav ning vältida vihkamist, ebaausust – kõike, mis häirib hinge, loob seesmist närvilisust ja rahutust.

[4] Shakespeare, Hamlet, I vaatus, 3. stseen.

[5] Patandžali oli jooga kõige muistsem esitaja. Ta visandas kaheksa sammu, mille kaudu inimene saavutab ühtsuse Jumalaga. Need oleksid: 1) jaama – moraalne käitumine; 2) nijaama – religioossetest reeglitest kinnipidamine; 3) aasana – õige kehaline asend keha rahutuse vaigistamiseks; 4) praanajaama – peenemate eluenergiate praanade kontrollimine; 5) pratjahaara – sisevaatlus; 6) dhaarana – keskendumine; 7) dhjaana – meditatsioon ja 8) samaadhi – ekstaas ühtsusest Jumalaga.

„Olge õiglane iseenda suhtes" ja mediteerige iga päev väheke: siis leiate vabaduse, leiate mõistuse rahu. Vastasel juhul jäävad need tabamatuks.

Maailma suurimad armastajad

Eranditult iga inimsüda igatseb armastada ja olla armastatud. Taimed, loomad ja üle kõige inimene, olles tehtud Jumaliku näo järgi, vastavad armastusele. Armastuse saamise viisiks on armastust anda. Ja ikkagi - kui vähesed selles maailmas teavad, kuidas armastada siiralt, sügavalt. Kui me õpime Jumalat rohkem armastama ja meditatsiooni kaudu Tema armastust tundma, siis muutub meie jaoks võimalikuks armastada isegi midagi vastu küsimata.

Suurimad armastajad, keda see maailm on iial tundnud, on need, kes on armastanud Jumalat. Ajastute vältel jäävad nad kogu inimkonna inspireerijateks. India õpetuste eesmärgiks on toota tõelisi Jumala armastajaid, tõelisi Jumala tundjaid - seda on tema pühakirjad inimkonnale teadustanud. India näitas teed ammu enne kristlust, budismi ja teisi religioone. Seepärast ma armastan seda nii väga. Ja selle maa õpetus on see, mida maailm tänasel päeval nii väga vajab.

Nagu ma ütlesin, on teil Indias vaimne taust olemas. Teil on pingutust tehes väga lihtne Jumalat tunda, kuid te peate selle pingutuse tegema. Praktiseerige iga päev meditatsiooni – ja isegi kui see on vaid mõned minutid, olge sügavalt Jumalasse lahustunud. Siis tuleb ka Tema vastus.

„Kuid ma olen palvetanud," on rääkinud mulle paljud otsijad. „Olen lugenud oma igapäevaseid palveid kakskümmend kolm aastat järjest," võib öelda kristlane. Moslem kordab:„Olen olnud namadži riitusele truu kakskümmend kolm aastat", „Ma olen praktiseerinud *džapat* või teinud oma *pudžat*,"[6] ütleks hindu. Kuid ikka kaeblevad

[6] Namadž: moslemite peamine palve, mida loetakse viis korda päevas. Džapa:

nad kõik: „Ma ei tunne, et oleksin kuidagi edenenud. Mu mõistus on nii rahutu. Ma olen nii närviline. Miks see nii on?“

See on nii seetõttu, et need praktikad on muutunud mehhaanilisteks. Te ei võida kellegi armastust loiult või mehhaaniliselt öeldud armastusesõnadega. Armastus peab tulema südamest. Tihti see vaimsetes praktikates puudub. Me peame lõpetama papagoi mängimise, korrates Jumala nime lihtsalt ilma tunde või arusaamiseta. Meister õpetas meile, et süda ja mõistus peavad nii olema kinnistunud Jumalikule Armastatule, et Tema nime esimene väljaütlemine paneb teis liikuma sügavad tunded. See tuleb igapäevase meditatsiooniga – hetkel kui te ütlete Jumala nime, siis kogu teie süda on seal: „Mu Jumal, mu Jumal, mu Armastus.“

Mul on selline nägemus, et ma panen Jumala-janunemise seemne sügavale teie hinge – äratamaks teis seda püüdlust, mitte vaid nädalateks või mõneks kuuks, vaid kuni see vaimselt küpseb. Ärge oodake, et elu möödub, et siis järsku öelda: „Oo, ma lasin Ta käest.“ Jumala otsimise-püüdlemise aeg on praegu.

Gurudži tavatses öelda: „Igaüks teist – enne kui te lähete täna õhtul magama – istuge meditatsioonis ja kutsuge sügavalt Jumalat!“ Kõnelge temaga, nagu laps. Kui te teete seda igal ööl, kinnistub teie elu Temas. Te muutute tugeva puu sarnasteks, mis painub tuules, kuid ei murdu iial. Rabe puu murdub ja kukub juba väikese tuulepuhanguga. Jumala pühendunu õpib elukogemuste abiga murdumata painduma. Tema juured on kinnitunud sügavalt Jumalasse.

---

keskendunud Jumala-mõtte kordamine. Pudža: tseremoniaalne riitus.

Suhtlemine Jumalaga: kõiki religioone ühendav suund

Self-Realization Fellowshipi Rahvusvahelise Peakorteri Janakananda aašramis (munkade residentsis) peetud esinemisest

Paramahansa Yogananda jälgedes astujate südameis ei peaks olema religioosset eelarvamust, küll peab seal olema lojaalsus. Austage kõiki religioone, kuid olge lojaalne enda omale. Tundnud ära, et kõigis religioonides väljendatakse erineval viisil ja määral kõikehõlmavat Tõde, leidke endale sobiv tee ja ärge kalduge sellelt kõrvale. Austage kõiki, kuid olge truu enda teele. See oli Gurudeva ideaal ja samuti peaks see olema kõigi teda järgivate inimeste ideaal.

Olen selle lojaalsuse mõistmisel alati uskunud, et Jumala kohalolu on võimalik kogeda igas Jumalale pühendatud kirikus ja templis, sest kõik erinevad teed viivad Temani. Kui ma reisin Gurudži ühiskonda, siis on üheks mu „hobiks“ Jumalale, sellele ühele Armastatule pühendatud erinevate templite ja kirikute külastamine, et olla Temaga koos ja näha Teda seal kõigis järgijais, kes valitud teel oma elud on Talle pühendanud. Loodan, et Eneseteostuse teel käijatena hoiame me kinni avarapilgulisuse ideaalist. Kitsarinnalisus on Jumala põhimõtete vastane. Kui indiviid muutub kitsarinnaliseks, siis ei saa Jumala valgus tema kaudu särada. Kõik suured Jumala armastajad on avasüli tervitanud kõiki religioone ja religioosseid inimesi. Kuid nad järgisid vaid ühte – enda teed. Armastage kõiki, kuid ärge olge muutliku meelega. Olge järjekindlalt truu ühele teele. See suhtumine peab olema, kui me tahame tunda Jumalat.

Jumala kogemine kõrvaldab barjäärid religioonide vahel

Jumala vaim on tõesti kõikjalolev. Mind õnnistati Tema jumaliku kohaloleku vapustava kogemusega, kui ma mediteerisin Jaapanis Naras asuvas pühamus oleva hiiglasliku Issand Buddha kuju ees. Mäletan samuti ainulaadset ja pigem humoorikat kogemust Birmas asuvas suures Shwedagoni templis. Paljudes hindu ja budistlikes templites leiate te peale suure keskse riituste jaoks mõeldud altari ka terve rea väikseid pühamuid, nii nagu te leiate katoliku kirikus erinevatele pühakutele pühendatud nišše. Ma mediteerisin pikalt ja sügavalt Shwedagoni templi ühe sellise pühamu nurgas, olles sügavalt lahustunud jumalikku armastusse. Läheduses oli budistlik preester ja veel mõned inimesed. Kui tõusin, et lahkuda, siis pakkus headusest kiirgav budistlik preester mulle spontaanselt sigarit! Vahest oli see kõik, mis tal sel hetkel käepärast oli. Ma keeldusin viisakalt, kuid tundsin sügavalt ja hindasin tema sõpruse žesti ja kaaspühendunu äratundmist.

Oma esimese India-reisi kestel sain ma Tarakeswari templis Jumaliku kohalolu kaudu haigusest terveks. See oli kohene tervenemine, mitte järkjärguline, mitmeid päevi kestev paranemine. Ma olin unustanud, et see tempel oli oma tervenemiste tõttu kuulus – sarnaselt Prantsusmaa Lourdes'i pühamule. Kuid lugedes samal õhtul aašramisse tagasi jõudes Gurudži autobiograafiat, tuletati mulle meelde tervenemist, mida koges tema pereliige samas templis.[1]

Puris olin ma ühe esimese lääne inimesena pühasse Džagannathi templisse astudes priviligeeritud. Tavaliselt said sinna vaid hindud siseneda, nii nagu läänes saab ainult praktiseeriv mormoon siseneda

[1] Vt „*Joogi autobiograafia*" 13. peaükki.

pühasse mormoonide templisse, kus nende religioosseid riituseid teostatakse. Vaid tõeliselt pühendunu saab seal viibida, mitte aga uudishimulik, on selle mõte. Me unustame vahel, et oleme lääne religioonides omaks võtnud teatud käitumisrituaalid ega taha jagada teistele samu privileege, austada nende tavasid. Just kuu aega enne meie Džagannathi külastust püüdis üks eurooplane sellesse templisse siseneda, tekitades tõsise korrarikkumise, kuna inimesed tundsid end selle sissetungi tõttu nii sügavalt halvasti. Kuid Puris asuva Gowardhan Math'i (erakla) nüüdseks lahkunud Shankaratcharya[2] eestkoste võimaldas meie seltskonnal ja minul siseneda. Ja selles templis oli mul endassehaarav Jumala-kogemus.

Hiljem, kui me külastasime Pühal Maal Kristusega seotud paiku ja kui reisisime läbi Euroopa ja nägime Itaalias püha Franciscusele pühendatud pühamuid, siis olin ma uuesti õnnistatud imeliste inspireerivate kogemustega.

Ma mainisin neid asju vaid näitamaks Jumala universaalsust ja et läbi isikliku Jumala-kogemuse murrame me maha religiooni sisse ehitatud valearusaamade ja eelarvamuste tõkked.

Jooga – Jumala otsene tajumine

Erinevad religioonid õpetavad erinevaid doktriine ja teevad oma järgijatest dogmaatikud ning see on hea. Kuid mäletan tihti meistrit mulle ütlemas: „Me peame olema väga avarad, kuid me peame olema samas dogmaatilised" – ja see oli ainus kontekst, kus ta iial kasutas seda sõna oma töö suhtes – „me peame olema dogmaatilised oma liikmete *Kriija jooga* praktiseerimisel." „Ah kui imeline!" mõtlesin, sest mõistsin tema mõtet: „Olen huvitatud Eneseteostusele pühendunute hoidmisest vaid ühe sideme – nende endi

[2] Sri Džagadguru Shankaratcharya Bharati Kirshna Tirtha – enamiku hindude vaimulik juht. Vt fotot leheküljel 198.

kriija praktikast tuleneva otsese Jumala-tajumise kaudu.“ Me ei ütle, et *Kriija jooga* on ainus teostuse tehnika, kuid meie guru leidis selle olevat parima meetodi, mille kaudu pühendunu võib saavutada otsese kogemuse seesoleva Jumalaga.

Kõigi religioonide tõeliseks põhjuseks on aidata igal inimesel taastutvuda oma Loojaga. Ei piisa vaid teatud religioossete ideede või printsiipide kogu omaksvõtust. See on hea, kuid me peame minema sügavamale. Mistahes religiooni kirikul on täita peamine missioon: aidata pühendunul saavutada otsest üksolemist Jumalaga. Ma usun, nagu ütles meister, et tuleb aeg, kus kõik kirikud rõhutavad aina enam ja enam tegeliku Jumala-kogemiseni juhtivat meditatsiooni. Vaid see päästab inimkonna ja tõepoolest ka maailma. Ja kuna Eneseteostus õpetab otsest üksolemist, siis ma usun samuti, nagu Meister mitmeid kordi ka ütles, et see on uue ajastu religioon.

Osasaamine Jumalast on proovikivi, mis tõestab Tema kohalolu kõigi tõeliste religioonide taga. Kui Jumalat on tegelikult kogetud, kaotavad dogma pealiskaudsed erinevused oma tähenduse. Erinevate religioossete teede järgijad leiavad meditatsioonis sissepoole minnes sama Jumala. Jumalast osasaamine on seega erinevate usundite järgijate puhul võti sallivuse ja mõistmise juurde.

Meile, kõigile Tema lastele, on Jumalast osasaamine eeskätt eluline isiklik vajadus, kuna lõplikus mõttes sõltub sellest meie õnn ja heaolu. Gurudeva õpetab meid Tõelise Mina teostamise õpetustes, kuidas seda Jumala-kogemust meditatsiooni ja pühendumuse kaudu saada. Lubage mul palun tuua teieni lühikese ülevaate mõnedest punktidest, mis aitavad pühendunul meditatsioonis Jumalani jõuda.

Võtmed sügavama meditatsiooni juurde

Esiteks, kui on meditatsiooniaeg, siis laskem maailmal tagasi tõmbuda. Unustage kõik muu. Ükskõik, mis probleemid teil on, jätke need ukse taha, kui sisenete kabelisse või oma meditatsioonipaika.

Tehke seda teadlikult. Raputage need mentaalselt endast maha. Tundke, et olete neist tegelikult ka kinni haaranud ja oma teadvusest välja visanud. Treenige endid sedaviisi hetkega oma mõistust tühjendama mitte ainult koormast ja maisest vastutusest, vaid samuti armastusest kehalise mugavuse järgi, kogu klammerdumisest enda tahte külge. On eluliselt tähtis distsiplineerida end nii, et lihtsalt oma tahtejõudu kasutades, võite te visata oma mõistusest välja kõik maised askeldused, kogu mõttetegevuse ja öelda tõeliselt: „Minu jaoks ei ole nüüd midagi olemas peale Jumala."

Kui teaksite ühel hetkel, et teie surm on kohe saabumas, mida teeksite? Mina tean, sest olen selle kriisiga silmitsi seisnud. Te mõtlete vaid üht mõtet: „Ma kaotan oma elu!" Mõistes, et miski muu pole enam tähtis, tunnete te möödapääsmatut vajadust Jumala järgi. Lisage enda meditatsiooni see vältimatu Jumala leidmise vajadus ja arusaam, et surm võib tulla igal hetkel - nagu see ühel päeval igaühega kindlasti juhtub.

Kui te mediteerite, klammerduge mõtte külge, et Jumal on ainus tegelikkus. Ta on ainus Igavene Olemasolu. Kõik muu terves universumis on ebatõene, Tegelikkust enda taha peitva suure illusoorse eesriide kaduv osa.

Järgmiseks punktiks on meditatsiooni toitva ja ülalhoidva kannatlikkuse arendamine. Olge esmalt rahul väikeste sammudega – ärge minge mediteerides rahulolematuks ega pingesse. Seal peaks viljelema sellist tingimusteta alistumise hoiakut: „Issand, ma põlen igatsusest Sinu järele. Ma sukeldun Sinu suunas. Kuid tee Sina, mida Sa tahad. Tule, millal soovid. Ma jätkan Sinu otsimist, Su poole püüdlemist, mis ka ei juhtuks." Palvetage selliselt ja te hämmastute, kuidas jumalik teadvus, see jumalik arukus, see Jumala jumalik armastus teie hingekutsele vastab. Aga mitte siis, kui olete kannatamatu.

Kui pühendunuil on raskusi sügavale meditatsiooni minna, siis on tavaliselt põhjuseks, et nad on elevil kiire vastuse saamise ootuses. Ärge oodake meditatsioonilt tulemusi, sest selline suhtumine loob teis ärevuse. Te muutute rahutuks ja pinges olevaks, kuna ei saanud Jumalalt mõnd loodetud vastust. Selle asemel unustage tulemused, unustage aeg ja nõudke Issandat katkematult oma südames. Hüüdke Tema järele, nutke Talle, töinake Tema pärast. Kui te ei tunne sellist igatsust, öelge mentaalselt Tema nimi ja palvetage: „Ilmuta Ennast, näita Ennast!" Minge sügavamale ja veel sügavamale, sukeldudes kogu oma tähelepanuga sissepoole. Ta tuleb siis, kui Ta soovib. Seda peate te mõistma. Te ei saa Jumalat tagant sundida – te saate vaid Talle alistuda. Siis Ta vastab.

Kui te mediteerite kiirustades või ärevuse tundega, jääb teie otsitav objekt tabamatuks, libiseb käest. Näiteks kiirustate te kohtumisele. Te olete närviline ja pinges ja te pillate midagi maha, mis veereb diivani alla. Te otsite seda palavikuliselt, mõeldes muretsedes: „Ma pean selle leidma, ma pean lahkuma – nad ootavad mu järgi." Te võite otsida ja otsida ja seda asja mitte leida. Meil kõigil on selline kogemus olnud. Lõpuks võtate end kokku, lõdvestute, enam ei kiirusta ja lihtsalt keskendute – ja seal see asi järsku ongi. Siis te ütlete hämmeldunult: „Ma vaatasin sinna kümme korda, aga ei näinud!" Nii on ka meditatsiooniga. Kui ärevus, pinged ja rahutu kannatamatus varjutavad teie teadvuse, siis pole te võimelised teis oleva Jumala kohalolekut nägema. Seal on vaja rahulikku, vaikset ootamist. Rabindranath Tagore väljendas seda kaunilt sõnadega:

> Kas te pole kuulnud Tema vaikseid samme?
> Ta tuleb, tuleb, on alati tulemas.

„Vaiksed sammud" – pühendunu peab pühendunud, jumaldava hoiakuga toetuma seesmisele vaikusele. Siis hakkab ta tajuma seda temast endast üles kerkivat Rõõmu, seda Armastust, seda Jumalikku Kohalolu: „Ta tuleb, tuleb, Ta on alati tulemas."

Elu proovilepanekute otstarve

Asjad, mida me kogu päeva jooksul teeme, pole midagi muud, kui tegevused selles suures Jumala näitemängus. Nad pole olulised, välja arvatud sinnamaani, et võime nende kaudu õppida vaimselt avanema. See on kõik, mida elu endast kujutab. Proovilepanekud on osa eludraamast. Ärge neist iial ära kohkuge. Kui kerge on Jumalat armastada siis, kui kõik läheb suurepäraselt. Proovilepanek on selleks, et näha, kas hoiame sihikindlalt kinni jumaliku teadvuse rõõmust ka siis, kui kõik meie ümber püüab meid lammutada. Seepärast ütles Gurudži: „Õppige seisma vankumatult keset lagunevate maailmade kokkukukkumist."

Kui asjad lähevad raskeks, on see õige aeg Tema jalge ette tormamiseks, Tema poole seesmiselt hüüdmiseks, Tema lapsena Tema abi nõudmiseks ja Tema kutsumiseks oma teadvuse templisse. Tihti on nii, et kui pühendunu elab läbi kõige suuremaid katsumusi, tunneb ta kõige tugevamini Jumala armastavat, mõistvat ja lohutavat kohalolekut. Ja need on ajad, kui pühendunu teeb kõige suuremaid vaimseid edusamme, kui ta laseb neil raskustel end Jumala poole juhtida.

Kui katsumused teid risti löövad, kui teid ignorantsuse tõttu ei mõisteta, kui seisate silmitsi mõne üliinimliku ülesandega või teid haarab kiusatus – siis pidage meeles, et need ei tule teid mitte hävitama. Nad tulevad vaid selleks, et raputada teid lahti eksikujutlusest. Seepärast peaks pühendunu paluma endale alati õiget hoiakut – et ta saaks igal ajal hoida oma tähelepanu enda elusihiks oleval Jumalal. Selliselt ei muuda elu proovilepanekud meid kibestunuiks ega uputa meid meeleheitesse, ega pane meid kättemaksu soovima. Süda ja mõistus pöörduvad pidevalt Ühe poole: „Mu armastatu, mu Armastatu, mu Armastatu! Sa oled ainus, kes mind mõistab. Ilmuta End mulle!"

Kõigile suunatud mõistmine ja kaastunne

Mis õigus on meil oodata maailmalt mõistmist, mõistmata maailma? Mis õigus on meil oodata üheltki isikult mõistmist, kui me ei oska öelda, et mõistame tõeliselt kõiki teisi? Me ei mõista iial, kui me ei mõista iseend – mitte seda keha ega mõistust, vaid seesolevat teadvust. Olles mõistnud end kui hinge, oleme me suutelised keha endale allutama, seda juhtima ning kontrollima selle meeli, tujusid, emotsioone ja mentaalset rahutust. Selles seisundis mõistab inimene kõiki teisi ja on nende suhtes empaatiline.

Olles uuestiärkamise protsessis ja püüeldes väljendada meis lukustatud jumalikkust, näeme me jumalikkust ka teistes. Analüüsige seda sellisel viisil: kui me oleme äärmiselt õnnelikud, kui me tunneme armastust südames, võime me vastu võtta kõik teiste pilked ja teravad sõnad – me ei ole nende suhtes tundlikud ega saa haiget. Kui oleme oma Tõelise Mina sees õnnelikud, siis saame aru, miks teised käituvad nii, nagu nad käituvad ning oleme valmis välja näitama oma mõistmist ja kaastunnet. Aga kui me oleme püsti hädas, tundlikud või haavunud, siis kanname oma õlgadel tõelist rasket kandamit, võib meid lüüa pikali kellegi valesti öeldud sõna. Kui me saame iseendas asjad korda, siis käitume õigesti ka kogu ülejäänud maailmaga. Et seda teha, peame me pöörduma tagasi Jumalasse.

Viljelege alandlikkust ja alistumist – need on absoluutselt üliolulised. Ego alistamise võitlus on religioossete tõotuste otstarve ja mõte. Lihtsus ehk vaesus õpetab alistama soovi materiaalse vara järele. Vooruslikkus õpetab kehaliste kiindumuste alistamist, kuulekus ja lojaalsus õpetavad egoistliku väikese mina tahte alistamist. Nii perekonnainimesest pühendunu kui loobuja tee valinu võivad mõlemad neid tõotusi põhimõtteliselt järgida, teostades kõiki tegevusi kiindumatult. Lõpuks vabastab nende põhimõtete praktiseerimine tema hinge: meid vabastatakse nii mentaalsetest kui materiaalsetest kiindumustest, mis on meid keha orjaks muutnud ja hoidnud Jumalast eemale.

Gurudeva õpetused viivad meid Tõe olemuse - Jumala juurde. Me ei pea kahlama läbi suure dogmade ja teooria hulga. Ta on andnud meile Igavese Religiooni summa ja olemuse: tee otsesele üksolemisele Jumalaga.

Vaimsuse kooskõla väliste saavutustega

Self-Realization Fellowshipi rahvusvahelises peakorteris munkadele ja nunnadele peetud kõnest.

Gurudeva Paramahansa Yogananda tavatses meile öelda, et peaksime eelmise päevaga võrreldes muutma iga päev meditatsiooni sügavamaks. Kui teete palju sügavama mediteerimise suunas siira pingutuse, hüüdes Jumaliku Ema poole kogu oma ängiga, kogu oma püüdlusega, kogu hinge näljaga, siis saate kindlasti teada, et te edenete oma vaimsel teel.

Elu on kiirelt mööduv – see on nagu veemull, mis ühel päeval allavoolu tormava vetevoo poolt kaasa haaratuna lõhkeb, kuid ei kao, vaid muudab lihtsalt oma vormi. Samuti ei kao meie elu, kuigi ta lahkub ühel päeval selle konkreetse ihulise vormi mullist. Kui me mediteerime, siis on hea kujustada selle sureliku vormi ebakindlust, et võiksime mõista oma maiste kogemuste illusoorset olemust. Jumal on ainus Tegelikkus – kõik muu on osa Tema kosmilisest unistusest. Mediteerige sellel Tegelikkusel – mõistke vajadust edastada sellele Tegelikkusele, et te ei ole surelik olend, vaid surematu osa Jumalikust Armastatust.

(Järgnes meditatsioonipaus, seejärel jätkas Daya Mata oma esinemist.)

Ma sisenesin sügavasse rahu seisundisse. Rahu on esimene tõestus Jumala olemasolu kohta - nagu Gurudži meile öelda tavatses. Kui me olime koos Meistriga, õpetas ta meid töötama selle seesmise vaikuse seisundiga ning viljelema Eneseteostuse meditatsioonitehnikaid aina suureneva tähelepanuga. Ta kasutas tihti sellist kujundit: kui keegi lehma lüpstes täidab piimanõu ääreni, aga koduteel selle hooletult maha loksutab, tuleb välja, et piima lüpsmisel polnudki mingit mõtet, sest kõik läks ju raisku. Sama kehtib ka meditatsiooni puhul: peale seesmise vaikuse saavutamist on oluline, et kannaksime seda rahu ämbrit hoolikalt ja väga ettevaatlikult terve oma päevatee, juues sellest sügava sõõmuga, et võiksime meditatsioonis saavutatust kasu saada.

Jumal asetas meid siia maa peale, keset lõputuid katsumusi, südamevalu ja koormaid, üsna vähese rõõmu ja lühiajaliste naudingutega. See on Tema poolt loodud eksikujutluse maailm. Kuid ta andis meile ka vahendid põgenemiseks, viisi meenutamaks, et me oleme Tema Olemuse individualiseeritud peegeldused. See tähendab, et põgenemine peitub meis kõigis olevas vaikuses, millest vaid vähesed midagi teavad.

Iga pühakiri on inimestele õpetanud meditatsiooni, palve või Jumalaga üksolemise tähtsust, kuid vaid üksikud otsijad on võtnud aega või teinud pingutuse selle kogemiseks. Meister tavatses öelda, et see jumalik Eneseteostuse tee võib viia pühendunu just nii kaugele, kui ta minna tahab. Võtmesõnaks on *tahtma*, millel on sõnaga *püüdlema* sama tähendus. Jumal vastab meile samal määral, mil me Teda igatseme. Selle igatsuse pidev toitmine on kõige tähtsam. Kui igaüks teist vaimsele teele astus, tundsite te igatsust – te ihkasite Jumalat tunda, igatsesite rõõmu, te tundsite igatsust jumaliku armastuse järgi. Selle tulihingelise soovi toitmine ja tema hõõgvel- ja alalhoidmine sõltub teist.

Iga kultuuri hüvedest ammutamine

Gurudži õpetas, et iga isik või iga rahvas on teatud ulatuses tasakaalustamata. Jumal on nii aktiivne energia kui kõikeületav vaikus. Tema näo järgi tehtud inimene peaks samuti väljendama mõlemat: nii ülesehitavat aktiivsust kui Vaimuga kokku sulandunud tegevuse puudumise seisundit. Probleemiks on nende kahe tasakaalustamine. Erinevate rahvuste mitmesuguste temperamentide hulgast peaksime võtma parimad omadused ja looma selle tasakaalustatud ühendusest kõigi Tema laste ja rahvaste ühise vennaskonna.

Kui vaatame iga rahva häid külgi, siis vabaneme me rahvuslikust piiratusest ja saame aru, et oleme Jumala universaalsed lapsed. Seda on võimalik saavutada vaid igaühel eraldi ehk individuaalselt. Me oleme siin, et püüelda sellise tasakaalu poole oma elus ja selle saavutamine on meie ühine ülesanne.

Guru missioon oli ülemaailmne. India toitis teda ja kasvatas üles, kuid ta kuulus tervele maailmale. Kui Meister tuli läände, siis ütles tema guru Sri Yukteswar talle: „Babadži saadab sind läände, kõik uksed on sulle nüüd avatud. Võta läänest parim ja hoia kindlalt kinni India parimast." Sri Yukteswar pidas silmas, et ideaaliks on tõusta kõrgemale kõigist oludest ja rahvuslikkusest ning kinnistuda kõigisse oma lastesse sisestatud vooruslike Jumala omaduste külge. Tõeline on vaid see, mis on Jumalast.

Kui me sureme, siis ei tea me, kas olime hindud või ameeriklased. Me teame siis vaid seda, et me oleme hinged, Jumala igavesed peegeldused. See on see tõde, mille Jumal on otsustanud siia maailma tuua. Ta annab Endast parima! Ja meie, kes me elame guru aašramites nii siin kui Indias, hoiame seda põhimõtet au sees: me ei ole ameeriklased, me ei ole indialased – me oleme Jumala lapsed. Gurudži sõnum levib selle armastuse äratamiseks, selle ühtse Jumala rahvuse teostamiseks kõikidele mandritele.

Meister tuli läände, et aidata lääne inimestel mõista seesmise vaikuse abil oma tegevuste tasakaalustamise tähtsust. Tema sõnum Indiale ja idamaadele seisneb vaimsuse tasakaalustamises suuremate materiaalsete saavutustega. Me kõik peame õppima segama endi eludes kokku tegevused (konstruktiivse teenimise) ja tegevusetuse (seesmise vaikuse ja Jumalaga üksolemisega). See tasakaal tuleb igapäevase meditatsiooni pausidest, mille kestel me lüpsame rahupiima vaikuse templis ja Jumala-teadlikkust meditatsioonitemplis. Ja rumal on see pühendunu, kes kulutab selle piima päevatoimetuste käigus ära.

Jumala-teadlikkuse säilitamine tööd tehes

Meister õpetas meid elama rohkem seespool – elutsema rohkem Jumalast mõeldes, viljeledes Jumala kohalolu kogu aeg. Ei peaks olema sellist aega, kui me ei võiks Jumalaga vaikides vestelda ja ei ole mingit vabandust jätta see tegemata. Ükski keskkond, ükski tegevus ei saa meid Jumalast eemal hoida. Kui me ei tunne Teda endaga koos olevat, siis pole meil midagi ja me ei saa kedagi peale iseenda süüdistada. Kui me otsime süüd, siis ei näe me tõde. Viga seisneb selles, et otsime vabandusi.

Terve päeva jooksul on meil lugematuid võimalusi Jumalaga rääkimiseks ja mõistuse sissepoole pööramiseks – isegi kui see on vaid hetk. On suurimaks rõõmuks peale seda Tema töödega tegelda.

Indias on olemas selline teadus, nagu *karma jooga*, mis rajaneb õigel tegevusel, teostades kõike Jumala armastamisena. Kui ema armastab oma last või laps armastab oma vanemat või abikaasa armastab oma naist – selles armastatu heaks tegemises on vapustavalt suur rõõm. Kuidas me julgeme leida vähem rõõmu, kui teeme või teenime oma Jumalikku Armastatut, oma Jumalikku Ema, meie Jumalikku Guru? Puudub selline suhtumine, mu armsad. Seda hoiakut tuleb viljeleda nii, et kui me oleme keset oma tegevusi, nagu juhtub minul ja paljudel teist, kes Jumalat pühendunult armastavad

– köögipõrandalt kõrrekese üleskorjamine on sama suureks rõõmuks kui meditatsioonis veedetud hetked.[1]

See on see, mida Jumal tahab, et saavutaksime, et teeksime kõiki oma tegevusi Temale mõeldes – nõnda, et seal poleks vahet, kas kulutame oma tunde kätega või mõistusega rassides – te võite selle kohta öelda: mediteerides. Need muutuvad üheks.

Mulle meenub, kuidas Gurudži trepikoja ülemisel korrusel seistes andis mulle nii palju juhiseid selle kohta, mida ta tahtis korda saata. Ta võttis asja kokku niiviisi: „Ja ära unusta mediteerida." Ma ütlesin: „Meister, kuidas ma saaksin seda siin maisuses teha? Kuidas veel oleks võimalik hoida oma mõistust ühes Jumalaga?" Ma ootasin mingit põhjapanevat, imelist tarkusevoogu tema huultelt. Kuid ta ütles mulle vaid: „Jah, ma mõistan. Ma ütlesin sama oma Meistrile ja tema ütles mulle sama, mida ma sulle ütlesin: Sa pead edasi püüdma, sa pead edasi igatsema, sa pead edasi tahtma."

Nagu Gurudži kord ütles: „Kui ma esimest korda Ameerikasse tulin, siis olin nii päeval kui öösel tegevustest väga hõivatud. Ühel päeval ma palvetasin meditatsioonis: „Issand, Sa hoiad mind nii rakkes siin Oma missiooni täideviimisega, et mul pole olnud isegi aega mediteerimiseks, kuid ma igatsen alati mediteerida.""

Jumal vastas: „Kui sa ei mediteeri, kas pole siis mitte tõsi see, et oma mõtetes tunned sa Minust puudust ja mõtled mediteerimisele? Kui sa mediteerisid, siis mõtlesid sa Minust ja kui sa ei mediteerinud, siis sa tundsid Minust puudust – seetõttu oli mõte Minust alati domineeriv."

Meister ütles, et suur rahu, suur vabanemise tunne vajus tema teadvuse üle ja ta vastas Jumalale: „See on tõsi, et kuigi ma pole olnud

[1] Vihje seitsmeteistkümnendal sajandil elanud Pariisi karmeliitide kloostri kristliku müstiku, vaimse klassikalise teose „*The Practice of the Presence of God*" autori, ilmaliku venna Lawrence'i elule. Vt samuti lk 289.

võimeline mediteerima nii palju, on see igatsus mu sees olemas ja niiviisi on mu mõistus olnud täpselt samuti Sinuga."

Tee seesmise tasakaalu juurde

„Kuulake nüüd," ütles Meister meile, „ärge kasutage seda vabandusena, et mitte mediteerida." Kas te näete viga inimloomuses? See otsib meile pidevalt vabandusi ja püüab pidevalt meie käitumist lahti seletada. See on eksikujutlus. Kuid Meister õpetas meile endi kriitilist analüüsimist – mitte laskuma masendusse, vaid et me hakkaksime end tõeliselt tundma. Kui te viljelete eneseanalüüsi, siis muutute te enda suhtes palju ausamaks. Te ei otsi siis Jumala ja guru ees vabandusi teis endis olevate puuduste osas, veeretades süü mõne välise olukorra või mõne teise isiku kaela.

„Tundke iseennast!" tähendab just sedasama. Alustage enda nägemist sellisena, nagu teised teid näevad ja nagu Jumal ja guru teid näevad, mitte sellisena, nagu teile meeldib endast mõelda.

Kui te vaatate oma elule, siis näete te lugematuid hetki, mida oleks saanud kulutada Jumalale mõeldes, viljeledes Tema kohalolekut isegi keset kohustusi ja puhkust.

Rahu ja õnne viljelemine ja Jumala tundmine vajab enesedistsipliini. Enesedistsipliin aga puudub tavainimese elust. Pühendunule on see aga absoluutselt vajalik. See aitab tal ületada väikest „mina" – et tema egost tühjendatud eluanum võiks täituda Jumala tarkuse, armastuse, tõe ja õndsusega.

Valige nädalas üks päev keskendunud Jumala kohaloleku viljelemiseks – kus te saaksite olla Tema teadvusest täidetud ja jääda sellesse seesmisse vaikusse, mis tuleneb pikkadest meditatsioonitundidest. Nii, nagu Meister meile ütles, et me eraldaksime ühe päeva nädalas pikemaks meditatsiooniks, palun ma samuti kõigil teil seda teha. Selle praktika kaudu saate te suuremat väge ja saate enam teadlikuks õnnistatud rõõmsast seesmisest

Kohalolust. Te leiate uuendatud energiat ja entusiasmi, millega täita jätkuvalt kõiki kohustusi, mis Jumal on teie õlgadele asetanud.

See, mu kallid, on tee tasakaalu juurde – ma kõnelen paljude, paljude aastate kogemuste najal. Keegi teist ei kanna suuremat vastutust kui mina, kuid ma kannan seda Jumala kohalolu praktiseerides. Te võite sama teha.

Maailmas puudub Jumalaga üksolemine

Maailm püüab tirida teid meelte orjusse. Kui lubame maailmal oma teadvuse endasse haarata, siis võime saada meelelistest kogemustest väikseid ajutisi naudinguid, kuid me saame ka kõike muud, mis käib maise teadvusega kaasas – tundlikkuse, armukadeduse, viha ja eituse. Te ei saa tõmmata kassi küljest saba ilma kassita. Täpselt sama on maisusega: see tõmbab mõistuse kõigisse neisse asjadesse, mis mässivad meid rahulolematusse ja kurbusse. Meditatsioon pöörab meelte otsingute valgusvihu ümber ja suunab selle kontsentreeritud valguse Jumalale, ergastades meid üleva armastuse, rahu ja rõõmuga. See tõmbab meid välja ihulisest teadvusest teadvuse avardumisse. Me hakkame nägema, et me ei ole need väiksed lihast ja luust, enesekesksed, kitsid inimolevused, vaid Jumala jumalikud lapsed, Jumaliku Ema järeltulijad, kes sarnanevad seesmiselt Temaga. Ärgem iial määrigem seda kujutist mõistuse väiksuse, kitsiduse, vihkamise, armukadeduse ja inetu tagarääkimisega.

Tänu teie siirale püüdlemisele on meie aašramites selline vaimne harmoonia, mida tunnevad kõik siia saabujad. Meie õnnistatud guru jumalikud võnked ja ideaalid täidavad tema aašrameid ja teie lisate sellele oma meditatsiooni pingutuse, avardate ennast kaugemale „mina-mina-mina“ tundest nii, et haarate oma teenimise, abivalmiduse, armastuse ja hea tahte mõtetesse teisi.

Maailm vajab selliseid hingi, kes teda ülendavad. Gurudži ütles meile tihti, et pole tähtis, mida maailm teeb, mida parasjagu läbib – te kinnistage oma mõistus Jumalal. Kui te tahate Jumalat tunda, siis peab mõistus kogu aeg olema Temaga. Töötage selles suunas edasi ja te näete, et see tuleb. Te peate toitma seda tahtmist, seda igatsust oma meditatsiooniga. Toitke seda Jumala kohalolu viljelemise kaudu. Toitke seda, öeldes Jumalale pidevalt: „Ma armastan Sind, ma armastan Sind." Püüdke tunda Tema vastu armastust isegi siis kui süda tundub kuivana. See peab muutuma eluviisiks – mitte pelgalt mõneks minutiks või tunniks päevas, ega ka mitte mõneks aastaks, vaid kõigiks teie ülejäänud elu hetkedeks. Siis leiate oma teeraja otsas teid ootava Jumaliku Armastatu.

Iga päev sel teel võib olla rõõmu-, rõõmsameelsuse- ja armastuse päevaks, mil te suhtlete Jumalaga katkematult oma südame keeles. Pidage seda alati meeles, sest see on tee Enese-teostuseni.

Karma jooga: tegevuse ja meditatsiooni tasakaalustamine

Self-Realization Fellowshipi rahvusvahelises peakorteris peetud esinemisest

Tasakaal elus tuleb Karma jooga põhimõtete praktiseerimisest. Oma kohustuste täitmisest ei leia mingil viisil meelerahu, kui neid ei täideta karma joogi moodi – jättes tegude viljad Jumalale.

Gurudeva Paramahansa Yogananda tavatses öelda: „Mõelge alati, mida te ka ei teeks, et teete seda Jumalale." „See tähendab, et peate tõeliselt uskuma, et teete kõike Jumala jaoks. Iga tegu tuleb pühendada Temale. Ma olen tänulik, et Gurudži treenimise tulemusel on see teadvus minus praegugi alles. Ei saa öelda, et see on kogu aeg lihtne, kuid ma tunnen tõesti, et püüan kõigis oma tegevustes Jumalale meele järgi olla. Sellist suhtumist peakski viljelema.

Jumal vaatab meie järele

Kui tekivad probleemid, siis süüdistab enamus inimesi neis kedagi teist. Torisev tööline tunneb: „Ta tahab mind kuidagi eksitada, sellepärast ta mulle neid raskeid ülesandeid annab." Või: „Ta on mu peale pahane – seepärast annab ta mulle lisaülesandeid." Ärge vaadake elule nõndaviisi. On palju tervislikum seista probleemidega silmitsi, mõeldes, et need on meile tulnud midagi õpetama – andma meile õpetlikku kogemust, kui selles midagi muud pole. Kuidas

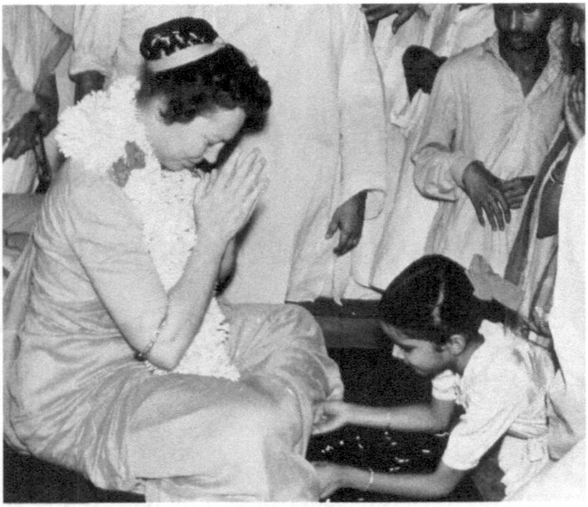

Matadži tervitab väikest tüdrukut Kalkutas 1961. aasta juulis muistse India žesti *pranaamiga*, mis tähendab: minu hing kummardab sinu hinge ees.

Vastuvõtt YSS liikmete poolt Delhis 1972. aasta novembris.

„Olgu me mis iganes usust või rahvusest – kõik me oleme ühe ühise Isa suguselts. Mõelge teistest terminites: nad on omad, nad on osa minu Jumalast. Igaühes neist ilmutab end mu Jumal. Lubage mul neid teenida minu parimate võimete kohaselt."

peaksime käituma? Milline peaks olema meie suhtumine nois olukordades?

Kui te tõesti usute, et selles maailmas on Jumalik Vägi, siis uskuge ka seda, et sel Väel on kontroll ka teie elu üle. Pole tähtis, mis minuga juhtub, ma olen kindlalt veendunud, et mitte keegi ei saa mulle midagi teha, ükski olukord ei saa mu ellu tulla, milleks Jumal pole luba andnud, sest Tema juhib mu elu.

Sellesse, et Jumal kontrollib kõike, peab olema usku. Ma mõtlen, et Jumal tõi mind siia maailma ja keegi peale Tema ei saa mind siit lahkuma sundida. Ta on vaadanud mu järgi alates sellest, kui Ta mind esmakordselt lõi.

Kui see mõte on kord pähe võetud, siis on palju kergem uskuda, et iga hetk, kas te siis „sööte, töötate, unistate, magate, teenite teisi, mediteerite, skandeerite või armastate jumalikult“[1], on Jumal see, kellega te peate seda tegema. See on mõte, mida pühendunu peab kõige esmalt teadvustama. Teiste sõnadega: asuge viljelema palju vahetumat suhet enda ja Jumala vahel.

„Mõelge alati, et see, mida te teete, seda teete te Jumalale.“ Olen seda praktiseerinud ja kindel, et mulle antakse veel rohkem võimalusi seda oma elus tõestada, sest mitte keegi ei saa öelda seni, kuni see elu on lõpetatud, et ta on tõusnud kõrgemale kõikidest testidest. Kuid tee edu juurde seisneb selle teadvustamises, et Jumalal on pistmist kõigega, mis iganes meie juurde tuleb. Pole tähtis, mis see on, isegi kui see tundub olevat võimatu, astuge sellele kindlalt vastu. On tähtis, et te ei põgene eemale ühestki proovilepanekust või katsumusest, sest läbi selle kogemise annab Jumal teile võimaluse vaimselt kasvada.

[1] Daya Mata tsiteeris luuletust „Jumal! Jumal! Jumal!“ Paramahansa Yogananda „*Hingelauludest*“ (kirjastaja märkus).

Ühtsus Jumalaga isetu tegevuse kaudu

Oma viimastel eluaastatel ütles Meister mulle: „Nüüd on sinust saanud karma joogi." Ma olin hirmsasti endast väljas: see kontseptsioon ei olnud mulle iial meeldinud! Karma jooga oli viimane tee, mida ma oleksin otsinud.[2] Aga kuna Meister seda ütles ja ma usaldasin teda täielikult, siis nõustusin sellega. Ja ma asusin õppima selle kohta nii palju, kui ma suutsin.

Gurudži sõnadega öeldes: „Karma jooga tee on isetu tegevuse kaudu hinge Jumalaga ühendamise tee." Kas see ei ütle meile nüüd, kuidas me peaksime oma elusid tasakaalustama?

„Kui te teete asju endale," ütles Meister, „on teie teadvus ühendatud teie piiratud egoga. Aga kui te toimite Jumala heaks, siis samastute te Temaga. Karma joogas saab täiuslikkust saavutada vaid siis, kui inimene pühendab kõik oma tegevused Jumalale."

Tehke oma parim ja ärge olge ülearu mures tulemuste pärast. Jätke viljad Jumalale. Kui te teete oma parima, siis peavad teie teod kandma ka head vilja.

Mida tähendab kõigi oma tegevuste tegemine nende vilju ihalemata ega soovimata? Toon selle näite: ambitsioonikas inimene paneb lilleseemne mulda ja hoolitseb selle eest armastusega. Peale pikki kuid, just siis, kui taim hakkab õitsema, hävitavad selle putukad. Selline inimene saab vihaseks, kaotab julguse ja võib lõpetada igasuguse aiapidamise. Jumalik inimene aga hoolitseb oma taime eest veelgi suurema armastuse ja hoolega, kui taime enda omandiks pidav inimene. Aga kui putukad selle hävitavad, ütleb ta: „Issand, ma kasvatasin selle Sinu jaoks. Ma külvan uue seemne." Ta ei ärritu.

[2] Nagu raamatu „Ainult armastus" lugejad on mõistnud, siis Daya Mata eluaegseks sooviks oli tunda Jumalat kui armastust – mis on *bhakti joogi* peamine teostus. Oma guru järgimisel mõistis ta, et Jumalat on võimalik tunda ja teada iga jooga-distsipliini kaudu: läbi armastuse, teenimise (õige tegevuse), eristamisvõime ja meditatsiooni. (*Kirjastaja märkus*)

Paramahansa Yogananda istumas kahe pühendunu vahel, kellest said hiljem tema vaimsed järglased: Rajarishi Janakananda ja Sri Daya Mata - SRFi Encinitase erakla, 1939.

Matadži kõnelemas SRFi Järve pühamus 1965. aasta juulis.

Tema hoiak on selline, et ta katsetab ja püüab uuesti ja uuesti ja uuesti. Miks? Sest ta ei tee seda tööd iseendale ja ta leiab Jumalale töötamisest rõõmu. Seega ei loe talle, kui palju taimi hävineb. Ta jätkab oma ümberistutamiste ja hoolitsemisega.

„On oluline," ütles Meister, „pidada meeles järgmist: miks peaks keegi üldse mõtlema, et tal on õigus selle maailma asjadele? Ta isegi ei tea, miks ta siia Maa peale tuli, kuidas ta siia tuli ja millal ta siit lahkub." Ega tea me ka seda, kuhu me siit lahkumise järel läheme. Me oleme üleni Jumalast sõltuvad. Miks siis oodata lõppu sellest arusaamiseks? Alustage Temast mõtlemise ja Tema otsimisega juba nüüd.

Oletagem, et ma ütlen teile, et te peate minema kõik homme välja territooriumit koristama. Pooled teist oleksid tüdinud juba pelgast mõttest aina pühkida, pühkida ja pühkida. Aga kui Meister lasi meil seda tüütut kohustust täita, siis õpetas ta meid mõtlema Väest, mis võimaldab meil liikuda. Kui See meilt ära võetakse, siis pole me võimelised oma käsi ja jalgu kasutama, ega isegi mõtlema. Kuna see on Jumal, kellest me täielikult sõltume, siis õpetas Meister meid tegema kõiki töid sellises teadvuses: „Mu käed, mu jalad, mu mõtted ja kõne on kõik loodud selleks, et Sinu heaks töötada." Ta süstis meisse sellist vaimu. Püüdke töötades seda tunda. Ärge lobisege tühja, vaid praktiseerige oma kohustuste täitmisel Jumala kohalolekut. See on imeline kogemus.

Meister ütles: „Andke kõik Jumalale. Andke Talle isegi vastutus oma tegude eest." See aga ei tähenda seda, et te teete midagi rumalat ja siis ütlete: „Okei, Jumal vastutab!" See on Meistri nõuande väärtõlgendus. Jumal on andnud meile arukuse ja Ta tahab, et me kasutaks seda nii, et teeme oma tegusid arutlemise ja eristamise alusel.

„Ta tahab, et teeksite Ta vastutavaks, sest et Tema on kõige tõeline Tegija. Te olete üritanud röövida Jumalalt nii oma tegude viljad kui ka vastutuse nende tegemise eest." Seepärast, kui küsisin Meistrilt, kuidas saada hakkama selle suure hulga kohustuste täitmisega, mis ta mulle kanda jättis, ütles ta mulle kaks asja – ja ei möödu ühtki päeva, kui ma neid ei meenutaks ja ei püüaks palju täielikumalt nende tähendust mõista.

Esimene neist oli: „Issand, Sina oled Tegija – mitte mina." Kui te elate selliselt, siis tunnete vähem neid koormaid, mida kannate – näiteks seda organisatsiooni. Te saate aru, et teete vaid oma osa Jumala tööst.

Ja teine neist kõlas: „Issand, Sinu tahtmine sündigu, mitte minu." Ma ütlen alati Temale: „Ei ole tähtis, mida mina võin tahta. Mida *Sina* tahad? Ja kui ma iial hakkan oma tahet järgima, siis Issand, ära lase sel sündida. Lase mul pettuda. Ma tahan vaid teha Sinu tahet." Ärge olge nii palju kiindunud oma ideede ja soovide külge, et püüate panna Jumala enda kasuks töötama – et Ta ütleks teile, et teeksite seda, mida *teie* tahaksite teha. Selles peitub vaimne oht.

Gurudži jätkas: „Te ütlete „mina, mina, mina" hommikul, keskpäeval ja õhtul, aga kes te olete? Kas te ei tea, et vaid Jumal eksisteerib? Te olete vaid Tema väljendus." See kõlab minu jaoks väga kaunilt. On vaid Jumal ja kõik meie oleme vaid Tema väljendused. Olgem alati ausad, siirad, tõesed, alandlikud väljendused. Olgem meeldivad, lõhnavad, mõistvad, tahtvad, pühendunud, ustavad, arukad, teenimisvalmid Jumala väljendused. See hõlmab kõike – kuid see on suur käsk, kas pole nii?

Enda vabastamine koormakandja tundest

„Võtke elu suhtes omaks neutraalne hoiak," ütles Meister lisaks. „Selle asemel, et luua veel rohkem soove ja lasta ennast sellesse kosmilisse unne sisse mässida, öelge lihtsalt: „Issand, Sina asetasid mind sellesse kehasse. Sina unistad mu olemasolust. Kõik, mis mul on ja kõik, mis ma olen, kuulub Sulle.""

See on jälle üks kaunis mõte. Kui asjad muutuvad liiga karmiks, mõelge lihtsalt: „Hästi, Issand, Sina andsid mulle selle vastutuse. Ma annan endast parima, kuid Sa pead mind juhatama. Ja kui ma tegutsen, Issand, siis ära lase mul Sind unustada. Lase mul Sinu külge klammerduda." Mida rohkem on meil raskuseid, seda enam peaksime klammerduma Jumala külge. Ärge laske hädadel end Jumalast lahutada, nagu paljud teevad. Hoidke temast tugevasti kinni. Laske kõigel muul minna ja hoidke Temast tugevasti kinni.

Gurudži jätkas, öeldes: „Kui imeline on niiviisi elada. Kui imeline nii mõelda: „Issand, ma elan vaid Sulle ja ma töötan vaid Sulle."" Sellise teadlikkusega muutub teie vastutuskoorem kergemaks – te ei tunne enda õlgadel terve maailma raskust. Te teate siis, et see on Tema õlul ja te teete lihtsalt oma parima, et Teda aidata.

Kui Jumal tahaks, siis asendaks Ta meid kõiki palju paremate ja palju oskuslikumate isikutega. Ma mõtlen tihti sellest: Tal on vägi – kui Ta otsustab, et keegi meist ei tegutse piisavalt hästi, asendaks Ta meid teiste, palju tõhusamate ja andekamatega. Kuid Ta on andnud meile õnnistatud kasvamise võimaluse Tema kohustuste täitmise ja vastutuse kandmise teel. Meie oleme need, kes peaksime olema tänulikud. Me peaksime tänama Teda võimaluse eest Tema heaks töötada.

Kord kui tundsin väga suure töökoormuse tõttu suurt survet, ütles Meister mulle: „Ära iial jäta Jumalikule Emale muljet, et sa osutad Talle teenet." See tabas mind väga tugevasti – see puudutas mind väga sügavalt ja ma ei unusta seda iial. Vahel on probleemiks meie suhtumine: „Ma töötan Su heaks nii kõvasti, mul pole sõnade jaoks enam aega!" Ma ütlen iga päev: „Issand, tänan Sind. Ei ole tähtis, millised on minu valud või probleemid – ma tänan Sind."

Ma ei taha sattuda eksikujutluse lõksu. Ma püüan sellest välja saada. Ma soovin vabaks saada. Kui te saate heita pilgu jumalikule rõõmule, jumalikule vabadusele, siis paneb see teid igatsema ja tahtma rohkem. See ei tähenda, et tahate siit maailmast lahkuda, vaid te soovite olla vaba eksikujutlusest, mis piirab teid selle tillukese ihulise puuri ja kitsaste, pisikeste mõtetega. Meister ütles: „Kui te kord olete tundnud jumaliku vabaduse maitset, siis teie süda ja mõistus tormavad Mõõtmatu suunas, tahtes seda rõõmu ja õndsust kogu aeg." See on tõesti tõsi.

Mida enam te mediteerite ja ankurdate end Jumala teadvuses, seda vähem omistate tähtsust välistele asjadele. Probleemid on alati olemas. Nendega tegelemine sarnaneb sea saba sirgeks tõmbamisele, nagu öeldakse Indias – see tõmbub ikka ja jälle rõngasse tagasi. Te lahendate ühe probleemi ja teine kergitab kohe oma inetut pead, likvideerid selle ühe ära ja kohe on uus platsis. See ongi osa elust – selle eest ei põgene. Me peame õppima tegema nii, nagu Meister. Ta tavatses öelda: „Kui mulle see maailm ei meeldi, siis lähen teise maailma." Kui tihti ma sellest mõtlen. Kui te olete sellest maailmast kurnatud – ja me kõik oleme seda praegu ja ka edaspidi – tõmmake lihtsalt oma mõistus sellest eemale. Te ei pea oma kohustustest eemalduma, kuid mõtteis võite end neist vähekeseks lahutada, laadides end ja asudes seejärel uuesti oma tegemiste juurde.

Ei ole oluline, mis on meie probleemid – me võime neist jagu saada ja igast kogemusest õppida. Ärgem siis iial kohkugem ega löögem araks. Jah, ma tunnistan, et on aegu, kus tahaksite alla anda. Aga võtke end alati kokku ja öelge: „Sel pole tähtsust. Kui Issand otsustab, et mul peab olema hingetõmbeaega, siis Ta annab mulle seda."

„Kõik, mida ma teen," ütles Gurudži, „teen ma vaid Jumalale. Kui te järgite seda põhimõtet, ei puuduta karma teid iial. Sel viisil saab teist tõeline karma joogi."

Me kõik eelistame lihtsat elu tasakaalustamise ravimit, nagu näiteks: „Võtke kaks teelusikat seda ja üks teelusikas toda ja kõik saab kohe paremaks." Kuid elu ei tööta nii. Igaüks peab leidma oma

Matadži SRF/YSSi presidendiks olemise 25. juubeli tähistamise ajal SRFi rahvusvahelises peakorteris 7. märtsil 1980. aastal Paramahansadži pildi ees mediteerimas.

„Kõikeületav rahu on teie sees, see ei tule mingist taevalikust sfäärist kosmoses. Toimub südame ja mõistuse avanemine, mis ilmneb sügavas mediteerimises – kuni inimene jõuab seesmise rahu allikani."

(vasakul) Koos Ananda Mata ja Uma Mataga. SRFi rahvusvahelises peakorteris 1964. aastal toimunud vastuvõtul peale India reisi, mis oli seotud Paramahansa Yogananda tööga.
Pühendumusliku skandeerimise eestvedajana *(paremal)* Mexico City Self Realizationi keskuses toimunud satsangil 1972. aasta veebruaris.

teadvuses tee, mis annaks talle täiusliku tasakaalu töö ja meditatsiooni vahel.

Meditatsiooni tähtsus

Pühendunud, kes lähevad meditatsioonist mööda, kaotavad järkjärgult soovi Jumala järele. Seepärast ma ütlen teile aina ja uuesti, et te ei leia Jumalat ilma meditatsioonita. Ja te ei leia vaimsel teel õnne ilma meditatsioonita. Ainult teenimisest ei piisa.

Valmistage oma mõistus ette, et võtate endale meditatsiooniks eraldi aja. Seejärel leiate, et tasakaalu säilitamine elus on palju kergem. Kui mediteerite ja viite igasse oma tegevusse meditatsioonis sündinud rahu, siis jõuate te lõpuks seisundisse, kus terve teie päev on üks pikk Jumalaga üksolemise vool. Siis olete kogu aeg pidevas jumalikus teadlikkuses - pole tähtis, kas te olete siis mediteerimas või teete tööd. Kuid see ei tule muidu, kui te teenimise kõrval sügavalt ei mediteeri, jäämata magama või langemata hajameelsusse.

Kui kellelgi teist on probleeme meditatsioonis magamisega, siis ärge laske sel kalduvusel jätkuda, sest kui see kord kanda kinnitab ja harjumuseks muutub, võite te samahästi kui öelda: „Head aega, Jumal!“ See harjumus juurdub nii sügavalt teie teadvusse, et sellest on väga raske lahti saada. Parandage see nõrkus kohe alguses, valmistades oma mõistuse selleks ette. Siin on vaja tahtejõudu ja otsusekindlust.

See aitab teid enne mediteerimist harjutada - täites oma kopsud värske õhuga, elustades niiviisi hapnikuga kogu oma organismi. Ja kui te mediteerite, siis minge sügavale. Kui te ei saa, tähendab see seda, et teie tähelepanu ei ole veel piisavalt keskendunud, ei ole piisavalt kokku liidetud praktiseeritava meditatsioonitehnikaga. Kui te leiate end tukastamas või longu vajumas, tõstke end uuesti sirgu üles ja tooge oma mõistus uuesti Gurudži õpetatud muistse keskendumistehnika praktiseerimise juurde.

Kui ma seda tehnikat praegu praktiseerin, rahunevad mu mõistus ja samuti hingamine pea hetkega. Ma ei leia sõnu väljendamaks, kui väga ma seda hindan. Kui teil on palju kohustusi, siis pelgalt mõistuse sissepoole tõmbamine koos lühikese puhkamisega annab teile uuesti vajaliku tasakaalu. See tehnika on selleks imeline – väga leevendav ja rahustav. Aitab säilitada tasakaalu ja hoiab pingesse minemast. Ja kui te jätkate praktiseerimist, muutuvad need täieliku vaikuse hetked pikemaks. Kui kogu maailm viljeleks seda tehnikat, oleks probleeme palju vähem.

Päris alguses on regulaarse mediteerimise harjumust raske kujundada. Aga te ei jõua vaimselt mitte kusagile, kui olete oma pingutustes ja oma tehnikate viljelemises tõmblev. Seepärast tavatses Gurudži öelda, et pühendunuile on tähtis osaleda meditatsioonigruppides. Paljud teie seast ei mediteeri sügavalt, sest teie tahe ei ole piisavalt tugev – te ei saa ikka veel tulemusteni jõudmata kaua istuda. Õigete meditatsiooniharjumuste viljelemine võtab aega, sest te ei pruukinud oma elus varem midagi säärast teha. Grupimeditatsioon tugevdab iga kohalolevat indiviidi. Kristus ütles: „Kus kaks või kolm on minu nimel koos, seal olen mina nende keskel."[3] Paramahansadži guru svaami Sri Yukteswar rõhutas sama põhimõtet, öeldes Yoganandale: „Ümbritse ennast oma vaimsete ihukaitsjatega." Te ei tea kui palju te üksteist aitate, kui te mediteerite koos teiste pühendunutega. Võnked, mida siis luuakse, toetavad ja julgustavad igaüht.

Töötage rõõmu ja loova entusiasmiga

Praktiseerige Jumala kohalolekut. Mulle meenub, kuidas ma läksin palju kordi erutatuna või murelikuna Meistri tuppa ja ta ütles mulle: „Miks Sa ei hoia lihtsalt oma mõistust siin?" viidates *Kutašta*, ehk Kristuse keskusele. Kui tihti ma kuulsin teda seda ütlemas – see

[3] Matteuse 18:20

on miski, mida ta õpetas meid kogu aeg tegema, et me kujundaksime endas harjumuse lasta väikestel vabadel ajahetkedel oma teadvusel puhata. Tänu sellisele harjutamisele leian ma, et mu mõistus on alati sellele keskendunud. See kulmudevaheline punkt on keskendumise, tahte ja loova mõttega seotud keskus.

Gurudži ütles: „Kui te alustate oma tööd, mõelge Jumalast." See ei tähenda nüüd kerget – peast läbi lipsanud mõtet Temast. Istuge mõned hetked, keskenduge ja palvetage: „Issand, lase mul olla Sinuga sel päeval. Lase mul näha, kui palju ma suudan kanda Sind oma mõtetesse ja oma töösse." Seejärel sukelduge oma tegevustesse rõõmu ja entusiasmiga, sest te teete neid Jumalale. Keskpäeval võtke endale uuesti veidike aega Jumalast sügavamalt mõtlemiseks ja minge seejärel uuesti oma töö juurde tagasi.

Mõnikord on meie mõtted Jumalast liiga pinnapealsed – me ütleme loiult: „Oo Issand, ma mõtlen Sinust. Õnnista mind. Kuid ma pean nüüd minema!" Selle asemel palvetage sügava tundega: „Ma armastan Sind, Jumal! Ma tahan ainult Sind. Mul on kõik kohustused täita, kuid Sina tead, et need ei oma minu jaoks mingit tähtsust, välja arvatud see, et püüan täita Sinu tahet. Ma ei taha midagi peale Sinu. Ma tahan vaid Sulle meele järgi olla. Kui Sa palud mul põrandat küürida, siis teen seda rõõmuga. Ma olen siin selleks, et teha ükskõik, mida Sa mul teha käsid. See on mulle rõõm." Sellist teadvust on võimalik arendada ja leida sellest ka rõõmu. See ei tee teid nürimeelseks. Vastupidi – tegelikkuses muutute palju loovamaks, sest see täidab teie mõtted energia ja Jumala tarkusega. See on kõige loovam teadvuse seisund. Proovige järgi.

„Õppige elama palju seesmisemat elu"

Meister tavatses meile tihti öelda: „Õppige elama palju seesmisemat elu!" Viljelege mõistuse sissepoole pööramist nii, et te elaksite palju enam Jumalast mõeldes. Ja nii, et kui olete oma päevategevused lõpetanud, pöördub teie mõistus automaatselt Tema poole. Mida enam te oma teadvust sissepoole suunate, seda enam te leiate, kuidas see avab teile terve uue maailma – mis on palju huvitavam kui väline ilm, milles me elame. Nagu Gurudži tavatses öelda: „See on koht, kus asuvad Jumal ja inglid."

Aga te ei saa sellest maailmast midagi teada enne, kuni ei mediteerite palju sügavamalt. Me kulgeme elu pealispinnal, kuni pole Jumalale lähemale saanud. Alles siis saame teada, mis on elu ja mis me ise oleme. Meister ütles: „Olgu iga päeva meditatsioon sügavam eelmise päeva omast." Küsige endalt: „Kas ma teen seda nii?" „Sügavam" tähendab seda, et kui te mediteerite, muutub teie mõistus palju keskendunumaks, palju leegitsevamaks Jumalaga-üksolemise jumaliku seisundi kogemuse ootusest. See on teie hinge, teie tõelise olemuse loomulik seisund.

Vaimselt tervislik suhtumine töösse

Self-Realization Fellowshipi California Encinitase aašrami keskuses peetud esinemisest

Vaadates tagasi oma elule guru Paramahansa Yogananda aašramites, näen, et see pikk aeg, alates päevast, mil sisenesin Mt. Washingtoni, on olnud täidetud intensiivse tegevusega. Ja võin ausalt kinnitada, et kõva töö on olnud tohutu kasutegur minu tugevdamisel ja minu teadvuse ülendamisel Jumalas. Muidugi oli meditatsioon ka põhiline - kuid mu suhtumine on alati olnud see, mida meister meisse süstis: meditatsioon ei seisne vaid Jumalale suunatud mõtetega vaikselt istumises. Me peame õppima ka käituma - harjutage seepärast mõistust pühendama Jumalale kõiki tegevusi, et terve meie elu oleks elatud Tema kohaloleku teadvuses. Selles teadvuses muutub kohustuslik tegevus meditatsiooni vormiks.

Ma olen kuulnud paljusid inimesi ütlemas: „Ma mediteerin iga päev mitmeid tunde," või „Ma olen teinud sadu *kriijasid*,"[1] aga kui ma vaatan nende silmadesse, ei näe ma seal ühtki vaimse kasvu kübet. Neile tähendab vaimsus vaid ajaveetmist vaikuse ja eraldatuse pühamus. Nii kaua, kuni nad oma *kriijadega* tegelesid, ei pidanud nad muret tundma, kuidas pärast meditatsiooni end ülal pidada. See polnud mitte see juhendus, mis Meister meile andis. *Kriija* võimaldab õige praktiseerimise juures saavutada füüsilist ja mentaalset vaikust,

[1] Viide Self-Realization Fellowshipi gurude liini kaudu maailmale antud muistsele *Kriija* jooga Jumala-teostamise tehnika praktiseerimisele.

mis on vajalik meditatsioonis Jumalikuga ühenduse võtmisel. Seejärel peaksime pingutama, et sellest ühenduses olemisest keset oma päevategemisi kinni hoida – tõmmates seda meie käitumist ning tegevusi juhtima ja inspireerima. Jumala otsimine ja Tema poole püüdlemine ei ole mitte ainult meditatsioonitehnikate praktiseerimine, see on eluviis.

Kõva töö kui väärtuslik vaimne distsipliin

Töö on väärtuslik vaimne distsipliin. See puhastab meie teadvust, sest oma kohustuste õigeks täitmiseks on meil vaja arendada õiget suhtumist. Sel teel mõtlevad algajad vahel, et nad ei pea nii palju oma töö korraliku tegemise pärast muretsema, sest Jumala otsijad ei peaks klammerduma materiaalsete asjade külge. Ausalt öeldes on see füüsilise ja mentaalse laiskuse märk. Kui palju kordi nende aastate vältel ütles Meister meile, järgijaile (ma kuulen ikka veel tema häält): „Kui te midagi teete, tehke seda õigesti!" Ta oli selle koha pealt väga range ja kui ta tundis, et oleme teinud oma tööd hooletult, siis nõudis ta väga tihti selle ümbertegemist.

See ei tähenda, et Meister oleks olnud kiindunud ettevõtmise viljadesse, tulemustesse. Pigem õpetas ta meid püüdlema kõrgeimat kõiges, mida teeme, sest just seeläbi toome me esile oma hinge täiuslikkuse. Vaadake Jumala poolt gigantses universumis ilmutatud seaduspära ja korda. Iga asi toimib selles ideaalse täpsusega. Jumal on tõhususe arhetüübiks. Ja meie, olles tehtud Tema näo järgi, peaksime väljendama sama oma väikses tegevuste nurgas.

Ärge kartke kunagi rasket tööd. Inimesed, kellele ei meeldi tööd teha, viilivad alati sellest kõrvale ja ma võin teile öelda ilma igasuguse kahtluseta, et nad ei edene vaimsel teel. Paljude aastate jooksul olen näinud ikka ja jälle seda pühendunuis olevat vale suhtumist: „Ma panustan *nii* palju, aga mitte rohkem" või „ma teen vaid seda, sest mulle ei meeldi teha toda". Jumala tundmine ei ole kerge, seda ei saavutata vaid soovunelmate kaudu. Selle suurima Aarde saamiseks on vaja pühendada Talle kogu oma elu – olgu see siis aašramis või perekonnaelus. Nagu Jeesus ütles: „Kes iganes tahab päästa oma elu, kaotab selle, aga kes iganes kaotab oma elu minu ja evangeeliumi pärast – päästab selle."[2] Jumalat ei leia see, kes mõtleb vaid iseenda mugavusele, kartes, et kui ta teenimises üle pingutab, „laguneb ta tükkideks". Kuid see, kes ei hoia end tagasi milleski, kes annab kogu südamest oma elu Jumala ja oma kaasolevuste teenimisele, leiab oma tõelise, jumaliku elu.

„Võimatute" töökoormustega tegelemine

Ma räägin oma kogemusest. Ma pidin oma aašrami aastate jooksul läbima suuri raskuseid, nii nagu kõik Gurudži treenitud järgijad. Meister oli jumaliku armastuse ja headuse kehastus, kuid ta oli ka range seal, kus oli vaja meie vaimset distsipliini silmas pidada. Vahel tundsime kuidas julgus kadus – et me ei saavuta iial tema ootusi ja kõrgelennulisi standardeid. Minu distsipliini kujundasid peamiselt tema poolt määratud kohustused. Ta andis mulle nii palju teha, et vahel ma tundsin, et ma suren, kui peaks püüdma kõik selle ära teha. Sellise surve all kaldume me mõtlema: „Olgu pealegi, las ma siis suren, kui ta seda tahab!" (inimolemusele meeldib laskuda enesehaletsusse ja endale märterluse näitemänguga tähelepanu tõmmata). Kuid olles nõus sellega, mida ta minult nõudis, õppisin ma imelise õppetunni: kui teie töökoormus läheb nii suureks, et te ei tea enam, kuidas sellega hakkama saada, siis on parim, kui te ütlete siiralt: „Issand, minu jaoks pole vahet, mida Sa mu teele tood. Ma nõustun kõigega, mida Sa minult küsid. Ma juurin oma teadvusest välja kõik mõtted enda väikese mina heaks säästmisest. Kui mul see ei õnnestu, siis on kõik Sinu kätes – kuid ma annan oma parima."

[2] Markuse 8:35.

Kui te alistute niiviisi seemiselt ja annate tõesti oma parima, siis Jumal vastab. Kui palju kordi olen ma näinud, kuidas Ta on muutnud võimatu võimalikuks.

Guru treenimine

Igaühele meist vaimsel teel olijaist tulevad konkreetsed kogemused, mis aitavad meil õppida tingimusteta alistumist Jumalale. Ma toon teile näite oma isiklikust elust Gurudžiga. Gurudeva hilisemas eluperioodis hakkas ta meid valmistama ette selleks ajaks, kui ta oma kehast lahkub. Tema ja paljud järgijad nagu minagi, elasime enamuse ajast Encinitase eraklas alates ajast, mil svaami 1936. aastal Indiast tagasi tuli. Kuid ühel 1948. aasta päeval ütles ta mulle: „Ma tahan, et sa läheksid tagasi Mt. Washingtoni ja võtaksid ühingu juhtimise üle."

See oli mulle väga valus. Esiteks tahtsin ma jääda sinna, kus oli Meister ja teiseks: olin alati olnud vastu isiklikule liidriksolemise ideele. Mul oli elus vaid üks soov: olla *bhakti joogi*. Minu jaoks oli mõte vaid pühendumusel – vaid armastusel mu Jumala vastu – jääda alatiseks jumaldades oma Armastatu jalge ette. Mu ideeks oli jääda alati tagaplaanile, armastades Jumalat ja teenides alandlikult oma Guru. Nüüd uhuti see kalliks peetud elu minema. Ma ei teinud oma tundeid Meistrile kuuldavaks. Sügaval enda sees teadsin ma, et pidin selle õppetunniga nõustuma, mida me kõik vaimsel teel peame õppima: ärge muretsege väliste muutuste pärast, mis on selle duaalse maailma vältimatuks osaks. Olge tasakaalukad, ankurdunud seesmiselt Jumala külge, mis ainsana on muutumatu.

Nii ma siis pakkisin asjad kokku ja läksin Mt. Washingtoni oma uusi kohustusi üle võtma. Meister käis välja hiilgavaid ideid gurude *Kriija jooga* sõnumi parema levitamise korraldamiseks ja ka mina olin entusiasmist tulvil. Kuid seal ootas mind üllatus. Üsna peatselt pärast oma töö alustamist kolis Gurudži kõrbes asuvasse väiksesse aašrami ja võttis kaasa kõik olulised pühendunud, kellega ma olin arvestanud. Ta jättis mind omapead ühes käputäie inimestega, kellest enamik olid täiesti välja õpetamata.

Minu esmane reaktsioon sellele oli: „See on võimatu!“ Siis taandasin oma mõtte tõsiasjani, et Meister teab paremini. Palju ajast, mis talle oli veel jäänud, veetis ta kõrbes. Ta vajas abi pooleliolevate kirjutiste lõpetamiseks, samuti tahtis ta, et nood pühendunud oleksid temaga, et ta saaks neid juhendada. Seda ma adusin. Ma olin veetnud palju aastaid tema õnnistatud kohaloleku läheduses – nüüd oli järjekord teiste käes. Seega kohandasin ennast olukorraga.

Kuid siis tabas mind teine hoop. Meister tuli lühikeseks ajaks kõrbest ja kutsus mind enda juurde. „Ma mõtlen, et meil on tuleval aastal kokkutulek,“[3] ütles ta, „ma tahan, et sina selle korraldad.“ Olin šokeeritud. „Seekord läks ta liiale!“ mõtlesin.

„Meister,“ ütlesin ma, „ma ei saa seda teha, see on füüsiliselt võimatu.“ Ma nägin nii palju põhjuseid, mis ta ei peaks paluma mul seda kohustust kanda – ma ei teadnud kokkutulekute korraldamisest mitte kui midagi. Polnud personali, kes oleks töö ära teinud – ta oli nad kõik kõrbesse kaasa võtnud ja peale selle olin ma täiesti ülekoormatud kontoritöö enneolematute nõudmistega: kirjavahetus, keskused, rahaasjad ja aašram.

Meister tuli sel õhtul kõrbest tagasi ja oli mu suhtumise pärast väga kurb. Läksin nuttes oma tuppa, sest ma ei talunud iial talle meelehärmi valmistamist. Kuid seekord olin valmis mitte alla andma, sest ma tundsin, et mu kartused on täiesti õigustatud. Püüdsin mediteerida, püüdsin magada, kuid ma ei saanud – mõistus oli liiga ärritunud. Siis alustasin oma suhtumise analüüsimist.

Enamiku inimeste häda on see, et nad ei suuda taluda tõde

[3] Ülemaailmne Self-Realization Fellowshipi liikmete kokkutulek, kus toimuvad kursused, mediteerimised ja teised vaimsed programmid.

iseenda kohta. Nad hoiavad end rakkes väliste asjadega, sest nad ei taha jääda silmitsi iseendaga, isegi mitte mõneks minutiks. Vahel läheb taoline enesest keeldumine sellisesse äärmusse, et viib mentaalse haiguseni. Meister õpetas meile tervisliku sisevaatluse kunsti ja ma loodan, et kõik te seda ka praktiseerite. Õppige oma mõtteid ja käitumist uurima siis, kui asjad viltu veavad. Põhjuse võib palju hõlpsamini leida teie endi olekus, mitte välistes tingimustes.

Sel ajal, kui ma oma ruumis sel ööl sisevaatlusega tegelesin ja objektiivselt oma olukorda analüüsisin, pidin tunnistama tõde: ma ei olnud *võimetu* teostama Meistri poolt antud ülesannet, vaid ma *ei tahtnud* seda teha. See oligi asi, mis oli minus valesti. Minu meelest olid põhjused, miks ma ei saa kokkutulekut korraldada täielikult õigustatud – kuid nüüd ma mõistsin, et olin vaid püüdnud õigustada oma tahtmatust sellist suurt vastutust vastu võtta.

Mu teadvus muutus sel hetkel, kui tundsin ära tema palvele vastuseismise tõelise motiivi. „Sa oled andnud oma elu Jumalale tingimusteta," ütlesin ma endale. „Sa ei saa oma gurule öelda: „Ma aktsepteerin Sinult seda, kuid mitte toda." Kui teil on selline suhtumine, kuidas te saate siis mõelda, et teie pühendumine on tingimusteta?"

Otsustasin, et teen, mida ta palus ja hetkega laskus suur rahu üle mu hinge. Enne magamaheitmist otsustasin, et võtan hommikul Meistriga kõrbes ühendust ja luban talle, et teen kõik endast oleneva tema soovitud kokkutuleku korraldamiseks.

Meister oli alati häälestatud meie teadvuse seisundile. Isegi kuigi ta oli 150 miili kaugusel, oli ta teadlik sellest seesmisest heitlusest, mida ma endas pidasin. Esimese asjana helistas ta mulle hommikul kõrbest. Ütlesin talle kiiresti: „Meister, palun anna mulle andeks mu tahtmatus – mu suhtumine oli vale. Ma ei tea, kuidas kokkutulekut korraldada ja ma tunnistan, et tunnen juba praegu end ülekoormatuna, kuid ma luban sulle seda: ma annan endast parima."

Ma ei unusta iial tema armsat vastust: „See on kõik, mida ma Sinult palun."

Valmidus: vaimse kasvu võti

Hästi, meie kokkutulek toimus ja see õnnestus – ja veelgi enam: mu maailm ei kukkunudki kokku! Sellest kogemusest õppisin ma, milline suur vägi ja õnnistus valmidusest tekib. Valmiduse puudumine on komistuskiviks vaimsel teel – tihti põhjustab meie edenemise ebaõnnestumist see ainus takistus. Uurige ennast ja te leiate selle olevat tõesti tõsi. Kui pühendunu lõpetab oma soovide õigustamise ja astub Jumala poole puhta südame ja siira otsustusega, nõustudes kõigega, mida Issand soovib, alles siis hakkab ta vaimselt kasvama. Tema elu muutub nii lihtsaks ja probleemituks. Ma ei tea ühtki pühakut, kelle elu ei oleks peegeldanud Jumala leidmise järel seda tahtliku alistumise hoiakut.

Ma mõtlesin sellest, kui nägin filmi „Kümme käsku", eriti stseeni ajal, mis näitas meeletuid raskusi, mida Mooses pidi kõrbes ületama. Tekstilugeja seletas, et kui Mooses aeti metsikusse loodusse, siis pani Jumal ta rängalt proovile, kujundades ja vormides temast Oma töö tegemiseks vajaliku tööriista. Alles siis oli Mooses valmis teostama Jumala tahet. Antud episood inspireeris mind nii väga, sest ma teadsin iseenda kogemusest, et see on just see, mida hing Jumalale alistumise õppimisest kogeb. Kui tänulik ma olen nende Gurudži kõrval möödunud distsipliini ja kõva töö aastate eest, sest ma näen neid käsikäes oma meditatsioonidega – need kõik on vorminud mu olemust nii, nagu ei miski muu siin Maa peal oleks seda saanud teha.

Mis on õige tegevus?

Me ei peaks iial mõtlema, et vaimne avanemine leiab aset vaid meie meditatsiooniperioodidel. Me peame muidugi võtma meditatsiooniks aega. Kuid nagu Bhagavad Giita õpetab, on vajalikud nii meditatsioon kui õige tegevus. Mis on õige tegevus, kui mitte töö? See ei tähenda kindlasti, et me peaksime terve päeva keksu mängima. Õige tegevus on kõigi religioonide vundament, tähendades abivalmidust, konstruktiivset teenimist. Kas täidate ja viite ellu oma kohustusi ja püüdlusi maailmas või aašramis, kui te täidate neid ohverdusena Jumalale nii täiuslikult kui võimalik – ja kui te kasutate igat võimalust teisi armastuse, headuse, julgustuse ja kus vaja, ka materiaalse abi andmise läbi teenida, siis järgite te õige tegevuse põhimõtet.

Ei piisa kui me vaid kulutame oma elu õilsaid mõtteid mõeldes. Jumal panin meid sellesse füüsilisse vormi, sest meie vaimse arengu põhiline osa on teenimine. Kui me enam sellist tegevust ei vaja, siis ei pea me enam sellele materiaalsele tasandile kehastuma.

Viljelege valmiduse hoiakut ja jätke tulemused Jumalale. Palju kordi on murelikud pühendunud mulle öelnud: „Te peate oma tervise huvides hoogu maha võtma, te püüate liiga suurt koormat kanda." Kuid ma tean, et Jumal on olnud see, kes on vaadanud selle keha järgi. Ma olen elanud selle usuga. Nii kaua, kuni Ta tahab, et see keha oleks korras, vaatab Ta selle järele. Ma teen oma osa, kuid lõpuks on see ikka Tema vastutus. Minu rõõmuks, minu privileegiks on teenida, millisel moel Ta iganes käsib.

Selline suhtumine annab säärase mentaalse ja vaimse vabaduse, et seda pole võimalik isegi kirjeldada. Kindlasti on ka aegu, kus keha valmistab muret. Andes talle tema õiglase osa, peaksime me kaeblemata ja oma parimat andes jätkama. See pole samaväärne sellega, mida me võiksime teha, kui keha tunneks end paremini, aga Jumal palub meilt vaid, et me annaksime igal antud hetkel oma parima.

Jumal ei saada meile iial risti, mida me kanda ei suuda

Seega, ärge kunagi kartke raskuseid. Teadke kindlalt, et Jumal ei lase ühtki inimolevust proovile panna koormaga, mida ta kanda ei suuda. Me oleme võimelised kandma risti, mis meile on antud

– selle eesmärgiks ei ole meid karistada, vaid tugevdada. Kui me anname alla ja keeldume proovimast, siis keeldume me tegelikkuses Jumala armust.

Meie sureliku olemuse nõrkusest ülesaamiseks on vaja seista takistustega otse silmitsi – muidu jääme igaveseks pelglikuks ja murelikuks ning nutame raskuste üle, mida elu meie teele seab. Meie kätelihased muutuvad tugevamaks vaid siis, kui me nendega harjutusi teeme. Täpselt samuti peame me õige suhtumise, vapruse, Jumalasse uskumise ja Tema tahte teostamise valmiduse „vaimsete musklite" abil rinnutsi kokku minema elu tülikate olukordadega. Siis muudavad kõik ettetulevad raskused meid tugevamaks. Pühendunud meditatsioon ja rõõmus kohusetundlik tegevus – nende kaudu saame me nõuda tagasi ja ilmutada oma kõikvõimast jumalikku hinge-olemust.

Vabastage end pingest

Self-Realization Fellowshipi peakorteris peetud esinemisest

Paljud selles maailmas on täis pingeid ja ebakindlust. See juhtub sellepärast, et inimesed ei ole õppinud Kristuse õpetust: „Kõik, kes mõõga tõmbavad, mõõga läbi ka hukkuvad.“[1] Oma eesmärkide saavutamiseks toetub enesekesksus agressiivse käitumise mõõgale – selle konflikti vältimatu tulemus on häving. Teiste sõnadega – nii kaua kui me mõtleme, nagu me seda sajandeid oleme teinud, et tee edule, õnnele ja vabadusele kulgeb meie madalama loomuse nautimises ja kõigi meie teele ette jäänutega võitlemises – nii kaua ei saa me tunda meelerahu, rahu mõistuses. Negatiivsed tunded ja hoiakud – isekus, vihkamine, ahnus, eelarvamused, ilmalikkus – loovad pingeid igas indiviidis ja toovad universaalsel tasandil kaasa sõja. Siin on mõningaid meile kõigile kasulikke praktilisi ideid pingete vältimise võimalustest.

Pingete vähendamise praktilised meetodid

„Hoidke mõistus mediteerimise abil rahulik.“

Kui me läheme pingesse, siis oleme me erutuvad. Meie mõtlemine on siis liiga kiire. Me kaotame loomuliku harmoonilise suhte mõistuse ja keha vahel. Me teame, et kõik meie füüsilised vastused pärinevad mõistusest, seega on pingete ületamiseks vaja esmalt kontrollida mõistust. Kui me õpime rahustama oma mõistust,

[1] Matteuse 26:52.

siis saame ka keha maha rahustada. See on üks põhjustest, miks tänapäeva maailmas on nii palju huvi meditatsiooni vastu. Meie Gurudeva Paramahansa Hong-Sau tehnika[2] rahustab tugevasti mõistust. Ma julgustan kõiki teid seda regulaarselt praktiseerima. Ma ei jäta seda iial vahele. Mil iganes on mul vaba hetk oma toas või inimesi oodates, praktiseerin ma seda tehnikat. Seda tehes jõuab inimene imelisse seesmise rahu seisundisse.

„*Ma mõtlen ühe mõtte korraga.*" Kui meis tungleb liiga palju mõtteid, siis hakkab seesmine surve kasvama. Harjutage end rahulikult mõtlema – üks mõte korraga.

„*Ärge segage vahele teistele, kui nad kõnelevad. Laske neil oma laused lõpetada.*" End surve all tundes kaldume teisi katkestama. Õppige laskma teistel lõpetada oma jutt enne sellele vastama asumist. Teisalt peame me veelgi kaugemale minema ja ütlema: „Ärgu kõneleja rääkigu lõputult." Liiga palju rääkiv inimene on ebakindel, ta tunneb, et peab pidevalt oma ideid ja tegevusi teistele selgitama. See pole vajalik. Õppige olema pigem kuulaja, kui rääkija rollis.

„*Lugege sügavat keskendumist vajavaid raamatuid.*" Ärge lugege rämpsu. Võtke vaid üks või kaks lõiku heast raamatust, näiteks mõnest Gurudži omast, ja lugege aegamisi. Kui olete lõpetanud, küsige endalt, kas saite sellest aru. Kui mitte, lugege see lõik uuesti läbi, kuni olete kindel, et saite mõttest aru. Seejärel mingi edasi järgmise mõtte juurde.

Õigete toitumisharjumuste ja kehaliste harjutuste tähtsus

„*Õppige aeglaselt sööma.*" Toidu alla kugistamine on närvilisuse ja pingete tunnuseks. Teadlased ütlevad, et me peaksime mäluma oma toitu kauem, isegi vedelat toitu. Lisaks sellele laitis Gurudži toidulauas rääkimist, sest see häirib teie keskendumist söömise ajal ja

[2] Muistne keskendumise ja meditatsiooni joogatehnika, mida Paramahansa Yogananda oma „*Self-Realization Fellowshipi õppetundides*" õpetab.

see omakorda pärsib elujõu õiget toimimist, mis on vastutav toidu seedimise ja omastamise eest. Õppige seega palju aeglasemalt ja vaikuses sööma. Ja veel teinegi eelis tuleneb sellest, kui me õpime palju aeglasemalt ja mõtestatumalt sööma: seda vähem me vajame toitu. Kui te sööte kiiresti ja hajameelselt, siis kugistate te oma toidu alla, läbemata oodata järgmist suutäit. Ja kui see läheb äärmusse, muutub see pingest ajendatud sundsöömiseks.

„Tehke regulaarselt kehalisi harjutusi." Meister oli selle innukas propageerija. Igal õhtul, ükskõik, kui hilja, viis Gurudži meid Encinitases verandale ja me tegime koos temaga oma elavdamise harjutusi[3]. Vahel oli väljas näpistav külm, kuid temale ei tähendanud see midagi. Niiviisi kujunes see harjumus ja nüüd, isegi kui kell on üksteist hilisõhtul, enne kui ma lõpetan tegevused, ei jäta ma kunagi neid harjutusi tegemata. Lisaks julgustas ta meid regulaarselt jalutama või jooksma. Ärge unustage seda kombineerimast Gurudži õpetatud sügava hingamisega. See on eriti tähtis neile, kes on istuva eluviisiga ja ei saa sedasi oma kopsudesse piisavalt hapnikku.

Gurudži tavatses ajada meid igal pärastlõunal välja tennist mängima. Kuna meil oli nii palju kohustusi, siis tegime seda vastutahtmist. Me läksime ühes suunas ega tahtnud, et meid teise tiritakse. Kuid selline oli tema distsipliin – kui puhkeaeg kätte jõudis, pidime kõik minema, isegi kui pärast oli töö lõpetamiseks vaja tagasi tulla.

Mida Paramahansadži puhkamiseks tegi

Keegi küsis: „Rääkige, mida Meister puhkuse ajal tegi. Mis sporti ta tegi?" Gurudži julgustas vabaaja lõõgastavaid tegevusi ja tsiteeris tihti: „Paljas töö ja ei mingit mängu teeb Jackist tuima poisi."

Meister soovitas lihtsat ja tervislikku puhkust, lõõgastavaid tegevusi

[3] Parahansa Yoganandalt pärinev spetsiaalne harjutuste seeria, mida õpetatakse *„Self-Realization Fellowshipi õppetundides"*, mis laeb keha kõikeläbiva *praana* ehk kosmilise energiaga.

ja harjutusi. Täpsemalt öeldes on lääne inimesed kaugenenud elu lihtsate asjade nautimisest ja ajavad kogu aeg taga uusi elamusi. See, kes nii teeb, ei saa iial rahuldust – ta lõpetab alati igavuses või üleküllastuses.

Hoidke elu lihtne. Õppige väärtustama ja nautima lihtsaid naudinguid. Ma olen õnnelik, nähes paljusid selle ideaali juurde tagasi pöördumas. Mõned isikud on nii pinges ja rahutud, et nad ei ole võimelised looduse ilu vaatama – ei puud ega päikseloojangut, neid väärtustama.

Gurudži viis vahel meid väikestele väljasõitudele. Mäletan, kuidas ühel korral, kui olime kõik koos kõrbes, ta ütles: „Tulge, me läheme piknikule.“ Ei mingeid toredaid ettevalmistusi ega toite – võtsime pätsi leiba, väheke võid ja juustu – ei mingeid küpsiseid ega karastusjooke. Gurudžil oli plastikust einekarp, mis oli tema jaoks alati autosse valmis pakitud, kus leidus väheke rosinaid, pähkleid, õunu, porgandiviile ja muud säärast, mida ta meie kõigiga jagas – nii armas! See oli kõik. Olime oma piknikuks valmis. Vahel võisime peatuda hiljem väikese jäätiseportsu söömiseks.

Ühel teisel puhul sõitsime me mägede suunas. Ootasin väga seda väljasõitu loodusse, kuid kõikjal oli hulgaliselt rahvast ja me ei leidnudki endale pikniku jaoks kohta. Sõitsime aina edasi ja edasi, kuni leidsime päikseloojangu eel mäest alla jõudes end Banningi linnast. Lõpuks jõudsime omavalitsuse vee- ja elektribüroo ette, seal oli maja ees veidike muru – ja pidasime seal autos oma pikniku maha. Paljudele võib see igavana tunduda, kuid meil oli väga lõbus. Lihtsus oli osa Gurudži loomusest ja ta õpetas meidki lihtsaid asju nautima. Ta näitas, et mitte see, mida me teeme ei tee meid õnnelikuks, vaid suhtumine, millega me seda teeme.

Kui tulin 1931. aastal Mt. Washingtoni, olin siinsetest pühendunutest noorim. Igal pärastlõunal, kui olime oma kontorikohustused lõpetanud, tavatses Gurudži mind kutsuda – ma mõtlen, et rohkem küll minu, kui enese huvides – öeldes: „Tule, lähme mängima.“

Meil oli vana sulgpalli komplekt, kuid ilma võrguta. Tõmbasime siis tavaliselt kolmanda korruse saali ühest seinast teise nööri ja lõime sulgpalli üle selle edasi-tagasi. Meister oli selles väga hea. Raske oli teda ealeski võita. Ta mängis näiliselt pealiskaudselt ja siis lajatas ühtäkki mängulise naeratuse saatel tugevalt ja enne kui sellest arugi said, oli sulgpall sinust mööda lennanud.

Hiljem lisandus nooremaid pühendunuid teisigi. Meie vanem vend Dick[4] oli väga hea tennisemängija ja tema ning Meister tavatsesid siin tenniseväljakul mängida. Vahel ühinesime nendega meiegi, nooremad pühendunud. Gurudži oli ka tennises väga hea - ta oli kiirete jalgadega.

Keegi tegi väikse lauatenniselaua – see polnud õige suurusega, ja me mängisime ka lauatennist.

Gurudži armastas samuti ujumist. Kui ta oli Encinitases, siis tavatses ta minna koos munkadega alla randa ja ujuda, isegi talvel – ükskõik kui külm oli vesi. Me imetlesime seda alati, sest kõik teised külmetasid, aga Gurudži ei pannud tähele, kas vesi oli külm või mitte. Ta sukeldus ja jäi nii kauaks, kui ta seda nautida tahtis ning vahel oli see pikk aeg neile, kes temaga koos olid.

Teine spordiala, mis meenutas talle lapsepõlve Indiat, oli tuulelohe lennutamine. Ta nautis seda nii kõrbes olles, kui Encinitases. Encinitase lähistel Hodges'i järve ääres oli tal väike aerupaat, kuhu mahtus vaid kolm inimest. Talle meeldis istuda seal vaikselt, kui üks meist teda mööda järve paadiga sõidutas. Mina nautisin aerutamist, me tegelesime sellega enne minu aašramisse tulekut Utah's Salt Lake Citys. Ma mõtlen, et vahest Gurudži võttis mind neile väljasõitudele kaasa, sest ma ütlesin talle seda. Ühel juhul olime mediteerides tundide kaupa järvel. Loojangul tõusis tuul, lainetus muutus aina

[4] C. Richard Wright, Daya Mata vanem vend, kes on „*Joogi autobiograafia*“ kaudu tuntud, kui üks Paramahansadžid 1935. aastal Indias saatnud pühendunu.

tugevamaks ja tugevamaks ning ma muutusin veidi murelikuks. Ajal, mil Gurudži lausus: „Lähme nüüd kaldale," toimus minus juba meeletu võitlus, sest hoovus surus meid kaldast eemale ja ma pidin sõudma kogu väest, et kaldale jõuda. Lõpuks jõudsime pärale, aga see oli ka viimane kord, kui ta mind aerutama võttis.

Gurudži ei kiitnud heaks kaardimängu ega teisi samalaadseid mänge. Kuid nagu väike laps, oli ta lummatud mehhaanilistest mänguasjadest ja nende taga olevast inimlikust leidlikkusest. Selletõttu sai ta tihti jõuludeks mõne uue mänguasja, mis liikus ise, žestikuleeris või kõneles mõnel lõbustaval viisil. Seda nautis ta väga.

Ta armastas loomi ja ükskord pidasime me siin kitse. Mäletan Gurudžid 1931. või 1932. aastal siin istumas ja teenistust juhtimas. Treppidele viiv uks oli värske õhu jaoks avatud. Sellel päeval uitas juhuslikult trepist üles üks kits. Ta liikus vahekäiku mööda edasi ja Meister kommenteeris: „Hästi! Ta tuli täna meid kuulama."

Teine Gurudži peamisi puhkuse veetmise viisiks oli tähtede vaatamine. Selgetel öödel, kui tähed särasid, meeldis talle välja minna ja vaikselt istudes neid vaadata. Tal oli ka teleskoop, mida ta aegajalt kasutas. Ta armastas seostada Jumalaga kõike mida ta tegi. Põhjus, miks ma seda teile täna räägin, seisneb selles, et on hea valida puhkuse vorme, mis on seotud loodusega - Jumala väljendusega. Jumalal on füüsiline vorm - see maailm. Väljendugu lugupidamine kõiges, mida me siin maa peal teeme või loome. Kaunistagem seda vormi, Tema loodust, kõigega, mis on kaunis, mis on hea ja mis on tervislik.

Hoidke nii üksi olles kui tegutsedes mõistus Jumalal

Järgmine meie eludes stressi vähendav juhis: *„Lõdvestuge. Ärge ehmuge väikeste asjade peale."* Tehke sellest oma moto. Kui me oleme pinges, muutuvad väiksed tülinad mõistuses ülemäärasteks liialdusteks. Küsige endalt: „Miks see mind nii palju ärritab? Miks ma ei lõdvestu?" Ja siis laske sel minna. Te peate seda tegema – iseenda hüvanguks.

„Eraldage endale aega üksiolemiseks, kus te saate olla Jumalaga üksi ja teil on aega mõelda." Kui me kasutame oma aega targalt, on meil kõigil selleks võimalusi. Te võite tunda, et vajate kolme-nelja päeva, kuid see pole vajalik. Eralda endale aega üksiolemiseks igal õhtul või nädalavahetusel ehk siis pool päeva nädalas – kuidas kohustused võimaldavad. Sel ajal järgige vaikusevannet ja ärge rääkige. Olge seesmiselt ühes Jumalaga. Tehke oma päevakavas vajalikud korraldused. Säilitage igapäevaselt vaikus lühemal perioodil ja kord nädalas pikemal perioodil – kui võimalik ja hoidke oma mõistus Jumalal. Te hämmastute selle väe üle, mida see teile seesmiselt annab.

„Hoidke kogu aeg oma mõistust Jumala kohaloleku Põhjanaelal." Mil iganes tulime Gurudži juurde oma hädadega, ütles ta vaid: „Hoidke oma mõistus siin," näidates sõrmega Kristuse-teadvuse keskusele. Mõned pühendunud võisid mõelda: „Ta ei anna ju mulle mingit abi." Ta andis, aga kuna see oli nii lihtne, ei saanud kõik sellest aru. Hoidke oma mõistus Jumalal, sest Tema on lõplik vastus kõigile probleemidele.

Austage Guru juhendamist

Ja viimane soovitus on: *„Püüdke kõndida Guru jälgedes alati oma parimate võimete kohaselt."* See on lihtne, kui teie südametunnistus on hästi välja arenenud. Iga kord kui emotsioonid hakkavad kuhjuma ja te olete valmis viha välja valama, peate vaid mõtlema: „Gurudeva vaatab mind." Ta ütles meile tihti: „Ärge mõelge, et kui see keha on kadunud, siis olen ma teist eemal. Ma jälgin teid vaikselt." Ma tean, et see on nii. Me oleme võimelised varjama asju üksteise eest, aga mitte oma guru eest. Olge seega tema ees ausad. Kui me oleme teinud midagi valesti, pöördugem tema poole ja öelgem: „Meister, ma tean, et ma olen teinud midagi valesti, aita mind." Ta ei oota sadat protsenti täiuslikkust, kuid mida ta ootab ja mida on tal õigus oodata, kui oleme ta oma guruna omaks võtnud – need on ausus, siirus ja tõele truuks jäämine. Ta nõudis seda meilt kõigilt, kes me tema ümber olime. Ta ütles tihti: „Ükskõik, mida te ka tegite, ärge püüdke seda minu eest varjata." Guru ja õpilase vahelises suhtes peab valitsema täielik mõistuse ja südame avatus – vastasel korral piirate te tema abi. Me nautisime seda suhet Gurudžiga. Pean tunnistama, et selle tulemusena saime tema käest palju enam riielda, kui siis, kui me oleksime temaga vähem otsekohesed olnud. Kuid me tulime tema juurde end parandama, end muutma ja tema juhendus oli meie jaoks maailma parim asi.

Mil iganes leiate enda närvid krussis olevat, tuletage endale meelde: „Rahu, lõdvestu, lõdvestu – ma tulin Jumalat otsima." Pidage meeles, et ühel päeval teevad teised seda tööd, mida meie teeme nüüd. Keegi meist pole asendamatu. See pole õigustus oma kohustuste unarusse jätmiseks, vaid lihtsalt meeldetuletus lahtilaskmiseks ja oma mõistuse Jumalale suunamiseks – ja siis, kui mõistus on palju enam kaugenenud kiindumustest, klammerdumistest – asuge uuesti oma kohustusi täitma.

Mul on olnud mõned kõige imelisemad kogemused Jumaliku Emaga, kui mulle liiga raske koorem õlgadele pandi. Meenutasin järsku endale, et ma ei ole siin igavesti ja lasin seesmiselt lahti, öeldes: „See pole minu vastutus. Ma annan endast parima nii kaua kui ma siin olen, kuid Sina oled mu Armastus." Iga kord kui mõistus läheb sissepoole, tunnen ma sellist üleujutavat vastust Jumalikult. Kui te ütlete: „Ma armastan Sind mu Issand," ja tunnete viivitamatult hingest esile tõusvat jumalikku rõõmu, siis tuleneb see igapäevasest pingutusest tajumaks Jumala kohalolekut. Tema otsimine on nii lihtne, kuid vahetevahel muudame me selle nii raskeks, sest me asetame kõik muu ettepoole ja Jumala viimaseks.

Kokkuvõtteks ja pingetest vabastamiseks:

- Hoidke oma mõistus meditatsiooni viljelemise abiga rahu seisundis.
- Mõelge vaid üks mõte korraga.
- Ärge katkestage teisi, kui nad räägivad. Laske neil oma laused lõpetada.
- Lugege sügavat keskendumist vajavaid raamatuid.
- Õppige aeglaselt ja eelistatavalt vaikuses sööma.
- Tehke regulaarselt kehalisi harjutusi.
- Lõdvestuge. Ärge laske tühistel asjadel end verest välja lüüa.
- Eraldage endale aega üksiolemiseks, kus saaksite olla üksinda Jumalaga ja kus teil oleks mõtlemiseks aega.
- Hoidke oma mõistust kogu aeg Jumala kohaloleku Põhjanaelale kinnistunult.

Püüdke alati oma parimate võimete kohaselt astuda guru jälgedes.

Leegitsev süda

Self-Realization Fellowshipi rahvusvahelises peakorteris peetud esinemisest

Gurudeva Paramahansa Yogananda on öelnud „*Self-Realizationi õppetundides*" järgmist: „SRFi keskendumise tehnika praktiseerimise eesmärgiks on teadliku passiivsuse saavutamine." Lubage mul selgitada, mida kujutab endast teadlik passiivsus ja miks ei ole vasturääkivust selle seisundi ja Jumala tundmiseks vajaliku tulihingelise igatsuse vahel, nagu on väljendatud Gurudži skandeeringus: „Mu süda leegitseb, mu hing on tules, ainult Sulle - Sina, Sina, ainult Sina."

Passiivsus on rahuseisund. Teadlik passiivsus on sügavam seisund - meditatsioonis olev suur rahu ja vaikus, millest teie olete hingena täielikult teadlik. Passiivsust ei tule tõlgendada kui teadvusetust. Üheski pühakirjas ega joogaõpetuses ei ole midagi, mis ütleks pühendunule, et ta peaks püüdlema passiivse seisundi poole, millest ta poleks teadlik. Inimene ei kaota iial meditatsioonis teadvust. See ei ole ühegi jooga-meditatsiooni eesmärk ega tulemus. Sügavas meditatsioonis avardub inimese teadvus terava selguseni.

Võite seda küll intellektuaalselt ette kujutada, kuid meditatsioonis saadud kogemus on ainus viis, kuidas te seda tegelikult mõistate. Aga kuidas jõuda meditatsioonis teadliku passiivsuse tasandile? Las ma seletan teile: kui te mediteerite, siis peab seda tegema lõdvestunud mõistusega. Ärge tehke seda mõeldes: „Millal see juba läbi saab?" Ärge seadke oma meditatsioonile piiri, et te mediteerite viis või kümme minutit. Kui te kogunete templisse mediteerima, siis vältige rahutut ootust: „Millal alustab juht palvete lugemist? Millal ta juba meditatsiooni lõpetab?“ Kui te mediteerite üksinda enda toas, siis eemaldage sellised rahutud mõtted, nagu: „Ma ei tunne end mediteerivat, kuid ma pean seda tegema.“ Need viitavad kõik mentaalsele pingele.

Kui te aga asetate kogu oma keskendumise ja entusiasmi meditatsioonile, kui te tunnete jumalikku kirge, tulisust: „Mu süda leegitseb, mu hing on tules,“ siis sisenete te teadliku passiivsuse seisundisse. Mõtted on surnud, kuid te olete täiesti teadlik, haaratuna imelisest rahust ja määratu suurest armastusest ja rõõmust. See kogemus ei ole mingist välisest allikast teie teadvusele peale surutud, kuigi nii rahu, armastus ja rõõm on kõikjal teie ümber. Need omadused on ka teie sees, teie hinges. Meditatsioon tirib järkjärgult eemale erinevad mõtte, teadvuse, tunnete lehed, mis on seni hoidnud teid teadmatuses neist hinge-aardeist.

See ei tule sellest, et rahu laskub järsku teie üle, vaid et te näete järsku põgusalt oma tõelist olemust. See on kõige võdisemapanevam kogemus! Kõikeületav rahu on teis, mitte ei voola mingist kosmoses asuvast taevasest sfäärist. Toimub südame avanemine, mõistuse avanemine, mis tuleneb sügavast mediteerimisest – kuni jõutakse seesmise rahu allikani. Et seda saavutada, rakendage Gurudži õpetusi: meditatsiooni ja keskendumise tehnikaid ning Jumala kohaloleku praktiseerimist või mida meie nimetame mentaalseks skandeerimiseks.

Meditatsiooni sügavuse mõõtmine

Pühendunu jõuab meditatsiooni kestel ja selle lõpetamisel seisundisse, kus tema mõtted väljendavad väga lihtsal viisil: „Issand, ma tean vaid, et ma armastan Sind.“ Kui ta vestleb mentaalselt Jumaliku Armastatuga ja tunneb seda armastust oma südames, siis teab ta tõesti, et ta hoiab püsivalt Jumala käest kinni. See on alati olnud testiks, mille kaudu ma olen olnud võimeline hindama oma meditatsioone ja nende

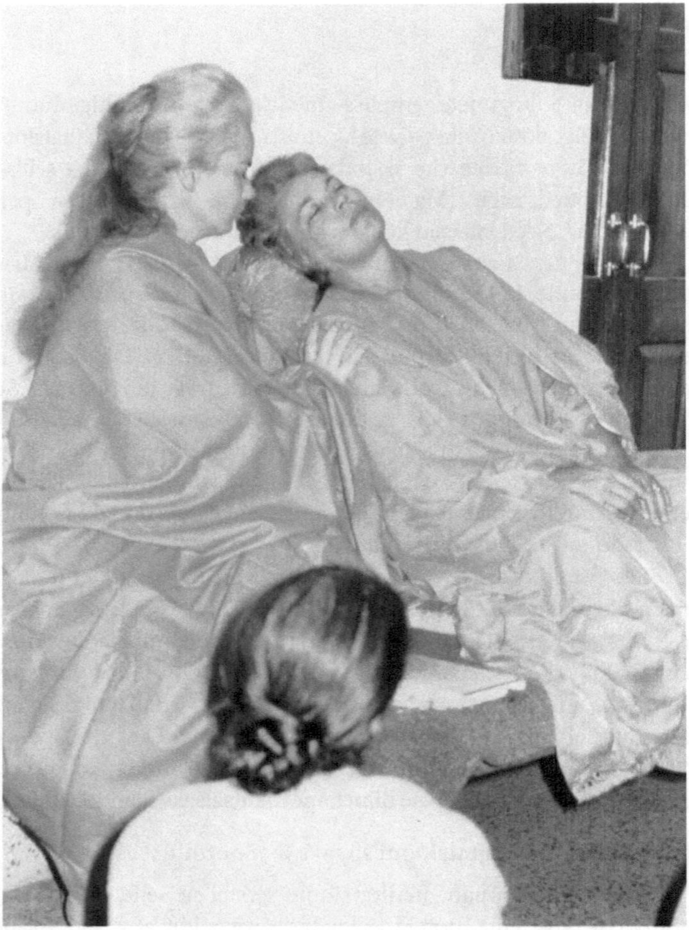

Sügavas *samaadhi* seisundis, kus teadvus on tõmmatud kehateadvusest seesmisse Jumala-teostuse ekstaatilisse kogemusse – Ranchis 1967.

„Ükski inimkogemus ei sobi täiusliku armastuse ja õndsusega, mis uputavad teadvuse üle, kui me alistume tõeliselt Jumalale. See on kõige ülim täitumine, mida võib hing iial teada."

sügavust. Siis on seal vaid siiras väljendus südamest, mõistusest ja hingest: „Mul pole midagi küsida, Issand. Mul pole midagi nõuda. Mul pole midagi muud öelda kui „Ma armastan Sind!" Ja ma ei taha muud kui vaid nautida seda armastust, kalliks pidada, tõmmata teda oma hinge lähedale ja alati sellest juua. Maailmas pole midagi – ei mõistuse väge, ei meelte janunemist – mis tõmbaks mu mõtteid eemale sellest minu armastuse tunnistusest Sinule."

Suurimaks kiusatuseks, suurimaks ignorantsuseks on see kui lubatakse millelgi seista oma teel eesmärgi poole. Me ei jõua pärale, kui hülgame oma kohustused, mis on meile andnud Jumal ja meie karma. Saavutame oma sihi, kui võtame tugevuse, vapruse, usuga vastu kõik, millega me igal päeval peame silmitsi seisma, aga hoiame samal ajal oma mõistuse Jumala kohalolu põhjanaelal. See ongi kõik, mida elu endast kujutab. Tema ainsaks eesmärgiks on ärgitada meid ületama seda hirmsat lahusoleku eksikujutlust Jumalast, meie Loojast ning saama lihtsa armastuse, pühendumise, vaikse vestluse ja teo kaudu tagasi oma kaotatud jumalik pärandus Jumala lastena.

Jumal on andnud meile mõttevabaduse ja privaatsuse meie mõistuse pühamus. Keegi ei saa tungida sellesse vabadusse ja privaatsusse. Samuti on ta andnud meile piiramatu võimaluse oma armastuse väljendamiseks Tema vastu ja Temaga suhtlemiseks. Keegi ei pea teadma meie vaiksest seesmisest Jumala-austamisest – meeldivast ja pühast armastuse ja rõõmu vahetamisest hinge ja Issanda vahel, kes on teda toitnud ja ülal pidanud miljonite kehastuste kestel ja kes teeb seda läbi terve igaviku.

Lihtne Jumala armastamise avaldus

Mulle tundub see häbi ja tragöödiana, et meie, inimolevused, oleme pöördunud kõrvale ja isegi väldime seda Ainsat, kes meid ülal peab ja toidab. Kui me läheme maiseid teid mööda, siis teame me vaid ajutisi naudinguid, kuid me ei saa iial tundma igavest õnne või

Peale jõulusatsangi Pasadena rahva-auditooriumis 1978.

„Meie endi käitumine on parim viis inimesi muuta, mitte mõtlemine, et me oleme paremad, mitte oma vaimsete taotluste väljanäitusele panemine, vaid meis Enese-teostuse osana arenema hakanud headuse, kaasamõtlemise, armastuse, mõistmise väljendamine. See on see, mis inimesi puudutab.“

mõistuses olevat rahu – seda imelist heaolu, rõõmu, jumaliku armastuse ja mõistmise tunnet, mida me otsime kõigis oma tegevustes ja kõigis oma suhetes – kuni me hakkame tundma Jumalat ja oma osa Temas.

See on nii lihtne, otsida Jumalat Teda armastades. See on üks komponent, mis miljonitel usuinimestel puudub. Nad asendavad selle oma Jumala otsingutel teiste koostisainetega. Inimesed naudiksid pigem sügavaid filosoofilisi esinemisi Jumala teemadel või laskuksid väitlusse Temast ja Tema erinevatest tahkudest ja ilmutustest või huvituksid ja süüviksid Tema väesse? Aga kes mõtleb iial lihtsast armastuseavaldusest Temale?

On lihtne tunda Jumalat sel viisil, nagu Meister seda meile õpetas ja ta näitas seda meile iga päev enda eluga. Me oleme nii hõivatud oma armastuse andmisega kõigele Jumala loodule – maailmale ja maistele eluviisidele, ihule, mis ühel päeval laguneb, meie egole: „Ma haavun, ma vihkan, mina, mina, mina" – kuid kes armastab Jumalat? Meister õpetas meid armastama Jumalat. Harjutage end ütlema Jumalale, et te armastate Teda. Kui paljud seda iga päev teevad, isegi kord päevas? Kui paljud teevad seda palju kordi päevas? See ongi Jumala kohaloleku praktiseerimine. Ühegi religiooni ükski pühak ei ole iial leidnud Jumalat selle praktikata.

Me ütleme alati: „Ma armastan seda, ma armastan toda." Kui kergesti me ütleme sõna „armastan", kui odavaks me selle sõna muudame. Väga suures osas see mõiste seotud meelelisusega. Lõplikus tähenduses ei saa armastus ja meelelisus üksteisele toetuda. Armastus on suurim vägi, suurim jõud terves maailmas. Ilma selle Ühest Allikast igasse südamesse voolava jumaliku ekstaasita ei saaks me armastada midagi ega kedagi. Me saame seda armastust vabalt Jumalalt, kuigi me ei teadvusta seda Temalt tulevana. Ja kui asi jõuab armastuse andmiseni, siis jagame me seda väga rumalalt: me anname seda maailmale, kuid lülitame Jumala välja. Seepärast inimkond kannatabki. Ja me kannatame edasi nii kaua, kuni alustame oma südamete avamist ka Jumalale.

Ühendage kõik oma kogemused Jumalaga

Kui palju meeldivamaks muutub meie elu, kui palju kaunimaks, kui meelte kasutamisel seostame neidki Jumalaga. Ma võin vaadata hingedele ja öelda: „Mu sõbrad, ma armastan teid." Ma võin vaadata linde, puid ja öelda: „Ma armastan teid." Kuid ma tean, et ma armastan Sind, mu Issand. Sina oled andnud mulle silmad, mille läbi näha ilu kõiges ja kõigis, mida ja keda oled loonud. Sa oled andnud mulle kõrvad headuse kuulamiseks. Sa oled andnud mulle hääle, et ma ei kõneleks vulgaarselt, vaid valgustaks maailma – öeldes seda imelühikest elusaali läbides teistele midagi julgustavat.

„Sa oled samuti andnud mulle mõistuse, mu Issand, millega arutleda ja eristada ja nii julgengi ma küsida Sinult kõiki küsimusi. Ma ei tunne iial end häbeliku, häbistatuna või jumalateotajana, sest Sina oled mu Armastatu. Sina tead mu hinge lihtsust. Sa mõistad mu igatsust arusaamise ja tarkuse järgi. Mu Armastatu, ma olen Su juurde tulnud täiesti alasti. Sa näed mind mu heade omadustega ja kogu mu pimedusega, mida ma pole veel olnud võimeline minema viskama. Sa ei karista mind mu hinge puhtuse kõrvale kogunenud puuduste pärast – Sa aitad mind. Ma ei püüa peita oma ebatäiuslikkust Sinu eest mu Issand. Tulen Su juurde alandlikkuses, pühendumuses, lihtsuses, usalduses – nagu laps, paludes Sinu abi. Ja ma jätkan selle palumist, kuni Sa vastad. Ma ei anna iial alla."

Mõelgem kõigest, millega Jumal on meid varustanud, mis eristab meid puust või loomast. Kas pole see tänamatu solvang, kui me kasutame seda Tema näo järgi tehtud Iset vääralt? Kui ma olen hõivatud selle ühingu (Self-Realization Fellowship/Yogoda Satsanga Ühing) ülemaailmsete probleemide kallal juurdlemisega, kui teen õues oma harjutusi või kui jalutan lillede ja puude vahel – ükskõik, mida ma teen – siis on lihtsaim asi maailmas võtta hetkeks oma mõtted kokku ja öelda seesmiselt: „ma armastan Sind, Jumal. Ma ei tea midagi muud, kui et ma armastan Sind. Ja ma palun ikka, et Sa annaksid mulle alati piisavalt jõudu, piisavalt mõistmist, piisavalt julgust, piisavalt kaastunnet oma kaasinimeste teenimiseks, nende armastamiseks nii, nagu mind oleks armastatud, armastamaks neid nii, nagu ma tunnen Sinu armastust oma teadvuse üle voolavat."

Seesmise Jumalaga kõnelemise ja Tema armastamise harjumust peaksid viljelema mitte ainult need, kes elavad kloostrites, vaid samuti ka need, kes elavad maailmas. See on teostatav – vajades vaid väheke pingutust. Kõik siiani välja arendatud harjumused on regulaarselt teostatud tegevused – kas siis füüsiliselt või mentaalselt – kuni nad muutuvad teie teiseks olemuseks. Te pidite nende harjumuste loomisega kunagi algust tegema. Nüüd on aeg initsieerida neid tegevusi ja mõtteid, mis arendavad välja Jumalaga vaikides kõnelemise. See ei vaja pikki võrratuid palveid, kõigest vaikset südamest tulevat kutset ja lihtsat meeldivat väljendust: „Mu Jumal, mu Armastus, kelle poole ma võiksin veel pöörduda, kui saan Sinu käest armastuse, mida ma oma südames tunnen? Keegi ei saa mind rahuldada nii, nagu Sina seda teed. Tõesti, mu Issand, Sa täidad oma lubaduse neile, kes kuuletuvad Su käsule: „Hüljake kõik muu ja järgnege mulle.""

Öelge Jumalale, et te armastate Teda

Öelge Jumalale lihtsalt, vaikselt, teiste poolt kuulmatult, iseenda sõnadega, et te armastate Teda. Öelge seda talle siis kui istute oma vaikses meditatsioonis. Öelge seda, kui olete rahvarohkel ja liiklust täis tänaval või oma töölaua taga: „Ma armastan Sind, Jumal. Ma armastan Sind, mu Issand." Olgu see teie viimaseks mõtteks enne magamaminekut. Proovige seda täna õhtul. See on nii ilus, suurim rõõm. Kui te hakkate uinuma ja kui teie hing hakkab sisenema rahulikkusse, laske oma mõistusel õrnalt, magusalt ja vaikselt skandeerida: „Mu Issand, mu Issand, mu Armastus, mu Armastus, mu Jumal." Tunnetage seda, mida te Talle ütlete.

Kui te hommikul ärkate, olgu teie esimeseks mõtteks: „Tere hommikust Issand! Jälle uus päev. Olgu see päev, kus ma teen suurema pingutuse minu enda olemuseks oleva täiuslikkuse suunas. Lase mul olla mõistev teiste suhtes. Lase mul olla rahulikum. Lase mul öelda midagi ilusat vastuseks inetutele sõnadele, mida võidakse mulle öelda. Lase mul täna püüda ilmutada Sind oma elus." Kui te tunnete end kurvana või kui tunnete end õnnelikuna, kui teie keha ei ole terve või kui ta on tugev ja täis elujõudu, kui asjad lähevad halvasti või kui nad lähevad hästi – laske sel ajal voolata vaid ainsal mõttel:

„Mu Jumal, ma armastan Sind." Ja öelge seda kogu südamest.

Kui te kasutate sõna „Jumal", siis ärge iial võtke Tema nime suhu asjata. Kuigi vandumist peetakse arukaks, ei ole seda õige teha. Tõsiasi, et kogu maailm seda teeb, ei muuda seda õigeks. Mil iganes te Jumala nime kasutate, tehke seda sügavamõtteliselt ja tunnetega. Ma olen tihti teile rääkinud Gurudeva ekstaasist Jumalas (1948), kus ta sõnas katkematult vaid üht sõna. Ta ei öelnud „Jumal, Jumal," sest isegi selles on veel distantseerumine Jumalast. Oh, kuidas see tema kasutatud sõna mu hinge puudutas! Ma võisin näha, et ta oli Jumaliku kohalolus. Ta kordas pidevalt vaid: „Sina, Sina, Sina!" Milline võbin läbistas meid selle ühe sõna puhul! Ta kõneles Jumala juuresolekul, kõneldes otse Ainsale, kelle ees ta seisis – kogu inimkonna Jumalikule Armastatule.

Hoidke sarnaselt oma mõistust sellel kõrgel pühendumuslikul tasandil. Gurudži õpetas meid elama üheaegselt kahes maailmas. Vahel olime Gurudži juuresolekul täielikult Jumalikku rõõmu imendunud, kui ta järsku meid alla maiste asjadega tegelemise juurde tõi. Ta õpetas, et sel ajal, kui meie mõistus on kinnistunud Jumalale ja meie hinged Temas puhkavad, peame me olema võimelised tegelema tõhusalt oma igapäeva muredega. See on kõrgeim teadvuse tasand: mõistus pilvedes, kuid jalad kindlalt maas. See on, mida Jumal meie jaoks kavatseb, kuna see on ka Tema olemus. Ta on Isa, universumi Looja. Ja Ta on väga praktiline. Kui see poleks sedasi, siis oleks ta loonud meid, kuid mitte vett meie janu kustutamiseks, ega toitu meie toitmiseks. Ta poleks paika pannud kosmilisi seaduseid, mis loovad planeetide liikumise ja tähtkujud. Need kõik oleksid ammu aega tagasi juba üksteisega kokku põrganud. Maa oleks hävinud. Seega võime öelda, et Jumala jalad on kindlalt maas. Ja siiski on Ta alati joovastuses Oma jumalikus õndsuses, Oma jumalikus armastuses. Meilt, kes me oleme Tema näo järgi tehtud, ootab Ta samuti sellise teadvuse ilmutamist.

Süvendades oma armastust Jumala vastu

Koostatud Self-Realization Fellowshipi rahvusvahelises peakorteris peetud esinemiste põhjal

Jumala otsimine algab igatsusest. Me peame igatseme tõe järele, mingi suhte järele Jumalaga. Seega on sügav, siiras janunemine Jumala ja Tema armastuse järele esmaseks omaduseks, mida inimene peab arendama.

Te ei pruugi veel alguses tunda Tema vastu armastust, kuid te saate viljeleda soovi Teda tundma õppida, meenutades, kui palju te Teda vajate. Tihti öeldakse, et kannatused on suurimaks õpetajaks. Teatud maani on tõsi, et inimesed pöörduvad Jumala poole, kui nad on teistes inimestes või maailma asjades pettunud. Ma mõtlen, et olin koos sellega sündinud – inimeste osas pole minu illusioonid pidanud purunema, sest armastan neid – olin sündinud teadmisega, et ei maailm, ega ükski inimolevus ei saa anda mulle seda, mida ma olen tahtnud.

Igaüks meist otsib täiuslikkust. Ükski meist ei igatse midagi vähemat, kui täiuslikku armastust, täiuslikke suhteid teistega. Lapseeas oli mul idee, et sellist täiuslikkust ei saa maailmast leida. Ma mõistsin, et mul pole õigust oodata seda teistelt inimestelt, sest ma ise pole täiuslik. Kuidas ma julgen nõuda teistelt midagi, mida ma ise pole võimeline andma? Sellisest arutluskäigust kasvas soov: „Las ma siis alustan oma Jumala otsinguid." Vaid Tema saab rahuldada meie igatsusi, meie vajadust täiusliku armastuse ja mõistmise järele. Ükski tavaline inimolevus seda ei saa teha. Kui me oleme aru saanud, et vaid Jumal üksi võib täita meie sügavamad vajadused, hakkab meie soov Tema järele lahti rulluma.

Üks esimesi mõtteid, mis pühakirjast mulle muljet avaldas, oli see: „Otsige esmalt Jumala riiki ja tema õigust, siis seda kõike antakse teile pealegi."[1] Pööritasin seda tõde oma peas. Me ammutame pühakirjadest palju kauneid mõtteid ja saame hetkelist inspiratsiooni, kuid siis me unustame nood, ilma, et oleksime neid tegelikult oma elus rakendanud. Kuid pühakirjad on põhimõtete tekstiraamatud, milliste ellurakendamine toob kaasa tõestatud tulemusi nii kindlalt, kui seda teevad matemaatika seadused.

Otsustasin seda ülaltoodud tsitaati oma elus rakendada. Ma tahtsin teada, kas ta vastab tõele või oli see lihtsalt üks hiilgav lausung mõnelt kõrgelt inimolevuselt, kes ei pidanud tegelikult seisma silmitsi igapäevaelu sisulise poolega. Hoidsin kinni sellest esimesest punktist: otsige esmalt Jumalat – seejärel ütleb pühakiri mulle, et kõik muu langeb oma õigele kohale, kõik muu antakse mulle pealekauba. Kus iganes oli mõni kiusatus või eksitaja, hoidsin kinni sellest: otsi *Teda*. Tõestasin enda rahulduseks, et Suurte Inimeste poolt elatud tõed võivad ümber kujundada ka meie elud, sest ka nemad pidid maadlema samade hädade, südamevalu ja pettumustega, millega inimkond silmitsi seisab.

Kui inimene seda kord hoomab, siis otsib ta Jumala juurde pääsemiseks teed. Praktika, mida ma järgisin – nagu on teinud paljud teised Gurudži järgijad, seisneb lihtsalt Jumala järel igatsemises ja seejärel pühendumuse läbi Temaga isikliku suhte viljelemises.

Selleks, et omada Jumalaga intiimset suhet, peate te Teda esmalt tundma. Kui teid palutakse armastada kedagi, keda te ei tea, siis leiate

[1] Matteuse 6:33

te selle olevat väga raske teha – isegi kui teile räägitakse selle isiku imelistest omadustest. Aga kui te kohtute ja veedate temaga veidi aega, hakkate te teda tundma ja seejärel armastama. See on ka Jumala armastamise arendamise kurss.

Küsimus on: *kuidas* saada Temaga tuttavaks? See on nüüd siis see koht, kus tuleb mängu meditatsioon. Kõik pühakirjad innustavad Teda tundma õppida tahtvat jumalaotsijat vaikselt istuma ja Temaga suhtlema. Self-Realization Fellowshipis viljeleme me selle saavutamiseks meditatsioonitehnikaid, samuti skandeerimisi ja palveid. Mõned meetodid on hädavajalikud. Te ei saa Teda tunda, kui loete raamatut jumalikust rõõmust ja armastusest. Kuigi vaimsed kirjutised inspireerivad teie usku ja indu, ei anna nad tulemust. Ega anna seda ka lihtne Jumalast pajatava loengu kuulamine. Te peate istuma vaikselt sügavas meditatsioonis – isegi kui teete seda vaid mõni hetk päevas, viies mõistuse kõigelt muult eemale ja keskendudes vaid Jumalale. Seeläbi saate Teda järkjärgult tundma ja tundes Teda, saate Teda ainult armastada.

Ühismeditatsiooni väärtus ja otstarve

Pühendumust tugevdab teiste sügavalt Jumalat otsivate inimestega suhtlemine. See oli ideaal, miks Gurudži alustas meditatsioonigruppe ja keskuseid üle terve maailma. Tal oli tavaks öelda: „Ma pole huvitatud hiiglaslike kivist hoonete ehitamisest, kus pole Jumalat. Meil peab olema palju väikseid Jumalale pühendumise vaimu ja ühendatud Jumala otsimisega täidetud templeid." Jumalaga suhtlemiseks peaksid kogunema pühendunute grupid, kus igaüks on teise vaimne sõber ja huvitatud grupi kui terviku teenimisest.

Mäletan kord aastaid tagasi, kui Gurudži läks Ameerika Ühendriikide idaossa kursusi ja *Kriija* jooga initsiatsiooni andma. Sel ajal juhtis meil siin teenimist inimene, kes oli väga kuiv, ebahuvitav, igav. Ma ei saanud mingit inspiratsiooni. Otsustasin, et ei lähe enam kabelisse. Mõtlesin, et saan oma toas paremini sellega hakkama, jään sinna ja mediteerin.

Kui Gurudži naasis, kutsus ta mind enda juurde ja küsis: „Ma saan aru, et sa ei käi mediteerimas?"

Ma vastasin: „Kuid Meister – ma mediteerin." Meile meeldib igale asjale kohe seletust leida, eks ole? Meil on alati näiliselt loogilised vabandused.

„Aga sa ei käi enam *kabelis*?"

Vastasin: „Ei ma mediteerin paremini oma toas. Ma saan palju sügavamale minna. Kabelis on õpetaja väga igav."

Ta vastas: „Sa mine samamoodi nagu enne. Mine mitte õpetajalt inspiratsiooni saama, vaid sügavalt iseendast otsima. Ära ole kellestki teisest sõltuv – sa oled seal vaid ühel põhjusel: et suhelda Jumalaga." Ma pole seda iial unustanud. See oli suur ja imeline õppetund, mis on alatiseks minuga jäänud.

Unustage kõik teised, kui te koos nendega mediteerite. Minge sinna vaid Jumalaga suhtlema. Küsimus pole selles, kas meie tahe on nõrk – sarnase huviga grupiga ühinemine aitab meid tugevdada. Kui te olete oma kodus, kus on vaja probleeme lahendada ja teil oli raske päev, siis võite te öelda: „Ma ei mediteeri täna õhtul. Ma puhkan vaid. Tänane päev oli tõeliselt tormiline." Te lülitate meditatsiooni kavast välja ja siis te teete seda jälle ja jälle, sest leiate iga päev selleks näiliselt õige põhjuse. Ma näen kedagi nõusoleku märgiks pead noogutamas – seega te mõistate mind.

Kui keegi püüab teid eemale peletada, öelge: „Ei, ma pean minema ühismeditatsioonile." Kuid minge õigel põhjusel, sest tahate teha enda muutmiseks vaimset pingutust. Te ei lähe sinna selleks, et teistele muljet avaldada ega neid ümber kujundada. Selles meditatiivses keskkonnas toimub vahetus: teised grupi liikmed annavad teile jõudu ja teie annate neile jõudu.

Isikliku suhte viljelemine Jumalaga

Ärge mõelge, et peate Jumala otsimiseks hülgama maailma ja minema aašramisse elama. Ükskõik, kui hõivatud te ka pole, võite alati leida aega viljelemaks Temaga armastavat, isiklikku suhet. Tegeldes Gurudži ühingu asjadega mitte ainult sellel maal, vaid ka Indias ja teistes maailma osades, olen ma kõigi oma kohustustega sama hõivatud, nagu kõige hõivatum teie seast. Kuid Jumal on alati esimene. Ma ei luba millelgi vahele tulla. Vajalik on igatsus Jumala järgi ja tahtejõud, et leida Tema jaoks oma igapäevases meditatsioonis aega.

Meditatsioon ei tohiks iial muutuda rutiiniks, üksluiseks tegevuseks. Oma reisidel olen käinud templites, mošeedes ja kirikutes ja olen üle terve maailma näinud pühendunuid häiritud mõistusega palveid lugemas. Mulle meenub Jerusalemma pühade paikade külastamine, kus Jeesus Kristus kõndis ja Jumalaga vestles ja nähes, et teenistust läbi viiv preester palvetas mehhaaniliselt, olles rohkem huvitunud oma kuulajaskonnast, kui Jumalast, kelle poole ta palvetas, oli mu sisetunne selline: „Ei, ei, ei! Sa oled siin, et suhelda Kristusega!“ Samuti olen näinud Indias preestreid *pudžat* läbi viimas, pilk Jumalaga rääkimise ajal hõivatult teistel inimestel. See Ainus, kellele nende palved olid suunatud, ei kuulanud, sest need pühendunud ei mõelnud Temast!Tänapäeva religiooni sügavaks puuduseks on see, et Ainus, kelle ümber kõik peaks keerlema, on kõige välise käigus täiesti unustatud. Gurudži õpetas, et kui me istume meditatsioonis, siis peame tegelema Jumalaga. Rääkige Jumalaga vähemalt viis minutit, laskmata ühelgi teisel segajal sisse tungida ja te leiate, et teie suhe Temaga muutub palju tõelisemaks.

Üheks ühesuunalise pühendumise viisiks on mentaalne Jumala nime või mõne Talle suunatud lühikese mõtte või palve skandeerimine (kordamine). Seda nimetatakse Indias *džapa* joogaks ja lääs tunneb seda „kohaloleku praktiseerimisena“.

Jumalale suunatud igatsust väljendava laulu laulmine on samuti abiks – näiteks nagu mõni Gurudži *„Kosmilistest skaneeringutest"*. Jumala poole pöördumiseks on loodud palju kauneid armastuslaule, isegi kui neid ei kirjutatud Temale. Üks, mis Gurudžile meeldis, oli „India armastuse kutse". Kui värinaid tekitav on selliste tunnete ja igatsuste edastamine Jumalale, mitte inimesest armastatule.

Lugege suurhingede elulugusid, nagu näiteks Gurudži elust – tema oli alati süüvinud Jumala armastusse.

Pühendumuse äratamisel on suureks abiks see, kui te mõtlete kellestki, keda te väga armastate, kelle armastus on olnud teile suureks inspiratsiooniks. Gurudži mõtles armastusest, mida ta oli tundnud oma ema vastu – mis oli nii kaunis, õilis ja puhas – ta austas oma ema. Kui mõtlete sellele armastusele, siis meenub teile see isik – teie ema, näiteks – siis pöörake oma mõistus ja tunded Jumalikule Emale: „Oo, Jumalik Ema, ma tean, et see olid Sina, kes tuli mu juurde mu ema kujul." See võib olla lapsevanem, abikaasa, naine, laps või sõber. Mõelge selle isiku meeldivatest omadustest ja sel hetkel kui armastus teie südamest välja voolab, pöörake mõistus viivitamatult Jumalale. Mõelge noil hetkedel: „See isik ei saaks mind armastada, kui Sina poleks temasse seda armastust pannud." Vaid Jumalast tuleb kogu armastus. Kui te niiviisi mõtlete, siis hakkate te järkjärgult viljelema armastust selle Armastuse vastu, mis on teie armastatute taga.

Kui päeva jooksul teeb keegi midagi teie aitamiseks – nähke alati Jumala kätt selle kingi ulatamisel. Kui keegi ütleb midagi head teie kohta, kuulake nende sõnade taga Jumala häält. Kui miskit head ja ilusat kaunistab teie elu, tundke, et see tuleb Jumalalt. Siduge kõik teie elus juhtuv Jumalaga. Mõelge neis terminites ja ühel päeval te leiate järsku: „Oo, see on vaid Tema üksi, kellega ma pean tegelema." Jumal on kõigi inimolevuste ühine nimetaja. Ta on peamine liigutaja meie kõigi tegevuste taga, meie kõige suurem heasoovija ja heategija.

Kas saab seal olla suuremat ajendit Tema armastamiseks ja Tema armastuse vastu saamiseks?

Skandeerimine kui meditatsiooni vorm

Self-Realization Fellowshipi rahvusvahelises peakorteris peetud esinemisest

Lubage mul öelda teile mõned sõnad pühendumusliku skandeerimise otstarbest, nagu Paramahansa Yogananda seda õpetas. Oma „*Kosmilistes skandeeringutes*[1]" ütleb ta:

> Heli ehk võnge on kõige võimsam vägi universumis. Muusika on jumalik kunst, mida ei tuleks kasutada vaid naudinguks, vaid Jumala teostuse teeks. Pühendumuslikest lauludest tulenevad võnked viivad samasse häälestusse Kosmilise Võnkumise ehk Sõnaga. „Alguses oli Sõna ja Sõna oli Jumala juures ja Sõna oli Jumal."[2] ... Siiruse, veendumuse, usu ja intuitsiooniga rikastatud sõnad on nagu võimsa plahvatusjõuga võnkepommid, millel on vägi eemaldada raskuste kivid ja luua soovitud muutusi ... See, kes laulab neid vaimseid *kosmiliste skandeeringute* laule tõelise pühendumusega, leiab Jumalaga üksolemise ja ekstaatilise rõõmu ja nende abil keha, mõistuse ja hinge tervenemise.

Skandeeringute õppimiseks võtke neid ükshaaval. Alguses, peate te muidugi keskenduma nootidele ja nende õigele esitamisele

[1] Paramahansa Yogananda pühendumuslike laulude raamat, mille andis välja Self-Realization Fellowship.

[2] Johannese 1:1.

harmooniumil.[3] Aga kui olete selle laulu hästi selgeks saanud, peaks teie tähelepanu nihkuma sõnadele, mida te laulate. Korrake laulu uuesti ja uuesti ja veelkord suureneva keskendumise sügavusega, kuni teie teadvus sulandub täielikult nende sõnade taga oleva tähendusega. Selle praktikaga jõuate te seisundisse, kus te olete lauluga üks. Ükski segav mõte ei suuda tungida teie teadvusse, miski muu ei ole siis teie jaoks enam olemas, on vaid esilekutsutava Jumala kontseptsioon.

> Võtke näiteks äsja lauldud laul „Blue Lotus Feet:"[4]
> Engrossed is the bee of my mind on the blue lotus
> feet of my Divine Mother. Divine Mother, my
> Divine Mother! Divine Mother, my Divine Mother![5]

Jumaliku Ema nime kordamine hakkab tõmbama ligi Tema armastavat kohalolekut. Võtmeks on skandeeringu jätkamine seni, kuni te tunnete seda õndsat teadlikkust. Siis te teate, et olete joonud nektarit selle laulu lilleõielt. Selline skandeerimine muutub meditatsiooni vormiks.

Me olime tihti õnnistatud Gurudeva ümber istumisest siis, kui ta komponeeris uut laulu või pani traditsioonilist india skandeeringut inglise keelde ümber. Siis ühinesime temaga, kui ta seda laulu aina uuesti ja uuesti kordas, mõnikord kaugel üle südaöö, kuni läksime isegi sõnadest ja muusikast kaugemale ja särasime Jumalale pühendumises ja Tema läheduse imelises tundes. See kogemus on skandeerimise eesmärk.

[3] Käega pumbatav lõõtsharmoonium, mida Indias laialdaselt kasutatakse, mis sobib konkreetselt *bhadžanite* – pühendumuslike skandeerimiste saateks.

[4] „*Kosmilistes skandeeringutes*" toodud laul Jumala Jumaliku Ema aspektile (tõlkes: *Sinised lootusjalad*).

[5] Mu mõistuse mesilind on süüvinud mu Jumaliku Ema sinistesse lootosjalgadesse. Jumalik Ema, mu Jumalik Ema! Jumalik Ema, mu Jumalik Ema!

Ma ei saa omistada sellise laulmise pühendumuslikule vaimule liigset tähtsust. Kui me skandeerisime koos Meistriga, tuletas ta meile tihti meelde: „Laulge kogu oma südamest. Unustage, et ma mängin harmooniumit, unustage mind ära. Sulanduge sõnade taga olevasse mõttesse. Mõelge sellest Ainsast, kellele te laulate." Vahel kui ta laulis Jumalikule Emale, muutus mu teadvus Tema armastamisesest täiesti joobnuks. Isegi mõte Temast näis justkui minu sees oleks olnud ookean, mis paisus Jumaliku Ema mõõtmatust ja armastavast kohalolust.

Kui inimene läheb sügavamale ja veel sügavamale eneseteostuse ainsa mõtte valda, siis vajub kõik muu tahaplaanile. Mäletan üht juhust, kui me mediteerisime koos Gurudeva ja Rajarishiga.[6] Õnnistatud Meister laulis Jumalikule Emale, tehes seda kogu oma südamest. Tema armastus, mis oli suunatud Emale ja tema rõõm tõstsid meid ülima ekstaasi seisundisse. Mu mõistus süüvis niivõrd Jumaliku Ema ja Tema armastuse järgi igatsemisse, et sisenesin sügavasse ekstaasiseisundisse. Meister peatas laulmise, puudutas seejärel mind laubalt ja pöördudes Rajarishi poole, öeldes väga armsalt: „Ta varastas minu ekstaasi."[7]

Milline õnnistatud kogemus! Et puudutada seda seesmist jumalikku rõõmu, peame me mediteerides või lauldes unustama kõik muu. Jumala kohalolu võib tunda vaid siis kui me lahutame endid kõigist muudest valdavatest mentaalsetest mõtetest. Seega – mil iganes te võtate Jumaliku Ema nime, ärgu olgu see teile lihtsalt sõnade kordamine. Kaotage ennast täiesti Temale mõeldes. Tehke Ta

[6] Rajarishi Janakananda, Paramahansa Yogananda armastatud ja kõrgelt arenenud õpilane, kes oli Guru esimeseks järeltulijaks Self-Realization Fellowshipi presidendina. Ta pidas seda ametit kuni oma surmani 1955. aastal, mil see läks üle Sri Daya Matale.

[7] Jumaliku isikuga samale lainele sattumise hetkel saab pühendunu ammutada püha isiku vaimsest vibratsioonist. Seda printsiipi väljendas Jeesus siis kui keset rahvahulka puudutas üks naine pühendunult Jeesuse rüü palistust: „Keegi puudutas mind," ütles Jeesus, „sest ma tundsin väge enesest välja minevat" (Luuka 8:46).

enda teadvuses oma keskendumise ja pühendumise kaudu elavaks tegelikkuseks. Ta on reaalne neile, kes mõtlevad, et Ta on reaalne, kuid väga kaugel olev nimi või ähmane mentaalne kontseptsioon neile, kelle pöördumine Tema poole on vaid mehhaaniline.

Ühes skandeeringus[8] on selline mõte: „*Ma*, kas see päev tuleb ka minu juurde, kui ma ütlen: *Armas Ema*, mu silmist voolavad pisarad?" Ma ei unusta iial seda värinat, mis läbis esmakordselt mu olemust, kui ma kuulsin Meistrit esimest korda seda laulu laulmas. Sama värin tuleb jälle tagasi siis kui ma neil sõnadel ikka ja jälle peatun. Nii peaks see olema kõigi teiega. Te peaksite iseendale seda mõtet kordama ja tundma nende sõnade jumalikku igatsust esile tõusvat teie enda hingest.

Hindu pühakirjades seisab, et vaid Jumala nime lausumine võib anda inimesele pääsemise. Kui ma seda esmakordselt lugesin, ei saanud ma aru, kuidas saab see võimalik olla. Kuid ma sain teada, et see on võimalik, kui kogu selle mentaalse palve taga on terve hinge nälg ja igatsus: „Mu Issand, ma armastan vaid Sind, ma tahan vaid Sind, ma igatsen vaid Sind. Tee mu eluga, nagu Sina tahad." Kui teil on täielik sõltuvus Jumalast - mille all ma pean silmas sügavat pühendumist, usku ja alistumist - siis vastab Ta tõepoolest.

Seega, mu armsad, mediteerige regulaarselt ja siiralt. Laulge kogu oma hinge armastusega Jumalikule Ainsale neid laule, mida Gurudeva vaimsustas. Ja paluge pühendumust: paluge, et teie süda, mõistus ja hing oleksid tulelõõmas sellisest jumalikust näljast, jumalikust innust, et kogu teie elu muutuks üheks ainsaks suureks igatsuseks Jumala järgi. Siis alles on teie jalg tõeliselt ja kindlalt vaimsel teel.

[8] „Kas see päev tuleb ka minu juurde, Ema?" - „*Kosmilised skandeeringud*"

Õppides end armastama

Self-Realization Fellowshipi rahvusvahelises peakorteris peetud esinemisest

Sisevaatlus ja eneseanalüüs on eneseparandamiseks üliolulised. Bhagavad Giita esimene salm ütleb: „Olles kokku kogunenud ja lahinguks innustunud – mida mu lapsed (mu head ja halvad iseloomujooned) teevad?“[1] Teiste sõnadega – lubage mul üle vaadata enda selle päeva mõtted ja teod: kas nad juhivad mind mu eesmärgi suunas? Kuidas ma käitusin? Kas ma olin õel? Kas ma valetasin? Kas ma petsin? Kas ma olin isekas või saamahimuline? Kas ma olin ebasõbralik? Just nõnda peaksime me sisevaatlust teostama.

Sisevaatlus on väga tervislik praktika, kuni te ei kasuta seda oma nõrkustele toetuma jäämiseks ja depressiooni või sellistesse süütunnetesse laskumiseks, kus te hakkaksite iseennast vihkama. See oleks eneseanalüüsi kuritarvitamine ja selle väärkasutus. Oma vigadele keskendumine alistab tõelise eesmärgi, sest mida enam te nendega samastute, seda tugevamaks nad muutuvad. Te ei ole teie vead, te olete alati täiuslik hing. Sisevaatluse eesmärgiks on aidata teil kiretult ära tunda iseloomu vead, mis segavad teie seesmist jumalikkust, et te võiksite neist jagu saada. Kui teil on mingi nõrkus või te teete midagi valesti, siis ei pea te käima ringi ja sellest kõigile rääkima.

[1] Daya Mata kasutab siin Paramahansa Yogananda interpretatsiooni, et Bhagavad Giita sõdalased esindavad siin sõdivaid häid ja halbu kalduvusi igas inimolevuses. (Kirjastaja märkus)

Kuid *tehke* sellega midagi. Vaadelge ennast ausalt. Ja püüdke parandada seda, mida te näete olevat ebameeldiv. Selline on õige sisevaatlus.

Ärge muretsege enda minevikus tehtud pattude pärast. Need ei ole enam nüüd osa teist. Seda rõhutas Gurudeva Paramahansa Yogananda meile väga. Parandage ennast ja siis ei kuulu see miski, mida te valesti tegite, enam teie juurde. Unustage see. Kristus ütles paljudele, et Jumal on neile andeks andnud, kuid ta andis ka nõu: „Ärge tehke enam pattu" – ärge tehke seda uuesti. Mõelge püsivalt, et teie minevik on andeks antud ja õppige endale rohkem meeldima. See endale meeldimine ei oma midagi ühist egoga. See tähendab enda omaksvõttu, nagu Jumal teid omaks võtab.

Ei ole midagi, mida meist keegi poleks teinud, mida Jumal poleks meile andestanud, kui me pöördume sellest valest käitumisest tõeliselt eemale. Pole mingit vahet, mis see on. Ja pole midagi, mida te pole iial teinud, mida me kõik mõnes elus poleks teinud. Mitte ainult see – ei ole üldse midagi, mida te iial ei oleks teinud, millest Jumal poleks juba mõelnud – või te poleks üldse seda saanud teha. Me ei peaks iial kartma lasta Jumalal näha meid sellisena, nagu me oleme. Ta teab juba ammu iga meie puudust ja iga meie paljude elude kestel tehtud viga. Kuid Ta pole meid hüljanud. Ta armastab meid tingimusteta ja see ei muutu iial.

Mõnel püsib veendumus, et ta on väärtusetu ja ta haub seda mõtet aina edasi. Tema mõistus ei mediteeri sügavalt armastaval Jumalal. Ta mõtleb vaid enda väärtusetusest. See on hirmus lõks. Me kõik oleme väärt, sest me kõik oleme Jumala lapsed. Meil on Jumala otsimiseks õigus, privileeg ja võimalus. Tehke seda! Ärge heietage mõtet, et „mina ei ole sobiv". Selline arvamus on kahjutoov, sest te raiskate siis nii palju aega enesehaletsuses püherdamisele. See on ka alateadlik vabandus, et mitte teha suuremat pingutust Jumala siiraks otsimiseks: „Ma olen väärtusetu. Ta ei taha tegelikult mind nii väga.

Ma pole hea inimene.“ Need on nõrgad argumendid. Inimene ütleb ebateadlikult: „Ja peale selle ei tunnegi ma nii sügavat soovi Jumala järele ja seega on mul enda pingutuse puudumist mugav isiklike vigadega õigustada.“

Olgu mu ebatäiuslikkus milline tahes, ma tean vaid seda, et ma püüan selles elus täiustada oma armastust Jumala vastu. Püüdes igal päeval oma elust keskenduda positiivsete mõtete mõtlemisele ja oma parimate võimete kohaselt positiivsete tegude tegemisele, ei ole mul aega mõelda oma puudustele ega mõtiskleda, kas ma olen või ei ole sobiv Jumala otsimiseks. Ma lihtsalt otsin ja püüdlen Tema poole!

Õppige end võtma ja armastama sellisena, milliseks te tahate saada ja kuhu te püüdlete. Võtke iga päeva sellisena, nagu see teile tuleb. Keegi on öelnud: „Iga päev on nagu uus valge vihikuleht.“ Teil on imeline võimalus kirjutada igal päeval oma elu uuesti. Olgu need kaunid, loovad ja ülesehitavad mõtted, mis panustavad teie endi ja ka teiste vaimsesse heaolusse.

Mida enam te oma mõistuse Jumalale suunate ja mida vähem peesitate endal ja oma puudustel, seda enam olete te häälestunud nii Jumalale kui oma gurule. Iseendast negatiivselt mõeldes te viljelete ja julgustate vaimset nõrkust – ärge seega hellitage neid mõtteid – peletage need oma peast. Teie minevik ei kuulu teile. Vaid olevik ja tulevik on teie omad. Kirjutage uued mõtted ja uued terviklikud teod oma allesjäänud elu lehekülgedele. See on tähtis asi, mida meeles pidada.

Alistumine: toetumine Jumala piiramatule väele

Self-Realization Fellowshipi rahvusvahelises peakorteris peetud esinemisest

Ühel või teisel ajal jõuab igaüks meist punkti, kus meie probleemid näivad nii rõhuvatena, et meile tundub – me ei suuda nendega enam toime tulla. Me ütleme siis iseendile: „Olen jõudnud oma võimete piirini nii füüsiliselt, mentaalselt kui emotsionaalselt. Ma olen katsetanud kõike, millest üldse mõelda võib. Mida ma siin maa peal nüüd peale hakkan?" Paljud inimesed otsivad abi arstilt või psühhiaatrilt – see on tervemõistuslik lähenemine. Kuid siis võivad tulla ajad, kus arstid ei saa meie jaoks midagi enam teha. Mis siis?

Ma usun väga Jumalale alistumise väesse, täielikku oma elu Tema kätte andmist. Ta võib tuua meid läbi iga kriisi, vaatamata ükskõik millise inimolevuse masendavatele ettekuulutustele. Ma olen põdenud palju haiguseid, kuid ei ole iial sellest Jumalikust Väest lahti lasknud, sest ma tean, et See toidab ja hoiab mind. Ikka ja uuesti on Ta mulle seda tõestanud.

Selleks, et tõmmata ligi Jumala piiramatut väge, peame me arendama rohkem usaldust ja usku Temasse. Gurudeva ütles kord mulle: „Mõelge alati seesmiselt nii: „Issand, Sinu tahtmine sündigu, mitte minu!"" Liiga tihti kardavad inimesed Jumalale alistuda, sest nad ei usalda Teda tõeliselt. Nad ei ole kindlad, et see, mida Jumal neile annab, on just see, mida nad tahavad. Ja isegi kui nad ütlevad: „Sinu tahtmine sündigu," ei mõtle nad seda siiralt. Seal nad teevadki vea.

Nii kaua, kui me mõtleme, et me võime ise oma elusid juhtida, ei saa me Jumalaga kontakti. Hüljata tuleb eksikujutlus, et piisab meie väiksest egost, enne kui me hakkame Jumalalt midagi saama. Kui paljud on kaotsi läinud arvamusega: „Ma saan sellega ise hakkama." Ei, me ei saa! Me ei saa isegi hingata, me ei saa ise liigutada oma väikest sõrmegi. Oleme Jumalikust sõltuvad igal hetkel – Ta toidab ja hoiab meid ülal igal hetkel.

Mida enam Temale toetume ja mida vähem materiaalsetele abinõudele, seda parema tulemuseni me jõuame. Aastate jooksul olen näinud arvukalt näiteid Jumalasse uskumise tõhususest paljude Gurudeva Paramahansa Yogananda õpilaste elus. See ei tähenda, et me peaksime arstide nõust ja nende pakutud ravi väärtusest keelduma. Kuid siis, kui teeme koostööd professionaalsete abistajatega, peaksime mõistma, et mõistuses olev Jumala vägi on tõeline tervenemise allikas. Välised meetodid vaid stimuleerivad mõistust – vabastamaks väheke seda jumalikku energiat.

Mõistus kui Jumala väe ammutamise vahend on piiramatu – ma tahan seda teile kõigile rõhutada, nagu Gurudži seda meile, kes me tema ümber olime, rõhutas. Keha – see inimese kantav suurepärane vorm – on tema enda teadvuse looming. Igaüks meist on ainulaadne, sest et me oleme oma mõistust erinevalt kasutanud. Kõik inimkonna haigused tulenevad mõistuse valest kasutamisest – tänapäeva teadlased hakkavad seda nüüd aina enam ja enam mõistma. Viljeledes õiget mõtlemist ja suhtumist ja praktiseerides Meistri õpetatud Eneseteostuse tehnikaid, muutume me aina enam ja enam võimekamateks selle Jumaliku Teadvuse väljendamisel, kelle peegeldus asub meis Tõelise Mina ehk hingena.

Meid Jumalast eraldavate takistuste kõrvaldamine

Aastaid tagasi rääkis Gurudži meile (ja psühholoogid nõustuvad tänapäeval kindlasti sellega), et krooniline muretsemine, hirm, närvipinge ja teised negatiivsed emotsioonid – süütunne, vihkamine, armukadedus, kibestumine – sulgevad kanalid, mille kaudu sügavamatest teadvuse tasanditest voolavad esile tervenemine ja tarkus. Inimesed muutuvad oma probleemidega rabeledes nii pinges olevateks ja ärevusest räsituks, et nad muutuvad emotsionaalselt kurnatuks. Kui me oleme katsetanud oma probleemide lahendamiseks kõike võimalikku ja miski ei näi töötavat, siis on kõige arukam muidugi *lõdvestumine*. Lõpetage nende probleemidega tegelemine ratsionaalse mõistuse inimlikult piiratud ressursside abil, mis on viinud teid sellesse frustratsiooni. Alistuge ja andke see probleem Jumalikkusele sajaprotsendise usu ja usaldusega. Teiste sõnadega: „Laske sel minna ja las Jumal tegeleb“ (*Let go and let God*).

Kas pole see mitte see, mida iga usundi pühakirjad õpetavad? Püüdke alistada täielikult Jumalale oma süda, mõistus, terve oma elu. See hakkab kõrvaldama mentaalseid blokke, mis on andnud teile Temast lahusoleku teadvuse. Ja vastavalt sellele leiate, et Tema vägi voolab teisse palju suurepärasemal moel. Loovad mõtlejad, leidurid, inimesed, kes saavutavad ebatavalisi asju hädaolukorras, pühakud, kes Jumalaga suhtlevad – kõik edukad inimesed – on teatud määral õppinud sellest ainsast loova inspiratsiooni ja väe seesolevast reservuaarist ammutama.

Psühhiaatrid ütleksid, et need omadused asuvad „teadvusetus“ mõistuses.[1] Nad ei pruugi kasutada sõna Jumal, sest teadus vaatab

[1] Paramahansa Yogananda viitas pigem alateadvuslikule ja üliteadvuslikule mõistusele, kui „teadvusetule“ mõistusele. Ta ütles: „Tegelikkuses pole olemas teadvusetust – teadvus võib magada või puhata, kuid ta ei saa iial olla teadvusetu. Unes teadvus puhkab, st pole aktiivne. Hing ei ole iial teadvusetu.

kõike loodusseaduste terminite kaudu. Kuid Jumalat pole võimalik Tema seadustest lahutada. Vaatamata terminoloogiale, leiab iga piisavalt sügavalt vaatav inimene sarnasusi universumit (ka inimese keha ja mõistust) valitsevate teaduslike printsiipide ja ajastute vältel Jumalat tundvate nägijate välja öeldud tõe vahel. Iga teadus, mis eitab nende vaimsete tõdede olemasolu, ei ole veel täielikult adunud, mida ta uurib. Tegelikkuses pole konflikti vaimse õpetaja puhul, kes ütleb: „Uskuge Jumalasse!" ja ka psühhiaatri puhul, kes ütleb: „ammutage seesmisi ressursse teadvusetust mõistusest." Vaid mõistuse sügavamate tasanditega ühendust võttes hakkame me Jumalat tajuma.[2]

Praegusel ajal on eriti läänes kalduvus lahutada Jumalast universum ja tema olevused. Kuid samal ajal näeme, et paljud inimesed püüavad materiaalse mõtlemise roopast välja saada – nad otsivad uuesti vana aja müstikute metafüüsilisi kogemusi. Kahjuks oletavad nad tihti vigaselt, et kui nad on saanud välja vanadest eksiteele juhtivaist roopaist, siis ei kuku nad järgmistesse. Kuid tihti nad kukuvad. Näiteks on mõned proovinud avastada seesmisi valdusi narkootikumide abil, mis ajavad mõistuse vaid segadusse ja moonutavad mõistmise sellest, mis on reaalne ja mis mitte. Mõned inimesed on lummatud hüpnoosist, transis kanaldamisest või teistest passiivsetest teadvuse muutunud seisundite saavutamise meetoditest. Kõigis neis on ohtlikke lõkse – kõik nad juhivad praktiseerijaid mentaalsete roobaste täiesti uude kompleksi. Jumalale kinnistumine on ainsaks viisiks sellesse maailma kinnijäämisest hoidumiseks. Siis ei ole te kinni jäänud, vaid olete hästi kinnistunud.

Mõistus on imeline maailm, mille võimeid tuleks uurida, kuid vaid õigeid meetodeid kasutades. Tõeline vaimne otsija järgib õiget teed – meditatsiooni, mida õpetab see, kes tunneb Jumalat – ja ta ei

[2] „Jumala riik on teie sees" (Luuka 17:21).

kaota iial kontakti tegelikkusega või terve mõistuse või igaveste tõe seadustega.

Lõdvestumine ja meditatsioon kui võtmed sisemiste väevarude ammutamiseks

Kas inimene defineerib seda „teadvuseta mõistusest" ammutamise või Jumalaga kontakteerumisena, igal juhul on meditatsioon eluraskuste ületamisel ja väe ammutamisel kõrgeim tee. Igaüks peaks oma päevakava ümber korraldama nii, et tal oleks iga päev aega vabastada oma mõistus muredest, vastutustest ja välistest segajatest – et ta võiks meditatsioonis anduda täielikult mõttele Jumalast.

Üks esmaseid vajadusi meditatsioonis on õppida keha ja mõistuse lõdvestamist. Ma ei soovita teile nüüd, et peaksite meditatsioonipraktika jaoks pikali heitma ja lõdvestuma, sest esimese asjana juhtub see, et te vajute magama, mõeldes: „Hästi, Daya Mata käskis mul pikali visata ja teha väike uinak!" Meile õpetatud tõe oma kalduvuste kohaseks väänamine on inimloomuses. Meister rääkis meile, et kui ta esmakordselt Indias õpetas, siis julgustas ta oma õpilasi mitte sööma peekonit. Mõned neist arutlesid: „Ta ütles, et me ei sööks peekonit, kuid ta ei öelnud, et me ei peaks sööma sinki." Seepeale ütles Meister neile, et nad ei sööks ei peekonit ega sinki. Kuid nood arutlesid endamisi edasi: „Aga ta ei öelnud meile, et me ei sööks sealihaga võileibu!" Niiviisi ego töötabki. Me peaksime endilt alati küsima: „Kas ma pole mitte silmakirjalik?" Me võime olla niivõrd eelarvamuste küüsis, et me otsime guru juhendamises piiluauku, läbipääsu. Tarkuse ja terve mõistuse arendamine tähendabki tema õpetuste vaimu järgimist, mitte pelgalt sõnade järgi tegemist.

Pidage seega meeles: lõdvestumine ei tähenda magama heitmist. Selle asemel, et pikali maas mediteerida, istuge sirgelt – sirge seljaga – toolil või padjal ristatud jalgadega. Sulgege oma silmad segajate vähendamiseks, suunake õrnalt oma pilk Kristuse keskusele,[3] sirutage ja lõdvestage mõned korrad oma keha koos sügava sisse- ja väljahingamisega – siis aga laske temast mentaalselt ja ka füüsiliselt lahti. Säilitage sirge kehaasend, kuid lõdvestage teadlikult kõik mittevajalikud lihaspinged. Muutke ennast jäiga selgrootoika küljes rippuvaks märgade nuudlite hunnikuks.

Ärge mõelge oma probleemist – vastasel korral jäätegi teadlikkuse tasandile kinni. Praktiseerige *kriijat* ja teisi tehnikaid ning alistage oma süda, mõistus ja kogu elu täielikult Jumalale. Kui me lõdvestume ja rahustame meditatsiooni kaudu oma mõistuse, hakkame ligi tõmbama kõrgemat teadvuse tasandit, igavest võlvkambrit, kus asub kõik, mida me selles ja lugematutes eelmistes eludes oleme õppinud. Kui me ühendume üliteadvusega – hinge intuitiivse, kõiketeadva taipamisega – sulandub tarkus teadlikkusega ja me leiame lahenduse oma raskustele või juhatuse õiges suunas.

Mõned inimesed ootavad, et pilvedest ilmub Jumal ja ütleb: „Mu laps, esmalt tee seda, siis toda ja sa lahendad nii oma dilemma." See on naeruväärne. Ta ei tule meie juurde niisugusel viisil ja me ei peaks seda tahtmagi. Usk ei tähenda enda arukuse, terve mõistuse ja tahtejõu hülgamist. See tähendab kõigi Jumala antud võimete kasutamist Tema tahtele häälestumisel. Nagu Meister ütles: „Issand, ma arutlen, ma tahan, ma tegutsen, kuid juhi Sina mu arutlust, tahet ja tegevusi õigete asjade suunas, mida ma peaksin tegema."

Jumal tahab, et me kasutaks neid Tema antud vägesid, mis meis igaühes olemas on. Vaid niiviisi me kasvame. Kui ma vaatan tagasi enda elule ja meenutan oma varajasi aastaid vaimsel teel, siis olen

[3] Paramahansa Yogananda selgitas, et inimese silmade asendil on kindel vastavus tema teadvuse seisundiga, allapoole suunatud või mahavaatavad silmad viitavad alateadvusele (ja kalduvad seda seisundit tekitama); otse ette vaatavad silmad on teadlikule, välisele aktiivsele teadvuse seisundile viitavad ja ülespoole suunatud silmad aitavad ülendada mõistust üliteadvuse tasandile.

tänulik iga raske katsumuse eest, millest ma läbi pidin minema. Need tõid esile mu tugevuse, otsusekindluse ning täieliku alistumise Jumalale ja Tema tahtele, mida ma poleks muul viisil saanud välja arendada.

Tihti, kui me haigestume või kogeme oma elus mõnd kriisi, siis tunneme end abituna ja tahame alla anda. Kuid kas te siis ei tea, et probleemidega silmitsi seismine ja neist jagusaamine ongi kogu elu sisuks? Seepärast me siin olemegi – mitte vingumiseks ega meeleheitesse langemiseks, vaid selleks, et me võtaksime omaks kõik meie juurde tuleva ja kasutaksime seda vahendina Jumalaga lähedaste suhete loomiseks. Kui tekib vastasseis, siis ärge mõelge, et Jumal on teid hüljanud. Jama! Kui te sellistel proovilepaneku hetkedel pöördute Tema poole lapselikus usalduses, siis leiate te Ta enda juurest isegi palju tajutavamal kujul, kui Ta headel aegadel seda iial oli.

Positiivse hoiaku ja jaatuse vägi

Vaadake alati asjade eredamat külge - mis ka ei juhtuks: „Sel pole tähtsust, varsti lähevad asjad paremaks." Jumala armu läbi on mul alati lootust. Ma ei luba end iial depressiooni langeda. Kuid ma olen sellise suhtumise välja arendamiseks pidanud tööd tegema ja teiegi peaksite tegema sama. Mõnel inimesel on alati kalduvus näha asjade tumedamat poolt. Nende reaktsioon soovitustele või tingimustele on eranditult eitus, hirm või pessimism. Skaneerige iga päev oma käitumist ja kui te tabate end niiviisi mõtlemast või toimimast, siis tuletage meelde, et see on vale suhtumine – see hävitab rahu, õnne ja ülesehitava tahte. Jah, selles maailmas on kurjust – duaalses maailmas ei saagi olla valgust ilma pimeduseta, rõõmu ilma kurbuseta, tervist ilma haigusteta, elu ilma surmata. Kuid pidev negatiivsele poolele toetumine on hinge ja Jumala solvamine. Ärge alluge iial heidutamistele!

Ehitage iseenda ümber positiivse mõtlemise atmosfäär. Öeldakse, et mõistuse jaoks on hoiakud palju tähtsamad kui faktid ja see vastab tõesti tõele. Kui me näeme igas olukorras teadlikult head, siis toimivad nii positiivne vaim kui entusiasm mõistusele, tunnetele ja kehale imelise võimendajana. Õige suhtumine on võimas abi mentaalsete ja emotsionaalsete takistuste kõrvaldamisel, mis lõikavad meid ära meis endis peituvatest jumalikest ressurssidest.

Gurudži tõi meile täiusliku näite positiivsest mõtlemisest. Ta ise koges ütlemata suuri raskusi Self-Realization Fellowshipi ja Yogoda Satsanga India ühingu töö ülesehitamisel, kuid me ei näinud teda iial masendunult ega kaeblevana. Ja samuti ei lubanud ta meilgi heitunud olla. Ta õpetas meid palvetama nii: „Jumalik Ema, õpeta mind seisma keset purunevaid maailmu." Teiste sõnadega: „Ükskõik, mis ka ei juhtuks, ma ei võta iial omaks kaotust, sest Sina oled minuga. Sina oled mulle andnud elu ja Sina pead mind ka ülal ja toidad."

Arendage sedalaadi järeleandmatut tahtejõudu. Kinnitage jaatavalt keset kõiki kriise: „Issand, ma olen edukas, sest Sina oled minus." Siis laske oma tahtel lahendusi leida. Siis näete, et Jumalik Vägi aitab teid müstilisel moel. Andes endast parima, hoidke oma mõistust seesmise väe ja juhatuse allikaga ühel lainel, kinnitades jaatavalt: „Issand, sündigu Sinu tahtmine, mitte minu!" Selles peitubki saladus.

Nagu Meister õpetas, on jaatusega kinnitus suurepäraseks mõistuse väe ammutamise viisiks.[4] Kui te olete näiteks hädas või hirmunud, siis jaatage iga hingetõmbega: „Sina oled minus, mina olen Sinus." Siis tunnete Tema kohaloleku julgustust. Indias tuntakse seda teadlikku vaimse mõtte kordamist *džapa* joogana, läänes nimetakse seda Jumala kohaloleku praktiseerimiseks. Aina ja uuesti tahtejõuga korratud jaatused vajuvad sügavale alateadvuslikku ja üliteadvuslikku mõistusse, mis loovad vastuseks meie jaatuses

[4] Vt Self-Realization Fellowshipi kirjastatud Paramahansa Yogananda raamatut *„Teaduslikud tervendamise jaatused"*.

sisalduvaid tingimusi. Just niiviisi me muutumegi. Me ei pea jääma sellisteks nagu me oleme. Me ei peaks muutuma „hingestatud mööbliks“, nagu Gurudži tavatses öelda. Mööbel ei muutu iial. Kui see oleks oma algsel looduslikul kujul, siis see aina kasvaks ja toodaks juurde, aga kui sellest on vormitud tool või laud, siis igasugune täiustumine peatub. See saab lihtsalt vanemaks, kulub ja laguneb.

Et vaimselt kasvada, peaksime püüdma end pidevalt muuta. Vaimsus pole midagi, mida saaks meile väliselt külge pookida – halo, mida saaksime pea ümber moekalt kanda. See tuleb katkematust, igapäevasest püüdlusest ja pingevabast Jumalale alistumise tundest. Ei juhtu nii, et Jumala valgus langeb järsku meie peale ja teeb meist kohe pühakud. Ei, see on igapäevane enesemuutmise ja südame, mõistuse ning hinge nii meditatsioonis kui tegevuses Jumalale alistamise pingutus.

Ülev teostumine tuleb läbi alistumise

Me võime omaks võtta tõsiasja, et me kuulume Jumalale ja lõpetada Tema juurest minema jooksmise. Kellelgi pole mingit võimalust Temast pääsemiseks. Meister tsiteeris tihti „Taevakoera“[5] poeemi: „Ma põgenesin Tema juurest päevadesse ja öödesse, ma põgenesin Tema juurest aastate võlvkäikudesse, ma põgenesin Tema juurest oma mõistuse keerdkäikudesse ...“ Kui lõpuks see Taevalik Koer koos põgeneva hingega kinni püüti ja kindlalt köideti, ütles ta: „Sina, kes Sa lahutasid Armastuse enda küljest, Sina juhid mind.“ Kuni me ei lase end kinni püüda, ei tunne me iial tõelist armastust, turvatunnet või teostumist.

Ma olen leidnud, et mu sügavaimad vaimsed ärkamised on tulnud siis, kui olen alistunud – ja ka teie leiate selle niiviisi. Nii kaua, kuni me otsime meditatsioonis mõnd värisema ajavat kogemust,

[5] Autor Francis Thompson.

mõnd käegakatsutavat „imet" või üleloomulikku ilmutust, ei vasta Jumal meile. Pöörduge seemiselt Tema poole ja öelge: „Issand, alistan oma südame Sulle. Ma ei hooli sellest, mida Sa mulle teed. Kas Sa tuled mu juurde või mitte, ma tean vaid seda, et ma armastan Sind." See on jumalik armastus. Ükski inimlik kogemus ei ole võrreldav täiusliku armastuse ja õndsusega, mis ujutab teadvuse üle tõelisel Jumalale alistumisel. See on kõige ülevam teostumine, mida hing iial teada võiks.

Jumalal pole selles maailmas lemmikuid – Ta armastab meid kõiki, nagu Ta armastab kõige suuremaid pühakuid. Nad saavad rohkem vaid seetõttu, et annavad rohkem ja on seeläbi vastuvõtlikumad.

Ärge iial kartke Jumalat, mis vigu te ka minevikus poleks teinud. Paljud inimesed jäävad kinni tugevatesse süütunde, hirmu ja kahtluste köidikuisse ja otsivad professionaalset abi, et neist kompleksidest rääkida. Kui meil on piisavalt usku, võime me seda suhtlust ka Jumalaga pidada. Ta on meie tõeline Pihiisa, kelle ette me peaksime oma probleemid viima. Ta tunneb meid sellistena, nagu me oleme tõeliselt – Tema eest pole võimalik ühtki asja varjata. Ja samas armastab Ta meid tingimusteta kui Oma lapsi. Kui olete negatiivsete emotsioonide lõa otsas – asetage need kõik sügavas usus Jumala ette: „Isa, olen Sinu laps – ulakas või mitte – aita mul paremini oma tõelist Mina ja oma hinge täiuse ilmutamise väge tundma õppida."

See usalduse ja alistumise tunne loob Jumalaga sellise meeldiva suhte, et seda pole võimalik sõnadega kirjeldada. Ma võin teile vaid öelda, et see annab elus tähenduse kõigele muule. Milline rõõm on, kui ärkate igal hommikul, heidate pilgu endasse ja ütlete: „Jumalik Ema, mida ma sel päeval tahan? Vaid täita Sinu tahet. Juhi mind!" Kui lähenete oma kohustustele sellise teadmisega, siis tunnete oma seesmisest Allikast purskuvat väge ja armastust. Teie ainsaks sooviks on siis: „Issand, olgu mu süda Sinu armastuse kanal – mitte selleks, et tõmmata inimesi enda, vaid Sinu ligi, keda ma jumaldan. Ma näen, kui palju inimesed kõikjal Su armastust vajavad."

Sedaviisi peaksime kõik selles maailmas elama. Andke endast parim seal, kuhu iganes Jumal on teid asetanud, et ilmutada positiivset vaimu, mõistuse seesmist väge, usu ja usalduse tunnetust ja alistuge Tema jalge ette. Jumalat tunda on nii lihtne. Laske kõigest lahti ja laske Temal teie ellu siseneda. See on kogu vaimse tee otstarve. Võtke kõiki teid puudutavaid kogemusi kui Temalt tulevaid ja püüdke neist õppida. Muidu jätkate samade prohmakate sooritamist, tehes samu vigu päev päeva, aasta aasta järel, kuni oma elu lõpuni – saamata kunagi aru, milline jumaliku teostuse rikkus teis asub.

Ärge jääge samaks vanaks „hingestatud antiikesemeks", kasutage Jumala väge oma elu muutmiseks. Selles on täielik vabadus kõigist teie keha, mõistuse ja selle eksikujutluste maailma piirangutest. Seal peitub ülim võit meile kõigile.

Surm: müstiline portaal paremasse ilma

Self-Realization Fellowshipi rahvusvahelises peakorteris peetud esinemisest

Keegi küsis: „Milline on Self-Realization Fellowshipi vaade *õigusele surra*?"

Gurudeva Paramahansa õpetas meile, et pole meie asi arutada nende keeruliste teemade üle, sest sellistele küsimustele pole võimalik anda kategoorilisi vastuseid – need sõltuvad väga konkreetsest olukorrast. Lõplikus mõttes on vaid Jumal see ainus, kel on õigus meilt elu võtta. Tema on meid siia maailma toonud ja vaid Temal üksi on õigust meid siit ka eemaldada. Teisalt olen ma kindel Meistri arusaamas, et elu kunstlikult pikendada ei ole õige, kui puudub ellujäämise lootus ja kui keha saab elusana hoida üksnes abivahenditega. See on midagi, mida peaks otsustama isikud, kel on selliseks otsuseks legaalne õigus. Meie kohuseks on anda inimestele arusaamine moraalsetest ja vaimsetest põhimõtetest ja näidata, kuidas minna sissepoole ja leida isiklikus suhtes Jumalaga vastused kõigile küsimustele. See on viis, kuidas teada, mis on igas olukorras õige või vale.

Inimeste kannatused on traagilised ja see tõstatab küsimuse „õigusest surra": „Miks peaks inimene, kellel pole paranemiseks erilist või mingit šanssi, kannatama nii pikalt ja hirmsasti, kui surm võiks tema agoonia lõpetada?" Kuid me ei tea, milliseid suuri õppetunde võib hing selle pikale veninud haiguse ajal õppida – seda alati ei mõisteta. Meie usk Jumala kaastundesse ja õiglusse peab jääma kindlaks, eriti neil aegadel kui elu tundub olevat ebaõiglane. Me peaksime palvetama kannatava isiku eest ja aitama tal leida jõudu ja vaprust.

Ma ei õigusta siin kannatamist. Kuid ma aktsepteerin Jumala teid – siin pole midagi muud teha! Ja ma olen ilma igasuguse kahtluseta veendunud, et see on õige, mida Ta teeb. Tema armastus ja kaastunne on tingimusteta. Kuid oma piiratud inimlikku mõistmisega ei kujuta me Tema teid ette – eriti kui seisame silmitsi kannatuste ja surmaga.[1]

Surma ei tule karta

Gurudži ütles meile tihti: „Milleks karta surma? Nii kaua, kui te olete elus, ei ole te surnud ja kui olete surnud, siis on kõik läbi – miks siis seda karta?“ See arutluskäik avaldas mulle sügavat muljet.

„Surm,“ ütles Meister, „on müstiline portaal, mille kaudu iga hing siseneb paremale maale.“ Igaüks läbib selle kogemuse – ja on ajastute vältel läbinud seda lugematu arv kordi, taaskehastus taaskehastuse järel. See pole midagi, mida peaks kartma. Selles kehastuses kanname me endaga kurnavat ihulist pundart – kuid lõpuks tuleb surmaingel ja ütleb, et me heidaksime selle koorma ja tuleksime tagasi oma mõõtmatusse koju, kus me oleme vabad kannatuste taagast ja haigustest ning hädadest.

Olles ise seda seisundit kogenud, võin teile öelda, et see on imeline teadvuse seisund. Inimene ei armasta kõnelda sellisest jumalikust õnnistusest – see on liiga isiklik. Kuid ma räägin teile ühest sellisest, sest see on Meistriga seotud.

Terve oma elu kestel sisenes Gurudži tihti *samaadhi* seisundisse

[1] „Aga minu mõtted ei ole teie mõtted ja teie teed ei ole minu teed, ütleb Issand. Sest otsekui taevad on maast kõrgemal, nõnda on minu teed kõrgemad kui teie teed ja minu mõtted kõrgemad kui teie mõtted.“ (Jesaja 55:8-9).

(teadlik Jumalaga üksolemine meditatsioonis), kuid alates 1948. aastast veetis ta selles seisundis pikki perioode. Ta tõmbus järk-järgult eemale oma ülemaailmse ühingu juhtimisest, andes endast parima, et meelitada vastumeelset Daya Matat võtma seda vastutust rohkem enda kanda. Ühel õhtul kutsus Meister mind Encinitase eraklas (kus Meister ja mõned meist pühendunuist siis elasid) enda juurde ja ütles: „Ma tahan, et sa läheksid tagasi Mt. Washingtoni ja võtaksid enda kanda vastutuse aašrami ja töö eest."

Olles veetnud nõnda palju aastaid Guru kõrval, oli mõte, et ma näen teda nüüd vähem, väga valus. Samas teadsin, et ta ei treeninud mind aastaid mitte mu isiklikuks hüvanguks, vaid, et oleksin võimeline neid kohustusi kandma. Võtsin kokku oma vapruse ja vastasin: „Hästi, Meister, ma annan endast parima." Ma arvan, et mul polnud isegi üht päeva kolimise ettevalmistamiseks.

Tagasitulek Mt. Washingtoni andis mulle enam aega mediteerimiseks pärast igapäevaseid kohustusi. (Kui teenisin isiklikult Gurudžid, olime tavaliselt hommikust kuni hilisööni vahetpidamata tegevuses – tihti dikteeris ta meile käsikirju ja kirjavahetust kuni varajaste hommikutundideni). Nüüd olid mu õhtud pühendatud pikale ja sügavale suhtlusele Jumalaga.

Sel ajal läks Gurudži oma väiksesse kõrbeaašrami, võttes mitu pühendunut endaga kaasa. Mina jäin Mt. Washingtoni. Oli reede ja eelmisel õhtul oli mul olnud imeline kuuetunnine meditatsioon. Mu teadvus oli vaimustunud armastusest Jumaliku Ema vastu ja Tema vastuse õndsus oli joovastav. Kogu reedese päeva olin ma täidetud Temaga seotud mõtteist. Mu süda laulis ääretust rõõmust. (Ma palun kogu oma südamest, et igaüks teist töötaks sellise seisundi saavutamiseks. See tuleb kergesti, kui te tekitate endale seesmise Jumala kohaloleku praktiseerimise harjumuse.)

Umbes kella üheksa või kümne ajal õhtul, kui ma olin lõpetanud oma kohustused aašramis, läksin ma oma tuppa ja allutasin end täielikult sellele seesmisele rõõmule. Järsku tabas mind meeletu valu külje sees. „Helde taevas!“ mõtlesin, „Mis see küll on?“ Ma ei olnud iial varem tundnud sellist tuikavat, kõrvetavat valu. Mõeldes, et see läheb üle, kui ma väheke puhkan, heitsin voodile pikali. Aga kui ma seda tegin, siis triivisin ma poolteadvuslikku seisundisse, tundes väheke füüsilist valu, kuid olles samas teadlik Jumaliku Ema õndsast kohalolust. Jäin sellesse olekusse kogu ööks.

Kui ma järgmisel hommikul hommikusöögile ei tulnud, siis tuli üks nunnadest minu toast läbi, vaatamaks, kas minuga on kõik korras. Ta kutsus kiiresti arsti. Kui too viimaks saabus ja mind läbi vaatas, siis ütles ta, et mind tuleb koheselt haiglasse operatsioonile saata. Kuid ma vastasin, „Ei, ma ei lähe ilma Meistri nõusolekuta.“ Mul oli usk, et kui tegevustel on Meistri õnnistus, siis on kõik hästi. Läbi aastate olin ma kogenud tema kaitset liiga palju kordi, et selles kahelda.

Nüüd oli Gurudži 150 miili eemal ja seal eraklikus aašramis puudus ka telefon. Sõna jõudis temani alles pühapäeva hommikul, kuna helistasime taksofirmale ja palusime taksojuhil sõnum eraklasse toimetada. Meister oli just väljas jalutuskäigul ja kui ta kuulis, et Faye (nagu mind tol ajal kutsuti) on haigena voodis pikali ning et arst nõuab kohest haiglasse viimist. Ta peatunud ja kaalutlenud veidi. Siis pöördus ta sügavalt mõtteis olles temaga kaasas olnud munga poole ja ütles: „Kas tead, tal on aeg surra.“ Ta saatis Mt. Washingtoni sõnumi: „Öelge Faye'le, et ta läheks haiglasse – mu õnnistused on temaga.“

Kogemus teispool surma olevast maailmast

Kiirabi viis mind haiglasse ja kohe sõidutati mind operatsiooniruumi. Kõige selle kestel olin ma seesmiselt õndsas seisundis – rõõmuseisundis, mis oli olnud minuga alates minu neljapäeva õhtusest mediteerimisest. Kuigi mulle tehti üldine narkoos, olin ma teravalt teadlik arstidest ja kõigest, mis operatsiooniruumis toimus. Samuti oli seal intuitiivne tunne, et nad polnud haigust õigesti diagnoosinud. Kui kirurg tegi oma sisselõike, siis tundsin ma oma paremas küljes aistingut, aga mitte valu. Ma teadsin, et ta tegi vea, kuid ma ei suutnud rääkida, et seda talle öelda. Siis kuulsin, kuidas üks arst hüüatas teisele: „Oh, oh!" – ta avastas, et sisselõige oli sooritatud vales kohas, et ta opereeris valet haigusnähtu.

Järsku oli mul imeline kogemus. Terve ruum täitus leevendava kuldse valgusega ja kaunis vaimne silm,[2] mida ma olin läbi aastate oma elu jooksul palju kordi näinud, muutus mu otsaees nähtavaks, kasvades ja kasvades, kuni see näis täitvat kogu ilmaruumi. Kuulsin suurepärast *Aum*'i mind üle ujutamas, paiskudes üle terve mu olemuse. Mis rõõmu ma tundsin, kui ma sulasin ühte Jumaliku Ema armastusega!

Nüüd pean ma teile ütlema, et kui te seisate silmitsi teise maailmaga, siis on tõsi, et terve elu möödub teie silme eest väga kiiresti. Ajateadvus haihtub. Tegelikkuses ei ole olemas sellist asja, nagu aeg – see on suhteline mõiste. Nagu Meister seda seletas, siis Jumala teadvuses pole olemas ei minevikku, olevikku ega tulevikku – kõik toimub üheaegselt. Kui näiteks see suur ruum siin eraldada väiksemateks, siis näeksite te vaid ühte osa sellest korraga. Aga kui te oleksite võimeline nägema kogu seda ruumi ülevalt, siis teie taju ei oleks piiratud kõigi nende jaotustega – kogu ruum oleks ühtsena tajutav. Sarnaselt on jumalikus teadvuses kõik nähtav osana Igavesest Praegusest Hetkest.

Selles seisundis nägin kogu oma elu alates lapsepõlvest, kuni käesoleva hetke sündmusteni. Siis juhtus midagi väga kaunist. *Aum*'i helist esile tulev hääl ütles mulle õrnalt: „See on surm, kas sa oled selleks valmis?"

[2] Kulmude vahel Kristuse keskuses *(adžna chakras)* olev ainus intuitsiooni- ja kõikjaloleva tajumise silm; jumaliku teadvuse lõplikkesse seisunditesse sisenemise avaus. Sügavalt mediteeriv pühendunu näeb vaimset silma kuldse ringiga ümbritsetud sillerdavsinise sfäärina, kus sinise sfääri keskel asub viisnurkne valge täht.

Selles vaimse silma suurepärases valguses nägin ma enda ees olevat maailma – see oli täidetud rõõmu ja Jumalaga üksolemisega. Selle kõrval näis meie füüsiline maailm nii jämedana – koormatud pimedusest ja täidetud mateeria raskusega. Tavaliselt me ei mõtle sellisel viisil, sest me oleme harjunud selle olemise plaaniga. Aga kui teil on valida näiteks briljantide ja kivide vahel, siis on ilmne, millise valiku te langetate. See oli minu teadvus, mis vastas minuna Häälele: „Jah, Jumalik Ema! Keegi ei tule nii kaugele teise maailma, et tahaks seejärel uuesti tagasi tulla. Miks peaksin ma sellisest jämedusest kinni hoidma, kui mu ees laiub jumalik õndsus?"

Siis ütles Hääl mulle nii meeldivalt: „Aga kui ma palun sind Minuga jääda?" Oh! Ei suuda teile öelda, mida need sõnad minuga tegid. Milline rõõmuvärin! „Sa paluksid mul jääda Sinuga? Jah, Jumalik Ema. Lase mul End teenida!" Seejärel ütles Hääl – nii rahustavalt – ma ei saa teile seda edastada, milline rahustav tunne kogu mu teadvuse üle ujutas: „Hästi, Mu laps. Maga nüüd." Kaotasin teadvuse ja operatsioon kestis edasi.

Päev või paar pärast seda ütles arst mulle: „Hästi, noor daam – me ei arvanud, et te sellest välja tulete. Te ehmatasite meid väga!" Seejärel ta lisas: „Kui tunnete end tugevamana, siis tahaksin teiega rääkida." Kahe päeva pärast ütles ta mulle: „Me mõtlesime, et teil oli pimesoolepõletik ja me tegime sisselõike sellest lähtudes. Kuid siis me avastasime, et see üldse polnudki teie probleem." Ma ei läheks siin kirjeldamisel üksikasjalikumaks, kuid asi oli palju tõsisem, kui pimesoolepõletik.

Ta jätkas: „Rääkige mulle midagi oma elust. Milline on teie usk?" Ma rääkisin talle ja ta vastas selle peale: „Ma pean ütlema, et te jätsite meile kõigile sügava mulje. Kogu operatsiooni kestel kordasite te aina ja uuesti väga tundeliselt „mu Jumal, mu Jumal, armas Jumal, armas Jumal". Me olime sellest nii mõjutatud ja sügavalt liigutatud."[3] Ma ei rääkinud talle iial, mis mu teadvuses aset leidis. Naeratasin vaid seesmiselt. Kui teil on sügav vaimne kogemus, siis on parem sellest mitte rääkida – muidu te kaotate sellest mingi osa. Ma räägin teile seda vaid seetõttu, et tunnen, et Meister tahab, et ma seda teile räägiks.

Alates 1948. aastast olen seda juhtumit palju kordi uuesti läbi elanud. Mälestus sellest on sama värske kui sel päeval, mil see juhtus, uuendades mu hinge suure rõõmuga ja täites mu mõistust rahuga mõttest, et ma olen siin vaid Jumaliku Ema jaoks, püüdes täita vaid Tema tahet.

Alles pärast üht hilisemat juhtumit rääkisin ma sellest kogemusest kõigile. Ühel õhtul, umbes kolm või neli päeva enne oma *mahasamaadhit*, palus Gurudži mind tulla endaga koos sõitma. (Vahel tavatses ta autoga väljasõite teha, vaatamata paljudele tema tähelepanu nõudvatele asjatoimetustele). Ta andis mulle töö osas teatud juhiseid – andes mulle edasi oma soove tuleviku osas. Selle väljasõidu ajal rääkisin ma talle, mis minuga haiglas juhtus. Ta kuulas, siis palus ta mul seda juttu korrata. Mõne aja pärast ütles ta: „See oli Sinu aeg lahkuda. Saatan on püüdnud su elu palju kordi võtta. Kuid tea: Issand on andnud sulle hea positsiooni ja vaimse vabaduse. Keegi ei suuda sulle vastu tõrkuda. Hoia seda vaimu kuni oma elu lõpuni ja sa oled päästetud."

Gurudži sõnad veensid ja julgustasid mind, sest ta teadis mu seesmist konflikti igasuguse juhtimise võtmise suhtes tema töödes. Ma ei tulnud selleks, vaid Jumala leidmiseks – ja positsioon ei omanud minu jaoks mingit väärtust. Autoriteet ja ja tiitlid ei anna inimesele Jumala-teostust ja mu mõistus oli kallutatud üksi vaid sellele saavutamisele.

[3] 1983. aastal jutustas Sri Daya Mata: „Arst kohtus hiljem Gurudžiga ja Gurudži avaldas talle sügavat mõju. Umbes aasta tagasi kohtusin ma temaga Pasadenas asuvas avalikus asutuses. Ta ütles mulle siis: „Ma ei ole teid ega teie õpetajat iial unustanud. See kogemus jättis mulle sügava mulje, mis on kestnud kõik need aastad."" *(Kirjastaja märkus)*

Rõõm Jumala tahte nurinata tunnustamisest

Nüüd teate, et põhjus selle loo rääkimiseks seisneb selles, et me ei pea iial surma kartma. See ei tähenda seda, et me peaksime seda esile kutsuma. Iva on selles – ja see oli kõige väärtuslikum õppetund, mida ma sellest kogemusest õppisin – et me peaksime leidma rõõmu Jumala tahtele alistumisest. See maailm on sellises segaduses seepärast, et inimesed ei püüa häälestada end Jumala tahte lainele. Me peaksime alistumise ideaali praktiseerimiseks tegema rohkem pingutusi, palvetades seesmiselt: „Oo Issand, Sinu, mitte minu tahtmine sündigu.“ Ja püüdke *tunda*, mida te Talle ütlete – selles peab olema sügav siirus.

Need, kes ihalevad isiklikku võimu, teevad saatusliku vea, sest inimene saavutab palju-palju enam, püüeldes häälestuda Jumalikuga läbi pühendumise, meditatsiooni ja pideva mõtte: „Issand – Sina oled tegija, mitte mina.“ See peaks olema viis, kuidas me peaksime oma elusid elama. Öelge Temale: „Mu Issand – Sina oled kõik. Ja kuna mina olen osa Sinust, siis olen ka osa kõigest – aga vaid nii kaua, kuni ma olen Sinust teadlik. Iseenesest olen ma eimiski.“ Selles mõttes on suur rõõm. Minu jaoks on kogu vaimse elu alusmüüriks alandlikkus. Ilma alandlikkuseta on inimese teadvuse tass ääreni täis isekat „mina, mina, minu“ tunnet, et seal polegi ruumi „Sina, Sinu, Sinule.“

Jumala leidmine nõuab enese-distsipliini, see vajab pingutust. Kuid igal inimolevusel on eduks jõudu. Ainus ebaõnnestumine on mõistuses. Nagu Gurudži aina ja uuesti rääkis, võivad kõik meist Jumalat veel selles elus tundma saada – kui me teeme pingutuse. Ja me saame Teda tundma sel moel, et me püüame Tema tahtega ühel lainel olla. Sel tasandil olev elu jõuab iga inimolevuse jaoks kord lõpule ja igaüks meist peab endalt küsima: „Mida olen ma saavutanud? Mida ma elust sain? Kas ma raiskasin oma aja tühistele asjadele? „Oo, mu pühak, ärka, ärka nüüd! Sa ei ole mediteerinud, sa pole keskendunud, sa kulutasid aja tühistele asjadele.““[4] Me peaksime oma elusid elama nii, et surmahetkel ei oleks meil mingeid hirme, ega tunneks me mingit kahetsust – vaid läheksime rõõmsalt Vaimu kõrgematesse maailmadesse.

[4] Paramahansa Yogananda „*Kosmiliste skandeeringute*“ kogumiku laulust „Ärka, ärka nüüd mu pühak“.

Probleemide lahendamine sisemise juhatuse abil

Self-Realization Fellowshipi rahvusvahelises peakorteris peetud esinemistest

Gurudeva Paramahansa Yogananda tsiteeris tihti seda ütlust: „Jumal aitab seda, kes end ise aitab." Kui saaks valida, siis meeldiks meile kõige rohkem see, kui mõni jumalik ütleks meile, mida teha. See oleks nii lihtne – me ei teeks ise mingit pingutust, kui teame igal hetkel, et juhatus tuleb otse Jumalalt. Aga see ei pea olema nii lihtne ja põhjus on selles: me oleme osa Jumalast, kuid me ei tea seda – ja me ei saa seda iial teada, kui asetame kogu aeg koorma Tema õlule ja ütleme: „Sina ütle, mida ma pean tegema," justkui oleksime tummad nukud ja Tema Nukunäitleja, Niiditõmbaja. Ei, Ta ootab, et me kasutaksime meile antud mõistust, küsides *samas* temalt juhatust.

Jeesus palvetas ülimat palvet: „Issand, Sinu tahtmine sündigu!" Paljud inimesed tõlgendavad seda, et nad ei peaks nüüd üldse midagi tegema, tahtma ega mõtlema, vaid ainult istuma ja mediteerima ja ootama, et Jumal teeks midagi nende kaudu. See on vale. Me oleme Tema näo järgi tehtud. Ta andis inimesele arukuse, mida Ta pole andnud ühelegi teisele olevusele ja Ta ootab, et me seda kasutaksime. Seepärast õpetas Gurudži meid palvetama: „Issand, ma arutlen, ma tahan, ma tegutsen, kuid juhi Sina mu arutlust, tahet ja tegevust õige asja juurde, mida peaksin tegema."

Me praktiseerime aašramis seda religioosselt. Oma

töökohtumistel mediteerime me mõned minutid ja loeme siis selle palve. Alles seejärel asume me asju arutama ja otsuseid vastu võtma.

Ärge istuge ega oodake seepärast kusagil nurgas, et Jumal vajalikud tegevused käivitaks. Jätkake parimal kursil, rakendades arukuse, tahte ja tegevuse põhimõtteid. Töötage oma tahet ja arukust kasutades südametunnistuse järgi ja palvetage samal ajal pidevalt: „Issand, juhi mind, lase mul järgida Sinu tahet. Vaid Sinu tahe sündigu!" Tehes nii, hoiate te oma mõistuse Tema juhatusele avatud. Siis võite te äkitselt avastada, et näete järsku väga selgelt: „Ei, ma pean nüüd minema selles suunas." Jumal näitab teile teed. Kuid pidage meeles, kui te küsite Jumalalt juhatust, siis ei tohi teie mõistus olla iial suletud. Olgu ta alati avatud ja vastuvõtlik. Nii aitab Jumal seda, kes aitab iseennast. See töötab, kuid initsiatiiv ja pingutus peaksid tulema meilt.

Te ei pea Jumala teenimiseks ja Tema tahte järgimiseks aašramis elama. Igaüks on sel hetkel just seal, kuhu Jumal ja meie mineviku teod on meid asetanud. Kui te pole nende tingimustega rahul, siis palvetage ja paluge Jumala juhatust. Aga kasutage ühes sellega oma Jumala antud arukust. Analüüsige oma valikuid koos oma elu ja tulevikuga.

Kuulake Jumalikku sisehäält

Jumalik sisehääl aitab meil lahendada kõiki meie probleeme. Südametunnistuse hääl on igas inimeses asuv Jumala antud jumaliku juhatuse tööriist. Kuid paljud ei ole seda ühe või lugematute elude jooksul kuulda võtnud, nad on keeldunud seda tähele panemast. Lõpuks muutub see hääl vaikseks või väga- väga nõrgaks. Aga kui indiviid hakkab oma elus õigesti tegutsema, muutuvad seesmised sosinad uuesti valjemaks.

Pool-intuitiivse teadvuse taga on puhas intuitsioon – hinge otsene tõetajumine – eksimatu Jumalik Hääl. Kõik me oleme intuitsiooniga varustatud. Meil on viis füüsilist meelt ja samuti nn kuues meel – kõiketeadev intuitsioon. Me tajume seda maailma läbi viie välise meele:

me puutume, kuuleme, nuusutame, maitseme ja näeme. Enamikus inimestes jääb kuues meel ehk intuitiivne tunnetus vähese kasutamise tõttu alaarenenuks. Siduge lapsel silmad kinni ja kui see side aastaid hiljem eemaldada, siis paistab kõik tasapinnalisena. Või siduge käsi jäigalt kinni ja seegi ei arene õige kasutuse puudumise tõttu. Täpselt samuti ei toimi paljudel intuitsioon, sest seda ei kasutata.

Kuid intuitsiooni kasutamisel on oma viis. Kuues meel ei saa toimida kui me ei vaigista keha ja mõistust. Seetõttu on intuitsiooni arendamise esimeseks sammuks meditatsioon – sisenemine seesmise rahulikkuse seisundisse. Mida sügavamalt te mediteerite ja seejärel mõnd probleemi vaatlete, seda enam väljendub selle probleemi lahendamisel intuitiivne vägi. See vägi areneb järkjärgult, mitte üleöö, justnagu lihas või jäse tugevneb järkjärgult harjutusi tehes – seegi ei juhtu üleöö.

Et olla intuitiivne, peab inimene olema „aktiivselt rahulik ja rahulikult aktiivne – rahuvürst, kes istub tasakaalu troonil ja juhatab tegevuse kuningriiki," nagu ütles Gurudži. Kui indiviid on erutunud, rahutu või emotsionaalselt kurnatud, ei suuda ta intuitsiooni tajuda, vaid satub oma mõtlemisega segadusse ja langetab valesid otsuseid. Seepärast on kogu inimkonnale – mitte üksnes Jumala otsijaile, oluline õppida vaikuses olemist meditatsiooni praktiseerimise kaudu. Gurudži keskendumise ja meditatsioonitehnikad on seetõttu hindamatud.

Elades aina enam rahumeeles, hakkate te end aina vähem ja vähem füüsilise olevusena tajuma. Te muutute teadlikuks hingest hoovavast seesmisest vaikusest, oma tõelisest Minast. See vaikus on intuitiivse tunnetuse aluseks.

Intuitsiooni võivad arendada sügavalt kujustamist valdavad inimesed, need, kes on jõudnud meditatsiooni kaudu absoluutsesse südame ja mõistuse rahu seisundisse. Inimene ei tohiks olla ülearu haaratud ei emotsioonidest ega seotud intellekti külge. Intuitsioon on segu mõtlemisest (mõtteprotsessist) ja südamest (tundeprotsessist).

Paljud inimesed on kogenud intuitiivsust arutlemisel, kui mõtted järgivad teatud juhiseid. Minu puhul väljendab intuitsioon tihti ennast tundena. Kui mul on teatud tundeid asjadest või isikuist, siis on need muljed nagu ülipeened võnked, mis ümbritsevad mu südant ja siis ma tean aastatepikkusest kogemusest, et need teadustused on õiged.

Kui te olete intuitsiooni teatud tasandini arendanud, siis te leiate, et otsuseid langetades ütleb teis miski: „See on õige valik." See on teid juhatav intuitsioon. Ärge lootke, et see juhtub teiega järsku. Alguses teete vigu, kuna intuitsiooni voolamist tõkestavad teis olevad teised tegurid. Aga kui teie meditatsioonipraktika edeneb ja selle kaudu võimaldatud seesmises vaikuses elamist aina lisandub, kogete te oma intuitiivse väe kasvu.

Kui mulle miski meenub, ei näe ma sageli vaid käesolevat teemat, vaid see projitseerub ajas ning ma näen ka selle lõpptulemust. See on intuitsioon. Ja kui te sellele vastavalt ka tegutsete, siis leiate te, et kõik toimib sujuvalt, muidugi mitte iga kord. Isegi kui te olete teinud õige otsuse, on alati ka raskeid aegu. Need on osa kasvamise protsessist, kus õpitakse elus ettetulevate tingimustega toimetulemist. Kuid teie intuitsioon ütleb teile, et isegi kuigi seal võivad olla probleemid, olete te valinud õige suuna.

Õppige eristama, mil seesmine „juhatus" on autentne intuitiivne sõnum või pelgalt ettekujutlus või hoopis emotsionaalsus (mis mõnedes inimestes on väga tugev ja mida vahel võidakse intuitsiooni pähe võtta). Te tunnete intuitsiooni ära, kui kogete, et juhatus viib õige tulemuseni. Kui aga tulemused on vastupidised, siis polnud see muud kui ettekujutlus. Intuitsioon toob alati vastuse inimese enda või kellegi teise elus. Vaid aeg ja kogemused võimaldavad teil alati öelda, kas tugev kalduvus on ettekujutlus või loomulik, intuitiivne tunne.

Kokkuvõtteks: õppige sisenema sügava rahu seisundisse, mis tuleb keskendumise ja meditatsioonitehnikate praktiseerimisest, saage kõigi oma päevategevuste kestel veelgi rahulikumaks inimeseks ja langetage Jumala antud arukuse abil parimaid otsuseid, milleks te võimelised olete. Jäädes oma toimetustega edasi liikudes avatuks, jätkake samas jumaliku juhatuse küsimist.

Arendades mõistvat südant

Self-Realization Fellowshipi rahvusvahelises peakorteris peetud esinemisest

Isik, kes on vaimse kasvu osas siiras, püüab hoida oma mõistust alati puhta ja häirimatuna, et võiks igas olukorras väljendada mõistmise jumalikku omadust. Gurudeva Paramahansa Yogananda andis sellele omadusele kauni definitsiooni: „Mõistmine on teie seesmine nägemine – intuitiivne kaasaelamisvõime, mille abil suudate selgelt tajuda tõde nii enda kui teiste kohta ja ka kõigi teie teel esile kerkivate olukordade kohta – kohaldades korrektselt ja vastavalt oma hoiakuid ja tegevusi."

Gurudži tavatses meile öelda: „Saage aru, mida ma *silmas pean*, kui ma teile midagi ütlen. Kui te püüate liiga innukalt, siis ei taba te mu mõtet. Teie tõlgendavad ja seletavad mõtted tulevad sellele tee peale ette. Püsige rahulikena, et oleksite ühel lainel sellega, mida ma teile ütlen – siis saate te aru." Ta õpetas meid kuulama intuitiivse kuulamise kõrvadega. „Taotle tarkust ja taotle arukust kogu oma varanduse hinnaga," ütleb meile Piibel.[1] Kui paljud meist võtavad südamega ja praktiseerivad seda? Tavaliselt, kui me kohtame kedagi või midagi, mis on erinev sellest, millega me oleme harjunud – kerkivad viivitamatult esile meie eelarvamused ja me püstitame koheselt mentaalseid blokke. Me ei pinguta, et aru saada, me klammerdume pimedalt oma arvamuste külge – ükskõik kui

[1] Õpetussõnad 4:7.

lühinägelikud need ka ei oleks. See on igas kultuuris olevaks suurimaks puuduseks ja just seetõttu on maailmas nii palju valearusaamu ja konflikte. Koolis õpetatakse meile intellektuaalseid aineid, kuid kellele õpetatakse teiste mõistmist? Iga kultuur mõtleb, et tema viisid ja teed on parimad ja me ei õpi nägema kaugemale meie endi isikupära ja asjade tegemise harjumuspärasest horisondist.

Meister väljendas seda unikaalsel moel: „Selles maailmas oleme me veidike hullud, kuid me ei tea seda. Inimesed ei näe iseenda hullust teiste samasugustega segunedes. Vaid siis, kui veidi teistmoodi hullud tulevad kokku ja püüavad üksteist mõista, on neil šansse saada teada endi hullusest."

Kas te mõistate asja iva? Hoidke oma mõistus alati avatud. Kui keegi ütleb midagi, mis on võõras teie konkreetsele isikupärale või mõtlemise viisile, ärge sulgege siis oma mõistust ega ärge laske eelarvamustel mõjutada oma arusaamist. Kuulake rahulikult, vabatahtlikult ja austavalt. Selliselt võite te õppida mida väärtuslikku neilt, kelle vaated ja taust erinevad teie omast.

Emotsioonid ja tujud on mõistmise vaenlased

Emotsioonid ja tujud on mõistmise õelamad vaenlased. Nad ähmastavad meie tajumist nii, et me ei näe olukordi õigesti. Paljud inimesed lähevad läbi elu orjastatuina oma kontrollimatutest mentaalsetest reaktsioonidest nii, et kui miski nende mõtteviisi või tunnetega konflikti satub, ärrituvad nad või lähevad endast välja, pühkides minema igasuguse mõistmise võimaluse.

Meister oli väga, väga sallimatu tujude suhtes – ta nõudis, et me püüaksime neid alistada. Ta seletas, et tujud on eelmistest kehastustest kaasa toodud halbade harjumuste ilmutused. Seetõttu ongi nad niivõrd automaatsed, seepärast meie tuju lahvatab ühtäkki lõkkele või me läheme tujust ära näiliselt ilma mingisuguse välise põhjuseta – vahest mõne triviaalse juhtumi või mõne meile öeldud tühise asja tõttu. Need vale mõtlemise ja käitumise harjumused on niivõrd sügavalt meisse läbi paljude elude sööbinud, et kohe kui nad kohtavad vastupanu, haarab mõistust seletamatu emotsioon.

Nii kaua, kuni me lubame endil olla negatiivsete teadvuse seisundite ohvrid, ei ole ka võimalik mõistmist arendada – ja pole ka võimalik Jumalat tunda. Ärge poputage oma tujusid. Ärge kandke neid orjalikult endaga kaasas. Astuge neile vastu! Vabanege neist koheselt, sest nad takistavad teie edenemist – mitte ainult vaimsel teel, vaid kogu elus.

See ei tähenda tunnete allasurumist. Allasurumine on ebaterve – nii kehaliselt, mentaalselt kui vaimselt. Indiviid, kes hoiab oma emotsioone enda sees, sarnaneb tihedalt kaanega kaetud keeva veega potile. Keedes tõstab vesi aina enam ja enam rõhku, kuni kaas viimaks plahvatades õhku lendab. Kui me püüame sarnaselt oma emotsioone alla suruda, siis võime ju säilitada ajutist rahulikkuse illusiooni, kuid varem või hiljem lähevad nood tunded oma teed. Samas takistab seesmine keemine mitte ainult meie rahu ja heaolu, vaid ka meie mõistmist. Meister õpetas meid oma emotsioone kontrollima, mitte neid alla suruma.[2]

Et seda saavutada, tuleks enne tegutsemist teha paus ja tõsiselt mõelda. Järgmine kord, kui teil on kiusatus vastulöök anda või öelda karme sõnu kellelegi, kes on teile vastandunud, peatuge minutiks ja küsige endalt: „Kas see on seda väärt? Keda ma sellega ärritan? Ennast kõige esmalt. Las ma kuulan rahulikult, mida teisel on öelda

[2] Üks õpilane küsis kord Paramahasa Yoganandalt: „Kas sinu emotsioonide kontrollimise õpetused pole mitte ohtlikud? Paljud psühholoogid väidavad, et allasurumine viib mentaalse segimineku ja isegi füüsiliste haigusteni."

Meister vastas: „Allasurumine on kahjulik – selle juures te mõtlete, et tahate midagi, kuid ei tee selle saavutamiseks midagi konstruktiivset. Enesekontroll on kasulik – asendades kannatlikult valed mõtted õigetega, vahetades laiduväärsed tegevused kasulikega." *„Paramahansa Yogananda ütlused"*

ja las ma analüüsin seda ausalt enne, kui ma sulgen selle mittemõistmise värava. Miks ei peaks ma selle isiku arvamust austama? Minu mõtted ei ole alati eksimatud! Ehk on miskit, mida ma saaksin temalt õppida."

Õppige Jumalikke Õppetunde kõigest, mis teiega juhtub

Kui meie mõistmine areneb, siis näeme, et kõiges meiega juhtuvas on jumalik põhjus. Miski selles maailmas ei juhtu ilma põhjuseta. Kõike juhtuvat juhib universaalne seadus ja see seadus toimib täiusliku õigluse alusel. Pole tähtis, milliseid katsumusi te läbima peate - püüdke alati mõista neis kogemustes peituvaid vaimseid õppetunde. Ärge iial tundke, et välised olukorrad on teie raskuste taga või et teised püüavad teile ära teha. Need, kes pidevalt süüdistavad oma hädades abikaasat, ülemust, lapsepõlve kasvatust - kõiki teisi, aga mitte oma mõtlemist ja käitumist, arendavad sügavaid emotsionaalseid probleeme.

Mõistke, et vaid Jumal üksi on see, kellega me peame tegelema. Tema on see, kellega me igal hetkel tegeleme - ei ükski teine - oma kõnes, oma tegudes ja üle kõige oma mõtetes. Kui see tõde kord teie teadvusse hästi pärale jõuab, on meil palju kergem õigesti reageerida mõnele ebameeldivale vahejuhtumile. Me ei raiska siis aega enda kaitsmisele - me mõistame, mil määral tuleb kasuks viljeleda oma seesmist suhet Jumalaga, sest siis Ta kaitseb meid, kui see on vajalik. Ta vaatab meie järele, olen ilma kahtluseta selle leidnud just nii olevat.

Jumalik on alati kohal. Ei ole nii, et ta ilmub välja mingist kosmose punktist ja ligineb meile. Ta on alati meiega, kuid me ei tea seda, sest meie mõistus pole Temaga. Me lubame endale tujusid, emotsionaalseid murranguid, ülitundlikke tundeid, viha ja neist tulenevat vääriti mõistmist, mis kroogivad ja katavad pilvedega kinni meie tajumise, et me pole isegi teadlikud Tema kohalolekust.

Treenige endid mitte endast välja minema. Sel hetkel, kui te kaotate kontrolli enda üle, haihtub ka teie kontakt Jumalaga. Mõnikord on väga raske hoida alles seda seesmist rahu seisundit nii, et võiksite Jumalaga suhtlemise jutulõnga uuesti üles võtta.

Õelatel sõnadel ja sarkasmil pole kohta vaimses elus. Halva tuju puhangute näitamisel pole kohta Jumala-otsijate käitumises. Kuid samuti ei oodata meilt, et me peaksime muutuma jalamatiks. Pigem õpime me rääkima arukuse ja mõistmise häälega. Kindlusega – jah! Ma ei ütlegi, et me peaksime muutuma piimaga immutatud röstsaia sarnasteks. Ma ütlen aga, et me peame õppima enne mõtlema ja alles siis rääkima.

Erinevus tujukuse ja kindelolemise vahel on selles: kui me kaotame tuju, siis oleme kontrollimatud. Kui me oleme rahul, et me kõneleme tõtt, siis võime me olla nii kindlad, et terve maailm ei suuda muuta meie positsiooni, kuid me ei kaota iial oma rahulikkust, enesekontrolli või teiste austamist.

Kui me kasvame oma mõistmises, siis jõuame me punkti, kus olukordadele vaatamata on meie huviks tõe leidmine: „Mis on tõde?" Imeline tarkus ja võbelust tekitavad Jumala-teostused ujutavad üle meie hinge, kui elame selles teadvuses. Sellise selge mõistmise areng algab tujude, eelarvamuste, meeldimiste ja mitte-meeldimiste kõrvaleheitmisest, kuna nood moonutavad meie pilti tegelikkusest. Näidake mulle Jumala-inimest ja ma näitan teile suure mõistmisega inimest.

Seesmine rahulikkus aitab meil langetada õigeid otsuseid

Gurudži ütles kord: „Selles maailmas on meie mõistmine tihti lühinägelik. Kui meie mentaalne nägemine on niiviisi kahjustatud, siis pole tulevikus juhtuvat võimalik näha. Olles pimestatud oma tegude võimalikest tulemustest, teeme sagedasti valesid asju." Kui saavutame seesmise jumaliku rahulikkuse, siis on võimalik näha tulevikku, mille määratleb põhjuse ja tagajärje printsiip. Peale Gurudeva lahkumist on maailmas juhtunud paljugi, mida ta juba aastatel 1930-1940 ette kuulutas. Tal oli see tajumise selgus, mis tulenes täielikust mõistuse tasakaalust. Nagu jumalik peegel tabab vaimselt rahulik mõistus Tegelikkuse täiusliku peegelduse. Selles peeglis näeme me selgelt iga olukorda ja tajume, kuhu meile võimaldatavad alternatiivsed suundumused meid viiksid, et saaksime valida järgimiseks neist õige.

Selleks intuitiivseks mõistmiseks vajaliku seesmise rahulikkuse saame me vaid läbi igapäevase sügava meditatsiooni. Ärge iial otsige vabandusi oma meditatsiooni-praktikate unarusse jätmiseks. Kui ma kuulen, et pühendunu on eemaldunud mediteerimise harjumusest, muutun ma väga kurvaks, sest see on mõistmatuse algus, kust tema vigade vohamine alguse saab.

Muutke tõde osaks oma igapäevasest elust

„Püüdle igas olukorras mõistmist!" Te peaksite kirjutama selle endale paberi peale ja asetama tolle sedeli oma lauale või mujale, kus te seda päeva jooksul tihti näete. Iga kord kui te olete kiusatuses vihaseks saamise või millegi inetu ütlemise pärast või laskute tujutsemisse, tuletage endale meelde: „Püüdle igas olukorras mõistmist!"

Mil iganes ma leian ükskõik, millisest pühakirjast inspireeriva lõigu või kui Meister andis meile nõu mõnes asjas, siis ma ei jätnud seda lihtsalt meelde – tegin selle oma igapäevase *sadhana* osaks.[3] Ükskõik kui inspireeritud me vaimsest tõest ka oleme, on sel vähe tähendust, kui seda ellu ei vii. Ärge muutuge üheks neist elavatest antiikesemetest, kes ütlevad: „Daya Mata esinemine oli imetore. Kas pole need Meistri õpetused imelised!?" Kuid üsna varsti asuvad nad uuesti oma vanade, väljakujunenud harjumuste rööpaisse.

Kristus kirjeldas, kuidas mõned külvatud seemned võivad langeda paljale kivisele pinnasele, teised sinna, kus idanevad

[3] Praktikad, mis moodustavad inimese vaimse distsipliini tee. (*Tõlkija märkus*)

taimekesed lämmatab umbrohi. Kuid viljakale pinnasele külvatud seemned kasvavad ja kannavad vilja.[4] Teie teadvuse muld peab olema viljakas, väetatud vastuvõtlikkuse ja innukusega, puhastatud kahtlustest, tujudest ja ükskõiksusest, et Tõe seemned saaksid juurduda ja puhkeda õide teie endi teostuses.

Gurudži tavatses meile väga selgesti öelda, mis jäi vajaka enda parandamises ja Jumala-teadlikkuses kasvamises. Ta oli alati nii vahetu ja siiras – see on ka viis, kuidas ma teiega rääkida püüan. Ma tahan säilitada nii paberil kui lindil kõiki ideaale, mida Meister oma järgijatele eeskujuks tõi, sest just nende ülevate põhimõtete mõistmine ja praktiseerimine hoiab neid õpetusi puhtana lugematute tulevaste põlvkondade ja tõe-otsijate jaoks.

Jumala ja guru tingimusteta armastamine

Kui ma vaatan tagasi neile aastatele koos Gurudžiga, siis näen ma, kui õnnistatud me olime. Väga vähesed inimesed selles maailmas omavad kedagi, kes neid alati mõistab. Meie jaoks oli Meister see keegi. Me tundsime meile suunatud tingimusteta armastust. Jah, ta võis olla keevalise loomuga, kui ta polnud rahul meie käitumisega, aga ükskõik, kuidas me ka ei eksinud, ükskõik, millist distsipliini ta meile ka ei õpetanud – me leidsime temas selle, kes meid iial ei hülga.

Seda jumalikku sõpruse ja mõistmise vaimu tuleks viljeleda kõigi meie suure vaimse pere liikmete seas – mehe ja naise, lapsevanema ja lapse, sõprade ja aašrami asukate vahel. Ma tunnen seda sidet nii paljudega teist. Kui me oleme lojaalsed Gurudži ideaalidele, siis on meil üksteisesse absoluutne usk ja me toetame üksteist. See on mõistva südame vili. Kui me oleme sarnase mõtteviisiga inimestega need viljad kokku kogunud, siis on meil neid külluses ja me saame seda küllust kõigiga jagada.

4 Markuse 4:14-20.

See vajab pingutust, mu armsad. Selline ühtsus ei tule automaatselt. Kui teiste käitumine põhjustab ebakõla, siis püüdke teie olla rahutooja. Olge ausad, nähes kõiki vaatenurki. See paneb meid rohkem mõistma inimloomust. Me muutume palju armastavamateks, palju kaastundlikemateks.

Kas me ei oota neid omadusi Jumalalt? Mina küll ootan. Me ootame Kedagi, kes armastab meid vaatamata kõigile meie puudustele. Kedagi, kes mõistab meid isegi siis, kui me iseendid ei mõista. Kedagi, kes on ustav lojaalsuses ja kes alati meile appi tuleb. Kedagi, kes on pidev väe allikas, millest me võiksime ammutada. See jumalik armastatud Issand on meis kõigis - meil on vastutus Tema ees püüda peegeldada üksteisele Tema armastust ja mõistmist.

Las iga päev olla jõulud

Self-Realization Fellowshipi rahvusvahelises peakorteris peetud esinemisest

Jeesus Kristuse sõnum on täna sama tähtis ja eluliselt rakendatav, kui ta oli seda kakskümmend sajandit tagasi. Jõulud peaksid seda ajatut sõnumit meile meelde tuletama ja inspireerima meid uuesti tema õnnistatud elu meenutama.

Kui ma tulin siia Mt. Washingtoni aašramisse väheke aega enne 1931. aasta jõulupühasid, oli mul sügav soov Kristust mõista. Varasest east olen ma otsinud vastuseid elu põhjalikele ja nõutukstegevatele küsimustele: Milleks on meid siia maailma saadetud? Miks on siin nii palju tragöödiat ja kannatusi? Miks on nii palju näivaid vasturääkivusi? Osalesin pühapäevakoolis ja olen kuulanud jutlustajaid, lootuses leida vastuseid. Nad olid siirad, jumalakartlikud inimesed – vägagi siirad – kuid lahkusin sealt alati tühja tundega.

Siis kohtasin ma Paramahansa Yoganandat ja tema sõnumi mõju ning tema armastus Jumala vastu muutsid mu elu täielikult. Kõik, mida ta ütles, meeldis mu mõistusele ja üle kõige mu südamele. Andsin seesmiselt püha tõotuse: „Teda ma järgin."

Olin olnud Mt. Washingtonis umbes kuu aega, kui tähistasin oma esimest kogu päeva kestvat jõulumeditatsiooni.[1] Gurudeva mediteeris sel päeval üle kaheksa tunni koos *Self-Realizationi*

[1] 1931. aastast Paramahansadži poolt algatatud vaimne komme, mida järgiti igal aastal üle maailma asuvates *Self-Realizationi* aašramites, templites ja keskustes.

pühendunutega, jäädes püsivalt Jumala ja Kristusega ühendusse – see oli minu esimene pikema meditatsiooni kogemus. Kui ma istusin selle mälestusväärse päeva meeldivas meenutuses, tuleb mul mõtteisse Gurudeva: „Siin on hindu päriolu mees Oriendist, keda kristlik maailm võiks kutsuda paganaks, kuid tema armastus Kristuse vastu on selline, et ta on Kristust näinud ja temaga suhelnud. Tema on see, kes on näidanud läänele, kuidas tõeliselt jõule[2] tähistada."

Gurudži ennustas, et ühel päeval järgitakse Kristuse sündimise vaimset tähistamist üleilmselt. Tõesti on see nii – mitte ainult läänes asuvates *Self-Realizationi* keskustes ja templites, vaid ka Indias.

Inimkond kannatab vaimse nälja käes

Maailm on tänapäeval haledas olukorras. Inimkond kannatab vaimse nälja käes, nagu üks jutlustaja ütles. Inimene on oma suure teadusliku ja materiaalse progressi saavutamise pingutustes unustanud toita oma vaimset loomust – seesmist Igavest Mina, hinge. Samuti on religioonideski nende järgijad eksitatud välistest aspektidest. Inimkond pole hoomanud, mida peaks Kristuse elu tähendama igaühele meist. Isegi tema järgijad näivad suures osas olevat unustanud, mida Jeesus õpetas. Keskendutakse külluslikult kaunistatud ehitistele, kaunitele kooridele, ühiskondlikule tegevusele, heategevusele – millest paljugi võib olla tähtis ja vastavuses Kristuse seatud eeskujuga. Kuid üle kõige selle tähendas Kristuse sõnum seda: „Armasta oma Issandat, oma Jumalat, kogu oma südamega ja kogu

[2] Jõulude nimetus on tulnud meie keelde põhjamaadest – inglise keeles on sõnal *Christmas* teine tähendus ja sisu – tähendades Kristuse jutlust ehk sõnumit (*tõlkija märkus*). Eesti tänapäevases jõulukombestikus on liitunud kolm traditsiooni: Põhjala talvine pööripäev, kristlik Jeesuse sünnipäev ning lääne tarbimisühiskonna kommertsjõulud. Igal neist on oma kombestik ja sümbolid ning eri inimeste silmis on eri traditsioonide osatähtsus erinev: kes peab olulisimaks kinke ja kuuseehtimist, kes muistset talvepüha ja kes jõulujutlust (Wikipedia).

oma hingega ja kogu oma mõistusega ja kogu oma jõuga."[3] Jumala armastamise viljelemise viis on Tema tundmine meditatsiooni kaudu. „Eks te tea, et te olete Jumala tempel ja teie sees elab Jumala vaim?"[4] Ja Psalmidest me loeme: „Jätke järele ja teadke, et mina olen Jumal."[5]

Lubage mul jagada mõningaid Gurudži väljendatud jõulumõtteid. Ta kirjutas meile, kui ta oli 1935. aastal Indias:

> Armsad Self-Realizationi pühendunud ja sõbrad:
>
> Sel pühal jõuluajal on mu keha kaugel Indias, seetõttu tähistan ma jõule koos teiega alati teie südameis olevas Kristuse- või Krišna-rõõmus nagu seda Indias kutsutakse ...
>
> Minu Krišna ja Kristus – sünnivad vaimus alati üksolevana uuesti minu uues rõõmus sel jõuluhommikul.
>
> Millise kingi ma küll teile sel korral tooksin, kui mitte kõige hinnalisema kõigist kinkidest – ühendatud Kristuse- ja Krišna rõõmu, mille ma jõuluhommikul saan ja teile oma sügava meditatsiooni teel saadan.
>
> Süüvige sügavalt oma seesmisse Minasse ja otsige oma pühendumuse puu meditatsiooni mulda maetud väänlevaid juuri, mis on mu kinkide kink, kokku köidetud teie armastusest, mis püsib minu mälus alati elavana.

Tundku igaüks teist Jumalikku Kristuse Teadvust oma teadvuses kogu selle jõuluaja jooksul. Sest nagu Gurudži ütles:

> Jõulud on mõeldud tähistamiseks, mille läbi pühendunu võiks leida oma enda teadvuses ilmutuva Kristuse vaimu. Sel saabuval jõuluajal mõelge esmalt, kuidas Kristusega sügavuti suhelda. Inimkond on austanud tema elu läbi kõigi nende kahekümne

[3] Markuse 12:30.

[4] Pauluse esimene kiri korintlastele 3:16.

[5] Psalmid 46:11.

sajandi ning Kristuse sünnipäeva tähistamise mõte ongi sügavalt tema peale mõelda.

Jeesus Kristuse särav eeskuju

Miks me Kristust austame? Kindlasti mitte mingite maiste saavutuste tõttu, millega tavaliselt seostatakse edu ilmalikul tasandil: Jeesusel polnud materiaalset rikkust, ta ei omanud mingit vara, tal polnud tavalist kooliharidust, ta teadis, mida tähendab võidelda ja kannatada, sõbrad hülgasid ta ja ta löödi risti. Tema Jumala-teadvuse ja tema elu särava magususe ja alandlikkuse eeskuju tõttu on ta kogu inimkonna jaoks kinnistunud taevas särava Koidutähena - mitte pelgalt neile, kes tunnistavad kristluse välist teoloogiat, vaid kõigile neile hingedele üle terve maailma, kes püüdlevad sügavalt Jumala tundmise poole.

Ma tundsin tihti, et Jeesus on võõras, kellele on võimatu ligineda, sest et ta jääb liiga kaugel mu käeulatusest. Kuid Meister kõneles Jumalast ja Kristusest niivõrd lihtsal, siiral, isiklikul ja pühendunud viisil, et ka meie tundsime, et saame Nendega suhelda - et saame pöörduda Nende poole isiklikult. See oluline koostisosa puudub tänapäeval kristlusest ja kõigist religioonidest. Inimene peab kehtestama oma Loojaga meeldiva ja isikliku suhte ning see saab tulla vaid sügava igapäevase meditatsiooni kaudu.

Kõigis oma õpetustes püüdis Jeesus aidata inimesel suhelda Mõõtmatuga otse ja isiklikult. See ideaal tähendas talle nii palju, et ta ohverdas selle nimel oma elu. Kui paljud tänapäeva maailmas on valmis järgima tema eeskuju ja ohverdama oma elud Jumala armastuse nimel?

Jumala otsimise asemel pühendab enamus inimestest kogu oma eluaja materiaalse õnne tagaajamisele ja enda vajaduste rahuldamisele toidu, riietuse ja peavarju osas, mis kõik viitavad vaid füüsilisele kehale. Mõned inimesed viljelevad entusiasmi intellektuaalse arengu järele, loevad köidete kaupa kirjatükke ja ajavad taga raamatuteadmisi, püüeldes seeläbi mõningast arusaamist. Kuid *Self-Realization* suunab oma igapäevase Jumalaga suhtlemise sõnumi neile, kes on mõistnud, et füüsilisest ja materiaalsest turvalisusest ei piisa ning et raamatud ei rahulda iial hinge sügavat tõejanu. Läbi sügava igapäevase meditatsiooni kogeb pühendunu isiklikku suhet Jumalaga: „Ta kõnnib koos minuga, Ta räägib minuga, ta ütleb mulle, et ma olen Tema oma.“[6] Kuni me pole seda mõistnud, ei tea me, millest üldse Kristuse õpetused kõnelevad.

Mida lähemale me Kristusele meditatsioonis liigume, seda enam tahame me mitte ainult temast rääkida, vaid käituda oma elus teadmisega, et ta on alati ligidal, meid vaikselt vaadeldes.

Ta ei mõista meid iial hukka ega anna hinnanguid. Kui me peaksime eksima, siis on ta esimene, kes ütleb: „Isa, anna neile andeks – need on Sinu lapsed. Nad ei tea, mida nad teevad.“

Kuid väga tihti tunneme me end süüdi või häbi oma käitumise pärast ja oma sobimatuse tundes pöörame oma südamed ja seesmise pilgu Jumalalt ja Tema jumalikelt sõnumitoojatelt. Me ei tunne end mugavalt end nendega otseselt seostades. Seepärast pöördub nii palju inimesi eemale kristlusest, hinduismist ja teistest suurtest religioonidest. Kui Jumala armastamine ei muutu just inimese isiklikuks kogemuseks, paistab religioon kuiva ja jäigana. Otsijaile ei ole õpetatud, kuidas läheneda Jumalale alandlikkuse ja usaldusega – lapsena, kes läheb ema juurde.

Ainus tee hinge otsitava rahulduse leidmiseks viib läbi sügava meditatsiooni. Vaid siis hakkame me tundma „Ja Jumala rahu, mis on ülem kui kogu mõistmine.“[7] See on rahu, mida januneb kogu inimkond.

[6] Austin Miles'i hästi tuntud hümnist „Aias“.

[7] Pauluse esinene kiri filiplastele 4:7.

Ülemaailmne vaimse ärkamise söóst

Palju aastaid tagasi kuulutas Gurudži ette, et suur vaimse ärkamise söóst ujutab maailma üle. Näeme nüüd selle vaimse väe algust. Kurjuse jõudude pimedusele vastandub headuse ja tõe jumalik valgus. Inimene on nii öelda keskel ja kumbki pool – ei hea ega paheline, ei saa teda endale ilma tema nõusolekuta. Ta on varustatud vaba tahtega, valikuvabadusega – valimaks koosluse Jumala looduses ilmutatud kohalolu ehk Kristuse teadvuse või saatanaga. Õnnistatud on see, kes kasutab oma eristamisvõimet ja vaba tahet selle Jumaliku Kristusega ühel lainel elamiseks, kõnelemiseks ja tegutsemiseks.

On öeldud, et maailm on oma kõige pimedamas seisundis ja kui inimest juhtiv valgus muutub väga ähmaseks, halastab Kaastundlik Issand oma lastele ja saadab sõnumitooja õpetusega, mis aitab vabastada inimkonda iseenda loodud pimeduse koopast.[8] Jeesus Kristus tõi sellise sõnumi. See pole mitte ühe usundi monopol, vaid ajatu igavese ja universaalse tõe väljendus, mida tuhandeid aastaid varem õpetas Issand Krišna Indias. See sõnum elustati maailmas meie äreval ajal meie õnnistatud guru õpetuste kaudu.

Jõulude järgimise mõtteks, nagu ka iga avataara sünnipäeva tähistamise mõtteks on maa peal Jumalat, ehk Kristuse Teadvust täielikult ilmutanud isiku austamine ja tema järgimise alustamise otsustamine. Jõulude ajal ei piisa vaid küünla süütamisest, kuuse kaunistamisest ja kinkide vahetamisest. Need tavad on kaunid ja õiged – need väljendavad hea tahte, sõpruse ja armastuse vaimu. Aga kui me teeme neid asju ja unustame Kristuse, siis on jõulud tühjad, me ise väsinud ning seepärast oleme rõõmsad kui pühad on läbi saanud.

[8] „Mis iganes voorus (dharma) alla käib ja pahe (adharma) hakkab domineerima, kehastun ma avataarana. Ma ilmun nähtaval kujul õigluse taastamiseks - vooruslike kaitseks ja pahe hävitamiseks“ (Bhagavad Giita IV: 7-8).

Selle asemel laske oma teadvusel póörelda nende mõtete ümber: „Issand, õpeta mind kõndima Kristuse jälgedes. Lase mul andestada oma kaasinimestele, eriti jõuluajal. Ja las iga päev olla jõuluaeg. Lase mul eemaldada oma südamest kõik vihkamise ja pahatahtlikkuse tunded. Lase mul minna nende juurde, kellele olen haiget teinud ja nende juurde, kes on mulle haiget teinud, ulatades Kristuse sarnaselt armastava sõpruse käe. Ja aita mind, oo Issand, püüda palju siiramalt Sinuga suhelda, kes Sa oled mu hinge Armastatu."

Niiviisi hakkame siis elama Kristuse elu.

Kristuse ja Krišna kõikehõlmav sõnum

Self-Realization Fellowshipi rahvusvahelises peakorteris peetud esinemisest

Mõned teist on palunud mul kõnelda Kristuse ja Krišna rollidest Self-Realization Fellowshipi õpetustes. Nagu te teate, tunnistab Self-Realization Fellowship kahte piiblit: Bhagavad Giitat, mis sisaldab Issand Krišna õpetusi ja Uut Testamenti, mis sisaldab Jeesus Kristuse sõnumit. Guru Paramahansa Yogananda paika pandud „*Eesmärkides ja ideaalides*“[1] seisab: „Avaldada Jeesus Kristuse õpetatud algupärase kristluse ja Bhagavan Krišna õpetatud algupärase jooga täielikku harmooniat ja põhimõttelist ühtsust ning näidata, et need tõe printsiibid on kõigi tõeliste usundite ühisteks teaduslikeks alusteks.“ Tõde või nimetada paljude nimedega ja tõlgendada erineval viisil, kuid Tõde on üks, nii nagu ka Jumal on üks.

Kristuse ja Krišna elude sarnasus

Krišna sündis tuhandeid aastaid enne Kristust Indias printsina. Just nii, nagu oli Jeesus Kristusegi tulek pühakirjades ette kuulutatud, oli ka Bhagavan Krišna advent ettemääratud. Nagu ka Jeesuse puhul, kaasnes Krišna sünniga kuulutus, et temast saab suur õigluse vaenlaste vaimne hävitaja. Kui tema paheline onu, kuningas Kamsa,

[1] Vt lk 325.

Ida-Bengali Palpara külas 1973.

„Tuleb aeg, kus teie teadvus jääb püsimatult meditatiivsesse seisundisse – alati Jumalaga ... Lõpuks leiate, et isegi kui teete tööd, mil iganes te oma mõistuse hetkeks sissepoole pöörate, tunnete te seesmise pühendumise, rõõmu ja tarkuse pulbitsevat kaevu. Te ütlete siis: „Ahh, Ta on minuga koos!“ See on meditatsiooni vili, mida võib igal ajal nautida – vaikses suhtlemises või keset tegevusi.“

seda kuulis, käskis ta kõik vastsündinud lapsed tappa – täpselt samuti, nagu püüdis kuningas Herodes tappa Jeesus-last. Krišna isa hoiatati selle ohu eest jumalikult, nagu hoiatati ka Jeesuse maist isa (Joosepit) ning ta põgenes koos imikuga, andes ta salaja kasuema hoole alla. Samamoodi põgenesid Jeesuse vanemad oma poja elu päästmiseks kodumaalt. Nii nagu Jeesus, kasvas ka Krišna üles lihtsas ümbruses, olles lehmakarjuseks Brindabanis. (Olen külastanud paljusid kohti Indias, mis on seotud Krišna eluga – püha Brindabani linn on imeline vaimne meka, kus tuhanded palverändurid väljendavad oma austust Issand Krišnale.)

Jumaliku armastuse universaalne sõnum

Krišna oli jumaliku armastuse kehastus. Tema ülevaks sõnumiks oli armastada õiglase tegevuse kaudu Jumalat ja kaasinimesi. Tema väljendatud armastus oli kõrgeim ja puhtaim nagu oli ka palju sajandeid hiljem Jeesus Kristuse armastus.

Mõlemas ajaloo punktis oli suur vajadus jumaliku armastuse sõnumi järgi. Jeesuse ajastule eelnevas ajastus oli tema inimeste hulgas valdav vaimne arusaam Moosese „Silm silma, hammas hamba vastu."[2] Moosese panus selle aja ja paiga inimeste jaoks seisnes kättemaksuseaduse austamises (et igal põhjusel on tagajärg). Ta rõhutas moraalsust, sest kõlbelised põhimõtted on Jumala ja Looduse seadused, mille järgi me peaksime füüsilise heaolu, mentaalse rahu ja vaimse vabaduse saamiseks selles maailmas elama.

Kuid Jeesuse ajaks olid inimesed süüvinud liigselt Moosese antud seaduste kirjatähte ja unustanud selle taga oleva vaimu. Jeesus õpetas seaduse kokkusegamise vajadust kaastunde, andestuse ja sallivusega: „Kui keegi lööb sulle vastu paremat põske, keera talle ka

[2] Teine Moosese raamat 21:24.

teine ette,“[3] ja „Andestage seitsekümmend seitse korda.“[4] Tema elutähtis sõnum on vastu pidanud kuni meie ajani ja on ujutanud üle läänemaailma samal moel, nagu Issand Krišna õpetused jätkavad õitsemist miljonite India ja Oriendi järgijate hulgas.

Ühe Tõe erinevad tahud

Iga jumalik kehastus, nagu Krišna, Buddha ja Kristus, kandis igaüks erilist kaasatoodud sõnumit. Issand Buddha rõhutas karma seadust, mida väljendas hiljem Kristus lauses: „Kuidas külvad, nii ka lõikad.“ Buddha kõneles karma rattast – näidates selle abil, et meie tehtud teod tulevad meie, kui algpunkti juurde alati tagasi – nii nagu ring viib iseend otsusekindlalt lõpule. Kui me oleme midagi valesti teinud – isegi kui see oli kaua aega tagasi ja isegi kui me oleme seda teiste eest varjanud ja selle ise unustanud – toob karma ratas teo ebameeldivad viljad meie juurde tagasi.

Karma seaduse mõistmise kaudu võime näha, miks on nii oluline meeles pidada Kristuse sõnu: „Ärge mõistke kohut, et teie üle ei mõistetaks kohut.“[5] Me näeme vaid teiste välist käitumist – me ei tea alati, miks nad nii käituvad, miks midagi teevad. Kritiseerimise asemel võiksime me öelda Jeesuse sõnadega: „Isa, anna neile andeks, sest nad ei tea, mida nad teevad.“[6] Milline suurepärane vaimne teadus peitub neis sõnades! Need tähendavad lihtsalt seda: „Mina ei ole kohtumõistja oma kaasinimeste üle. Las ma näitan oma elus üles andestust, nagu Sina, mu armastatud Jumal, oled andestanud mulle mu paljudes eludes sooritatud lugematud pahelised teod.“ Me hakkame seda Kristuse õpetust peegeldama siis, kui õpime ületama

[3] Matteuse 5:39,

[4] Matteuse 18:22.

[5] Matteuse 7:1.

[6] Luuka 23:34.

Tervitamas YSSi poistekooli õpilasi Ranchis1972.

Koos SRFi noortele mõeldud „Kuidas elada“ suvise programmi osalejatega SRFi Järvepühamus 1978.

„Lapsed on nagu õrnad taimed. Et nad saaksid õigesti, täie potentsiaaliga kasvada, vajavad nad hoolitsust ... Tooge neile õigeid eeskujusid ja suunatunnetust, et nad õpiksid armastama Jumalat, kohustusi vastu võtma ja neid täitma, olema isetud ja head teiste vastu – seda omaduste ja vooruste kogumit, mis on vaimselt mõtleva inimese mõõduks.“

ülikriitilisust teiste suhtes ja pöörame teiste asemel oma kriitilise tähelepanu iseendi nõrkustele ja alustame niiviisi iseendi muutmisega.

Suurim käskudest

Jeesus ütles, et esimeseks käsuks on oma Jumala armastamine kogu oma südame, mõistuse ja hingega, kogu oma väega. Teine käsk on: armastage oma ligimest nagu iseennast. Issand Krišna õpetas sedasama kui ta väljendas Issanda käsku: „Süüvi oma mõistusega Minusse, saa Minu järgijaks, loovuta kõik asjad Mulle, kummarda vaid Minu ees ... Hüljates kõik oma teised kohustused, pea meeles vaid Mind."[7] Ja edasi: „Parim joogi on see, kes tunneb kaasa teistele, nii kurbuses kui naudingus, nagu ta tunneb seda enda puhul."[8]

Kui me armastaksime oma ligimesi kui iseendid, siis peaksime esmalt mõistma, et hing on meie Tõeline Mina – Jumala individuaalne peegeldus. Me peame unustama oma väiksed ego-minad ja nende pidev hõivatus „mina, mina, minuga." Jeesus ei pidanud silmas, et peaksime armastama oma ligimest kitsal ainuisikulisel moel, olles kiindunud füüsilisse vormi või isiksusse, vaid armastama pigem kõiki, nähes sedasama Vaimu elutsevat neis, mis endaski.

Krišna ütles: „See, kes tajub Mind kõikjal ja näeb kõike Minus, ei kaota iial Mind silmist, ega kaota ka Mina teda silmist."[9] Sarnases metafooris väljendas Kristus sama tõde nende sõnadega: „Eks kaks varblast müüda veeringu eest? Ja ometi ükski neist ei lange maha ilma teie Isa teadmata. "[10] See on Jumaliku Armastatu lubadus: „Ma pole iial väljaspool Minust mõtleva ja Mind kõikjal nägeva lapse silmapiiri – tema järgi vaatan ma alati."

[7] Bhagavad Giita XVIII: 65-66.

[8] Bhagavad Giita VI: 32.

[9] Bhagavad Giita VI: 30.

[10] Matteuse 10:29.

Tõde kajab vastu sajandite tagant, kuid väga harva ilmub rahvahulkadest esile hing, kes võtab vastu ja peegeldab jumalikku valgust täielikult. Gurudži ütles tihti: „Üks Kuu annab palju enam valgust kui kõik taevatähed kokku." Täpselt samuti toob üks suurvaimude jalajälgedes kõndiv kuutaoline hing maailma endaga rohkem valgust, kui tuhanded, kes kuulutavad kantslist vaid dogmasid ja religiooni välist külge.

Gurudeva lähenemine Jumalale oli nii kaunilt lihtne ja lapselik. See meeldis väga mu südamele – just see tõmbaski mind tema Eneseteostuse õpetuse poole. Isegi kui ta kõneles rahvamasside ees (ta kõneles tihti tuhandete ees), ei pidanud ta loengut, vaid ta rääkis kõigi hingedega. Kuulajaskonna ja tema vahel oli jumalik üksolemine, kuna ta edastas seda, mida tajus oma teadvusega. See isiklik Jumala-kogemus on Eneseteostuse ideaaliks, just seepärast on selle ordu kõikidele munkadele ja nunnadele öeldud, et esmalt ja kõige peamiselt tuleks Jumalat seespool tunda, elades vaimse elu ideaalide ja põhimõtete kohaselt.

Vastus igale probleemile

Aašrami elu alustades oli mul arvamus, et kuna Gurudži on meister, siis annab ta alati iga meie probleemi puhul valmis lahenduse – just nagu ta tervendas mu keha väga tõsisest haigusest pelga puudutusega. Ma ootasin, et iga kord kui ma tema juurde mingi raskusega ilmun, puudutab ta mind vaid ja ma olen järsku valgustunud! Kuid nii see ei olnud. Ma pidin viljelema aastaid rasket enesedistsipliini, sügavaid hinge-otsinguid ja Jumala järgi igatsemist, arendamaks isiklikku suhet Ühega, kes on Vastus igale probleemile.

Meie kannatused selles maailmas ei ole karistuseks – selle kohta on Jumalik ütlus: „Sa eksled kaugele eemale, mu laps. Tule tagasi!" Õppige arendama sellist meeldivat suhet Jumalaga, et iga kord kui te olete pettunud, iga kord kui te leiate oma elus mingi tülpimuse, siis saate te aru, et see tuleb Jumalalt, meenutamaks, et te Teda ei unustaks. Meie peamine füüsiliste, mentaalsete ja vaimsete kannatuste ja vintsutuste põhjus on hajameelsus, mille eest Ta meid oma armastusega kaitseb.

Inimkond on kaotanud silmist Jumala, seepärast ongi maailm tänapäeval hirmsas olukorras. Materiaalselt valitseb selline küllus, kus osadel on palju ja teistel mitte kui midagi. Mentaalselt on kõikjal segadus, kahtlused ja hirm. Vaimselt on maailm näljas. Paistab peaaegu, nagu inimkond oleks igal moel pankroti lävel.

Need tingimused kestavad seni, kuni oleme nii palju kannatanud, et pöördume tagasi Jumala juurde. Kõik me peame lõpuks avastama, et õnne ja turvalisust, mida me otsime, ei leita sellest maailmast. Me sirutame käed üles ja haarame pilve, kuid leiame jälle tühjad pihud – niisugune ongi maine elu. Nii kaua, kuni me otsime õnne maistes asjades, jääb see alatiseks tabamatuks. Aga kui me leiame tõelise õnne seesoleva Jumaliku Õndsusega ühendust võttes, siis ei mõjuta meid ükski maine raskus, ükski teiste pahatahtlikkus ei häiri meid.

Hädad meie suhetes – nii abielumehe kui -naisega, laste ja teistega tulenevad sellest, et me nõuame pidevalt, et teised rahuldaks meie õnnevajadust. Me ise mõtleme omakorda, et vaid materiaalsete asjade andmine armastatuile rahuldab piisavalt nende igatsusi. Sellest ei ole iial küllalt, mu armsad – mitte iial! Mida enam me rahulduses välistest asjadest sõltume, seda enam loome me endas veelgi sügavamat nälga – meie hinges olevat nälga, mida vaid Jumal suudab rahuldada.

Kristuse, Krišna ja teiste suurvaimude elud on meile meenutuseks, et pööraksime oma mõtted sügavamalt Jumala poole: „Issand, mu elu lendab mööda ja siiani pole ma Sind oma südamest leidnud. Lase mul nüüd teha see pingutus, et saan Sinuga tutvuda ja luua Sinuga suhte. Et ma leiaksin Sinus selle rahu, rõõmu ja armastuse, mille järgi mu hing on igatsenud ja mu süda janunenud. Ma olen olnud kui kerjus selles maailmas, kerjates inimsüdamete vähest südamlikkust. Ära luba mul seda enam teha, vaid pööra mu tähelepanu sissepoole ja lase mul Sinuga üheks saada, mu Armastatu – Sina, kes sa oled kõigi rõõmude, kogu elu, kogu rahu ja kogu armastuse allikas. Lase seejärel mul peegeldada oma elus Sinu jumalikku valgust. Lase mul seda maailma läbides olla rahutooja."

Maailmarahu algab perekonnast

Paljud inimesed on hõivatud rahutoomisega maailma, kuid nad pole saavutanud rahu isegi endis ja oma perekonnas. Nad võivad olla need, keda Meister kutsus „tänaval inglid ja kodus kuradid." Rahu ei saa iial tulla rahutute indiviidide pingutuste kaudu.

Inimene peaks alustama sellest, et on esmalt ingel oma kodus, nende hulgas, keda Jumal on tema ligi tõmmanud. Igaüks meist on konkreetses keskkonnas, mis on meie vaimseks kasvuks vajalik, seega pole õige minema joosta lihtsalt seetõttu, et on raske. Selle asemel peaksime püüdlema olla oma peres harmoonia, headuse, mõtestatuse ja armastuse tööriist – mitte tingimata sellest jutlustades, vaid seda elades. See on õige viis, kuidas tuua Kristuse-sarnast vaimu tagasi maailma.

Meis endis on olemas vägi, millega maailma muuta. Me peaksime alustama iseendist sügava igapäevase meditatsiooni kaudu. Otsige hilisõhtul oma kodus üks eraldatud paik, kus te saaksite olla üksi. Istuge vaikselt, vaatamata sellele, kas olete raske südamega või täis rõõmu ja meelerahu ja suhelge Jumalaga oma hinge keeles. Kui teil on kindlameelsust, siis saate kindlasti Temalt vastuse. See ei saagi teisiti olla. Mida rohkem te Temaga räägite – mitte ülespuhutud, papagoina korratud palvetes, vaid isiklikult, südame põhjast Temaga suheldes – seda rohkem te näete, et te hakkate kõige ootamatumal moel tundma endas Tema vastust. Me saame Jumalat tunda, me võime suhelda Temaga ja tunda Tema armastust oma eludes. See on Kristuse ja Krišna universaalne sõnum.

Lastekasvatamise oskuslik töö

Satsangidel lastekasvatuse kohta esitatud küsimused-vastused

Laste toomine sellesse maailma ei ole vaid looduse antud õigus, vaid kannab endas ka Jumala antud vastutust. Ühiskond nõuab ettevalmistavat väljaõpet, kui keegi tahab saada juristiks, raamatupidajaks või mehhaanikuks. Aga kui vähesed on õppinud lapsevanemaks – mis on kõige nõudlikum kõigist ametitest?!

Me usume, et ideaalis ei tohiks keegi lõpetada kooli, kui ta pole õppinud olema vastutustundlik täiskasvanu ja hea lapsevanem. Lastele õpetatakse, kuidas küpsetada, õmmelda, kuidas raamatuid hoida ja tänapäeval sedagi, kuidas arvutitega töötada. See on kõik hea, kuid neile tuleb ka õpetada, kuidas eluga hakkama saada.

Laste väljaõpe algab kodust

Õige laste väljaõpe algab kodust. Koolidele võib vee peale tõmmata – piltlikult öeldes. Kuid sealne manduv keskkond ei ole täielikult õppeasutuste endi süü. Peame süüdistama selles kodu, kus puudub tõeline harimine. Tunnistan, et lastekasvatamine on tänapäeval ja nüüdsel ajastul raske ülesanne. Kuid ühelgi vanemal pole õigust tuua last siia maailma ja siis loobuda lapse juhendamise kohustusest. Kes külvaks oma aeda seemne või istutaks väikese puu – jättes ta seejärel iseenda hooleks, pakkumata talle mingitki hoolt ja kaitset? Kui te tahate, et ta kasvaks terveks ja sirgeks puuks, siis peaksite asetama talle kõrvale tugevad toed, et ta ei painduks kõrvale ega murduks tugeva tuule käes. Meil on oma noorte ees vastutus ja on häbiväärne kui vanemad jätavad oma kohustused unarusse. Kui Jumal ei oleks ette näinud juhendavaid lapsevanemaid, kooruksid imikud vanemate munetud munadest, mis maha jäetakse. Nii teevad kilpkonnad.

Lapsed vajavad armastavat distsipliini

Lapsed vajavad distsipliini. Ma ei pea silmas nende peksmist – palun mõista seda. Lapse puhul ei tohiks iialgi vägivalda kasutada! Te peate juhendama lapsi resoluutselt, kuid armastusega. Viitan aastatele, kus olime koos Meistriga. Noorte teelolevate pühendunutena olime me teatud mõttes lapsed. Kui vaja, juhatas ta meid arukuse ja resoluutsusega, aga ka suure armastusega. Selline peaks olema ideaal.

Meenub, kuidas ma aastaid tagasi mõtlesin sellest, kuidas paljud lapsevanemad teevad saatusliku vea, järgides tuntud arstide soovitust, kes propageerisid distsipliini mittevajalikkust – lubades lastel olla vabad oma tahte kujundamiseks ja oma asja ajamiseks. Terve mõistus ütles mulle, et selline laste-kasvatamise meetod viib pahandusteni. Need väikestes kehades olevad värsked hinged (me ei nimeta neid noorteks hingedeks, kuna nad on kahtlemata läbinud juba palju elusid) ei suuda väljendada eristamisvõimet ja arusaamist, isegi kui need omadused on nende hinges olemas. Lapsed on nagu õrnad taimed. Et õieti kasvada ja oma täies ilus õide puhkeda, vajavad nad toitmist, hellust ja tagasilõikamist – juhendust, armastust ja mõistmist, mida ainult lapsevanemad on neile suutelised andma. Iga laps vajab dialoogi kellegagi, kellel on see arusaamine, mida laps veel saavutanud ei ole, kuid mille ta välja arendab, kui teda õigesti juhendada.

Kõnealust kõikelubatavuse suundumust tuleb muuta ja üheks viisiks on anda kasvueas õige väljaõpe. Lastele tuleb õpetada õigeid moraalihoiakuid ja õiget käitumist – mitte vaid sõnadega, vaid ka eeskuju najal. Sellise juhenduse puudumine on kaasa toonud siin maal valitsevate moraalistandardite ja käitumise traagilise kaose, mis lõhub perekondi kõige rohkem. Ja mis on selle tulemus? Emotsionaalselt sandistatud lapsed. Sellised lapsed muutuvad tavaliselt emotsionaalselt sandistatud täiskasvanuiks, kes on kogenud hüljatust, mis viib omakorda kibestumiseni ühiskonna kui terviku suhtes. Nad tunnevad, et maailm ei ole andnud neile nende õiglast osa. Kui seda ei korrigeerita, võib moraali purunemine põhjustada sellise moraalse vastutuse allakäigu, mis viis kadunud tsivilisatsioonid langemise ja hävinguni.

Lapsevanemad peaksid jagama vastutust

Emal ja isal on lapse üleskasvatamisel erinevad rollid ja mõlemad on väga tähtsad. Ema on peamine, kes toidab ja hellitab last tema imikueas. Ma ei mõtle selle all, et ema on ainuke. Kuid on loogiline, et tema osaks on varajane hoolitsus: ema tilgutab lastesse esimestel aastatel nii vajalikku väljaõpet. See on just tema, kes oma kehas imikut toidab. Isa ei peaks oma vastutusest loobuma. Kui laps kasvab, siis vajab ta mõlema vanema kaaslust, hellitusi ja mõistmist. See on nii ema kui isa üldine kohustus, et nad mõlemad laste kasvatuses osalevad.

Ma usun väga sugude võrdsusse. Gurudeva Paramahansa oli üks esimesi, kes seda võrdsust rõhutas. Samal ajal, kui kõik teised andsid juhi rolli vaid meestele, astus ta sellele traditsioonile vastu, tehes minust naiste seas ühe esimese, kes sai ülemaailmse vaimse organisatsiooni juhiks.

Mis vahet seal on, kas kedagi kutsutakse härraks, prouaks, preiliks või neiuks, kui indiviid oma põhiolemuselt pole mees ega naine, vaid Jumala näo järgi tehtud hing? See sarnaneb pigem sellega, kuidas väiksed lapsed mänguasjade pärast tülitsevad. Põhilised teemad asuvad hoopis laiemal skaalal. Seesolev hing on see, mis tegelikult loeb. Igaühel meist on selles maailmas täita põhjapanev roll. Kui see nii ei oleks, teinuks Jumal meid kõiki ühetaolisteks. Ja lõplikus tähenduses ei ole ükski roll teisest tähtsam. Oluline on, et me mängiksime oma rolli hästi, mis see siis ka ei oleks.

Ei ole õige, et ema peaks olema terve elu pliidi külge seotud. See pole aus ega vajalik. Ilmselgelt vajavad ka emad elus teisi väljakutseid. Aga lapse õrnas imikueas on ema mõju kõige tähtsam ja ma usun, et siis on tema koht kodus laste juures. (Mõnel juhul võib töötav üksikvanem saata oma lapsed päevaks lasteaeda.)

Lähedaste suhete viljelemine oma lastega

Laste üleskasvatamine ja laste vajaduste mõistmine on tõesti oskuslik amet. Igaüks on erinev. Jumala silmis oleme me kõik hinged, kel on Jumalikkusega samad omadused. Aga kuna igaühel on vaba tahe ja sõltumatu arukus, siis oleme me arenenud erineval moel oma ainulaadse karma mustriga. Iga last tuleb seega mõista kui indiviidi.

Ma olin üks meie pere neljast lapsest. Me jumaldasime oma ema, mis minu arvates juhtub siis, kui ema püüab alati mõistev olla. Ta ei pidanud meid iial füüsiliselt karistama, sest me tahtsime alati talle meele järgi olla. Kui me seda ei olnud, siis me kannatasime, kuna armastasime teda. Me võisime temaga alati rääkida, võisime alati arvestada tema mõistmisega. Kuid ta ei kohelnud meid ühtemoodi. Ta nägi, mida igaüks meist vajas ja seda ta meile ka andis. Ma usun, et see tuleb instinktiivselt, kui ema koos oma lastega aega veedab. Armastage võrdselt kõiki oma lapsi, kuid mõistke, et te peate seda kõigile andma erineval viisil. Mõned lapsed on sündinud väga põikpäistena, mõned on kerglased, mõned tujukad, mõned alati rõõmsad ja lustakad. See tähendab oma lapse tundmaõppimist ja tema juhatamist sellisel viisil, et ta aru saaks, kui ta läheb vales suunas.

On tähtis, et vanematel on oma lastega õige suhe. Ärge püüdke olla oma laste sarnased. Te olete nende vanemad, mitte nende vennad ja õed. Õpetage neid armastama ja austama teid kui vanemaid. Ma ei arva, et semutsemine on lastele tervislik või kasulik. Ema, kes tahab oma lastele õeks olla, püüab vaid toita oma ego. Ta ei taha ise saada täiskasvanuks. Ta peaks olema vastutustundlik ema. Ja sama kehtib ka isa kohta.

Hoidke oma suhtlemise liinid avatud

Et oma lapsi õigesti õpetada, peate te nendega tõhusalt suhtlema. Laske neil tunda, et nad võivad teid usaldada. Laske neil olla tõe järgijaiks, võimaldades neil öelda, mis iganes neil pähe tuleb. Kui te saadate lapse minema, sest ta ütles teile midagi, mis teile ei meeldi, siis muutub see laps puiklevaks, vältivaks, püüdes maskeerida oma tõelisi tundeid ja peita käitumist, mille kohta ta teab, et see ei meeldi teile. Selle asemel otsib ta siis usaldusisikuks kellegi teise. On palju parem, et te ise olete see sõber, kelle poole ta alati pöörduda saab. Selles eluterves suhtes oma lastega ei tunne nad vajadust arstimite ja mujalt mõistmise otsimise järele.

Võtke aega, et oma lastega rääkida. Vastake nende küsimustele ja selgitage oma mõtteid neile arusaadavas keeles. Te ei saa lihtsalt öelda; „Ära tee seda." Te peate lapsega arutlema sellisel moel, mis paneb teda kuulama. Inimene õpib kuulates, isegi kui ta ei nõustu kõigega, mida öeldi. Julgustage lapse tahet kuulata. Ülesehitavad sõnad sööbivad tema teadvusse. Ta võib mõelda neile tänuga, kui ta ise ühel päeval lapsevanemaks saab. Hea vaimne side oma lastega võib alata varases eas. Kui te ootate nii kaua, kuni tekib probleem, on kaugelt palju raskem neid suhtlusliine avada.

Ühe asja eest ma hoiataks: ärge sundige iial lapsele peale oma vaimseid vaateid. Ärge öelge oma lapsele: „Kuna mina mediteerin, siis teed seda ka sina." Lapsed on kui lilled, laske neil üles kasvada ja arendada välja endi isikupära. Selles pole midagi halba. Teie osa on anda neile õige eeskuju ja suunataju – et nad õpiksid armastama Jumalat, võtaksid enda kanda kohustusi ja viiksid neid ka ellu, oleksid isetud, teiste vastu head – see omaduste kogum on vaimse meelelaadiga inimese mõõdupuu.

Minu enda lapsepõlve varases eas õppisime lastena ema põlvede ümber palvetama. See oli voodisse mineku ettevalmistamise osa. Me olime põlvili tema ümber ja palvetasime erinevate pereliikmete eest. See oli nii armas. Meid ei sunnitud seda iial tegema. Laps, keda õpetatakse palvetama, armastab seda. Selleks ajaks, kui olin seitseteist ja ühinesin Self-Realization Fellowshipiga, olin ma oma palves nii hõivatud teiste eest palvetamisega, et mu palve ei näinud kunagi lõppevat – alati oli veel paljusid, keda tuli nimekirja juurde lisada. Teiste heaks palvetamine õpetab inimest teistele kaasa tundma. Lapsi tuleb õpetada hoolivateks ja isetuteks.

Tutvustage lapsele vastutustunnet

Samuti on tähtis õpetada lapsele vastutuse võtmist. Ma olen alati vapustatud, kui ma näen, kus vanemad teevad kõike: valmistavad süüa, pesevad nõusid, koristavad, toimetavad aiatöid ja laps istub teleka ees või läheb külastab oma sõpru ja tal ei ole mingeid kodutöid. See ei ole õige. Miks tunnevad lapsevanemad, et nad peavad kõike ise tegema? Miks ei anna nad lapsele töid, mis aitaks neil arendada oskusi ja vastutust? Lapsest kasvab hoolimatu ja ebausaldusväärne inimene, kes ei tea, kuidas oma lapsi õpetada. Neid harjumusi antakse edasi ühelt põlvkonnalt teisele, seepärast on täna paljud noored inimesed meie ebaõnnestunud kohusetäitmise ohvrid.

Lapsed peaksid varasest east saati õppima, et miski ei tule ilma pingutuseta. Inimene peab töötama, ta peab väärtustama seda, mida ta selles maailmas saab. See põhimõte on tähtis. Kui lapsele anda kõike, mida ta tahab, siis ei õpi ta millegi väärtust. Õpetage lapsele, et ta peab andma oma panuse peres, oma sõprade ringis, ühiskonnas. See valmistab teda ette tulema toime sellega, mida teised temalt täiskasvanuna ootavad.

Vanemad on tihti oma laste osas liiga soosivad: „Ma tahan anda oma lapsele kõike, mida mul ei olnud." Jama! Andke neile koos teie abi ja toetusega võimalus avada, saavutada ja kohtuda elu väljakutsetega, et nad muutuksid tugevateks isiksusteks. Te ei saa kaitsta neid kõige eest, ega kindlustada laste õnne nende kapriise toites. Ja pikas perspektiivis ei aita see neid, kui te püüate niiviisi teha.

Ühte asja ma usun kindlasti: kui te annate lapsele koduse töö teha, siis vaadake ka, et ta selle ära teeb. Kui te ütlete lapsele, et ta paneks oma riided ööseks toolile, siis nõudke, et ta teeks seda, mida te ütlesite. Ärge nüpeldage last, vaid nõudke. Kui kord head harjumused on välja kujundatud, siis teeb laps asju automaatselt õigesti.

Väiksed lapsed teevad alati, mida neil palutakse teha, kui nad tunnevad, et nad aitavad, panustavad. Tehke nii, et nad tunnevad end jagamas. Kiitke ja julgustage: pange nad tahtma seda ise teha. Vaadake, et lapsele antav kohustus ei oleks suurem, kui tema võime seda teostada. Ja kui ta annab oma parima, siis premeerige teda, kui ta aga seda ei tee, siis ei saa ka mingit preemiat. Preemia pole just parim praktika - on parim, kui laps kuuletub instinktiivselt heast käitumisest, kuid kahjuks paistab, et enamikul juhtudel aitab ikkagi väike premeerimine.

Kui ma olin laps, siis ei saanud me muid preemiaid, kui vaid meie vanemate kiituse hästi tehtud töö eest. Meil kõigil olid omad kohustused ja me teadsime, et meilt oodati nende korralikku täitmist. Kui näiteks me olime kuivatanud nõud õhtusöögi järel ja klaasidel olid plekid peal, pidime me tõusma voodist uuesti üles ja minema neid uuesti pesema. Olen tänulik selle distsipliini eest. Hindan seda väga. Kui ma poleks seda väljaõpet noore tüdrukuna saanud, poleks ma olnud võimeline võtma vastu Meistri poolt mu õlule pandud kohustusi, mis on kulmineerunud tänastega.

Kas vanemad peaksid valima oma lastele elukutse?

Enda kogemusest tean, et kui keegi ütleb meile, mida peaksime oma elus tegema, siis võime seda soovitust veidike järgida, kuid varem või hiljem peavad meie seesmised kalduvused saama täidetud. Kui keegi küsib minult: „Kas ma peaksin abielluma või jääma üksikuks?" siis on esmaseks asjaks, mida ma teada tahan: „Mida sa ise oma südames tahad?" Sest kui ma soovitaks, et keegi hakkaks loobujaks, siis ei pühiks see elu tingimata kõiki soove minema. Soov järgida teatud elusuunda peab tulema seest ja siis saab seda kalduvust tugevdada välise juhtimisega.

Näiteks on nii idas kui läänes olnud palju neid, kes on järginud kloostrielu, kuna nende vanemad neilt seda ootasid ja kasvatasid neid mungaks või nunnaks saamise tähe all. Kuid sellistest järgijatest ei saa väga häid kloostri asukaid, kui see amet ei ole nende endi südame kõige suuremaks sooviks. Peale viit, kümmet või viitteistkümmet aastat panevad teised soovid end maksma ja nood inimesed otsivad teise elamise viisi.

Vaid teie ise saate öelda, mida te tõeliselt tahate. Kui minult nõu otsivad pühendunud küsivad: „Ma tahan teada, mida Jumal tahab, et ma teeksin," siis tulen ma jälle tagasi selle juurde, et mida te ise tahate? Alustage kõigepealt sellest ja siis analüüsige objektiivselt, millist teed pidi teie elu karmaliselt minema peaks.

Vahel võtame me vastumeelselt oma elu eest vastutuse enda kanda. Me tahame, et Jumal ütleks meile, mida teha, arvates, et see, mida Jumal tahab, on kooskõlas sellega, mida *me* ise tegelikult tahame. Ma ei ole Jumala tahte otsimise vastane – tegelikult olen ma üleni selle poolt. Kuid ükski hulk ütlemist: „Ma tahan järgida Jumala tahet," ei ole piisav, kui meid piinab seesmiselt miski muu. Me oleme külvanud soovide seemneid, oleme neid enda sees hellitanud vahest paljude elude kestel. Seega ei piisa sellest kui me võtame vastu tahtmist omaks selle, mida me mõtleme, et Jumal meist tahab või mida meie vanemad või sõbrad valiksid. Me peame järgima seda, mida me tunneme olevat meie endi jaoks õige ja püüdma siis sellest punktist edasi liikuda.

Igaühel meist on olemas Jumalalt saadud arukus, mille abil me peaksime võtma vastutuse enda eest ja õppima, kuidas teha elus õigeid valikuid. Kui me seda teeme, mediteerides samal ajal ja püüdes olla Jumalikuga ühel lainel, teostame me oma isiklikku saatust. Vanemate kohustus on juhtida oma lapsi neid radu pidi, andes samal ajal lastele vabaduse enda loomuse järgimiseks.

Mu pojad on neljateistkümne- ja kuueteistkümneaastased. Nad tahavad kohtamas käia, kuid ma olen pärit India kultuurist ja ma ei kiida seda heaks. Nagu te teate, on Indias abielud ette ära korraldatud. Ma tean, et see pole Ameerika tava ja et mul peaks olema tasakaalustatud hoiak. Kuid ma tunnen siiski veel, et nad on liiga noored ja et praegu peaksid nad oma energia investeerima õppimisse ja sporti.

Lubage mul kõige esmalt öelda, et te ei saa teha üldistavat reeglit, sest igaüks on erinev. Mõned on teistest samas vanuses palju küpsemad. Teiseks olen ma nõus, et läänes on kohtamiste süsteem liiga paljulubav, kuid samal ajal ma mõtlen, et India tava saaks parandada. Ma olen näinud mõningaid traagilisi tagajärgi India ärakorraldatud abieludel. Seega on mõlemal süsteemil oma puudused.

Gurudži uskus väga sellesse, et varases eas peaksid erinevast soost lapsed õppima eraldi koolides. Laste tähelepanu peaks olema keskendunud siis akadeemilisele ja iseloomu treenimisele, arengule, mis varustab neid parema eluga siis, kui nad täisealiseks saavad, ilma, et stimuleeritaks mittevajalikke ärkavaid meeli, mis kaasnevad poiste-tüdrukute vaheliste suhetega. Kahjuks on tänapäeva ühiskonnas moraalsed standardid alla käinud. On suur viga lasta selles lubatavuse õhkkonnas väga varases eas lastel kohtamas käia. Kasvav teismeliste raseduse probleem on selle küllaldane tunnistaja.

Ma nõustasin üht noort tüdrukut, kelle Gurudži ideaalidega kasvatatud isa oli oma lastega range. Ta ei lubanud neil selles noores vanuses, kus paljud nende sõbrad väljas käisid, kohtamas käia. Nad pidasid sellest kinni. Siis, kui neil lõpuks lubati kohtama minna, sattus noor tüdruk kokku vale tüüpi noormehega. Siis puutusingi selle teemaga kokku. Kulus mitu kohtumist ja kannatlikku vestlust, kus sai viidatud, kui oluline on see, et temast saaks vastutav suutlik täiskasvanu, kes oleks võimeline tegema elus õigeid valikuid. Õnneks ta kuulas ja tänasel päeval on ta ülimalt õnnelik, olles abielus väga toreda noore mehega ja neil on armas laps.

Te olete erinevast kultuurist ja peate otsustama, millise maa kultuuri te järgida tahate. Paljud India lapsevanemad jätkavad ka Ameerikas oma lastele elukaaslaste valimist ja ma ei vaidlustaks seda, kui nad on hoolikalt õppinud tundma silmas peetava noore inimese iseloomuomadusi ning on rahul nende sobivusega. See võib olla hea tava, kui seda kõike tehakse kõiki iseloomuomadusi ning huvisid luubi alla võttes ja kui suudetakse vastata küsimusele: kas nad omavahel läbi saavad? Kas nad ka siis on kooskõlas, kui nad saavad küpsemateks, jagades üksmeelselt sihte ja ideaale?

Kui te aga valite teisalt lääne tavade järgimise, siis ma arvan olevat parima, kui nad on juba piisavalt vanad, et nad kutsuksid oma sõbrad teie koju selle asemel, et kohtuda väljaspool - niiviisi saate teada, kellega nad suhtlevad. Nad ei pruugi alati käituda nii, nagu te arvate, et nad peaksid, kuid tehke järeleandmisi vastavalt nende vanusele ja huvidele nii kaua, kui te olete rahul moraalipõhimõtete järgimisega.

Laske neil tulla paariks tunniks reedesel pärastlõunal peale kooli, et kuulata plaate, veidi pidu pidada või puhata nii, et nad seda naudiks. Ma mõtlen, et vanemate jaoks on tähtis, et nende kodud oleksid avatud soojas ja sõbralikus õhkkonnas oma laste sõpradele, et nende lapsed tunneksid oma kodu olevat koha, kus nende sõbrad on teretulnud.

Teil on õigus olla range, nõudes alkoholi ja narkootikumide mittetarvitamist. Kui vaja, siis otsige professionaalset nõustamist ja abi, et seda tagada. Ma olen näinud liiga palju nende ainetega hävitatud mõistuseid ja kehasid. Ma olen kindel, et see ei käi teie laste kohta, kuid ma ütlen seda, sest seda siiski juhtub.

Umbes 15-16aastaselt võiksid vastutustundlikud vanemad sel maal lasta oma lastel alustada vastassooga suhtlemist. Kaheksateist on veidi hilja, kui järgite läänes omaks võetud standardeid. Ma ei ütle, et see on õige või vale. Ma ütlen lihtsalt, et teie lapsed on keskkonnas, kus üldiseks suundumuseks on varases eas lähedased vastassoost sõbrad. Te satute väga ebasoodsasse olukorda, kui olete põhjendamatult range.

Väga paljud lapsevanemad isegi ei tea sõpru, kellega nende lapsed läbi käivad. Ja ausalt, lapsed mõtlevad siis: „Mu vanemad ei hooli." Väga tihti on lapsed rõõmsad, et vanemad hoolivad piisavalt, et reeglite kehtestamiseks korraks vahele astuda. Kuid selleks peaksite alustama selles vanuses, kus lapsed sellist treenimist austavad. Ärge oodake, kuni neist teismelised saavad, sest siis juba võib olla liiga hilja. Siis on nad harjunud juba suurema iseseisvusega, kui te neile anda tahaksite.

Mu naabrus on tõesti halb. Paljud vanemad ei näi hoolivat, mida nende lapsed teevad. Kas on hea kui ma lasen oma lastel nende noorukitega mängida? Kas me peaksime sinna jääma või ära kolima? Piirkond oli täiesti korralik, kui me selle maja ostsime.

Kui te elate piirkonnas, kus lapsed on sõnakuulmatud, siis oleksin ma ettevaatlik. Ma tahaksin teada, kellega mu lapsed mängivad ja mida nad teevad - kuid ilma, et nad tunneksid oma vabadust ahistatuna.

Tugevaim mõju laste elus tuleneb nende kaaslastelt. Lapsed on jäljendajad ja võtavad üle kalduvusi neilt, kellega nad läbi käivad. Kui selles piirkonnas ei ole teised lapsed sellised, kes aitaks kaasa teie laste arengule või võib neile isegi häda kaela tuua, siis võtaksin ma ette teatud samme.

On tähtis aru saada, mil määral lapsed vastavad sellele keskkonnale, kus nad asuvad. Olge ettevaatlikud, et te ei diskrimineeriks kedagi nahavärvi, usundi või rahvuse põhjal, vaid teeksite vahet isikuomadustest lähtuvalt. Elada võib mistahes piirkonnas – kuid eluliselt oluline on siin inimeste kvaliteet. Te ei saa kulutada oma elu sellele, et muretsete oma laste pärast, sest et te elate tahumatus piirkonnas – palju parem on kolida sinna, kus ei ole sääraseid probleeme ja siis säilib ka teie meelerahu.

Kokkuvõtteks ütlesin teile ühe eluliselt olulise asja: parim šanss saavutada lastekasvatamises edu on lastevanemate endi eeskujuga paika seatud õiged standardid. Lapsed peavad nägema, et neile peale sunnitud standardite tulemus on neile kasulik. Kui kasvatuseks kasutatakse eeskuju, armastust ja mõistmist, siis rohkendab see lastes juba eelmistest eludest olevat head karmat ja pakub võimalust edasiseks kasvuks. Niiviisi on noortes eludes heade seesmiste kalduvuste toitmine ja hellitamine ning uute jaoks seemnete külvamine lapsevanematele Jumala antud kohus ja tõeline oskustöö.

Millal on füüsilise jõu kasutamine kaitseks õigustatud

Koostatud satsangi põhjal, kus see küsimus esitati

Omapoolses kümne käsu interpretatsioonis on Paramahansa Yogananda kirjutanud *Sina ei pea mitte tapma* käsu kohta:

> Mõte tähendab, et inimene ei peaks tapma tapmise pärast, sest siis saab teist mõrvar. Inimene ei peaks võtma teiselt elu vägivallaga seotud tundes. Aga kui teie maad rünnatakse ja algab sõda, siis peaksite te võitlema, et kaitsta neid, keda Jumal on teie hoole alla andnud. Teil on õiglane kohustus kaitsta oma peret ja kodumaad.[1]

Minult on küsitud, kas Gurudži mõistab hukka neid, kes keelduvad sõtta minemast. Ei – ta tuli Maa peale suurendama mõistmist, mitte hukka mõistma. Ta mõistis nende tundeid, kelledest said „südametunnistusega vastuseisjad" ja kes teenisid oma kodumaad teisel viisil. Teise Maailmasõja ajal kõneles Gurudži tihti tapetud miljonitest. Ta seletas, et hinged, kes on kehast järsku välja tõugatud, surres lahinguväljal või õhurünnakus, naasevad Maa peale palju kiiremini, kui nood, kel oli võimalik elada ära kogu kehastus. Ta ütles, et paljud neist hingedest pöörduvad tagasi ja keelduvad tulevikus võitlemast, sest neid haarab sõja vastu äkiline vastikustunne. Ja kas see ei juhtu

[1] Raamatust „Inimese igavene otsirännak" peatükk *„Kümme käsku: õnne igavesed reeglid"*.

mitte paljudega, kes keelduvad täielikult sõtta minemast? Gurudži võis seda ette näha – ta tajus tegude põhjuseid ja tagajärgi mitte ainult indiviidide, vaid ka rahvaste puhul.

Me ei saa lihtsalt öelda, et tappa on kurjast, et kogu sõda on vale. Kui üks rahvas ähvardab teist, siis on teine õigustatud end kaitsma. Pidage meeles, et me elame duaalses hea ja kurja maailmas, kus oleme saavutanud kõrgeima teadvuse seisundi. Enda, oma armsamate või oma maa kaitsmine on sobiv ja tervemõistuslik tegevus, isegi kui see tekitab vajaduse tappa.

Kui te näete kedagi tegemas haiget sellele, keda te väga armastate, siis te ju ei seisa niisama kõrval ja ei ütle: „Ma annan sulle andeks." Teie loomulikuks instinktiks on armastatu kaitsmine. Kui te saate seda teha ilma ründajale kahju tegemata, siis on hästi ja tore. Kui te aga ei saa, siis kasutage mistahes jõudu. Kui rünnak on peatatud ning süütute jaoks pole enam enam ohtu ja kui ründaja on haavata saanud, siis tehke kõik tema aitamiseks.

Jumal hindab tegude taga olevaid motiive

Pidage meeles, et Jumal vaatab iga üksiku teo taga olevat motiivi. Seetõttu peaksime me alati analüüsima oma tegude taga olevat tegelikku kavatsust ja otsustama plaanitu lõpptulemuste üle. Ja seetõttu on inimesel ka raske olla teise inimese kohtunikuks. Emotsioonid varjutavad tihti aruka otsustamise. Näiteks ei ole korrektne mõista hukka kogu loomade tapmist. Kui inimesel on püss ja ta tapab linde ja kahjutuid olevusi spordi või lõbu pärast või et ta saab sellest teatud närvikõdi, siis on see vale. Kui see inimene aga näeb, mida aegajalt Indias juhtub, et metsik tiiger tungib inimesele kallale või hakkab madu last ründama, siis sel hetkel on sobiv kasutada relva või kaitsta kõrgemat eluvormi. Mõlemal juhul hindab Jumal pigem motiivi kui tegu.

Erinevad arenguastmed

Evolutsiooniseaduse tõttu on elus erinevad arenguastmed. Inimene on kõrgeima arukusega eluvorm ja teised on sellest vähemad vormid. Teadus kõneleb meile, et taimne ja loomne elu sai alguse meres, liikus siis edasi maismaale ja sealt edasi arenesid arukamad eluvormid järkjärgult kõrgemate vormide suunas.

Selleks, et hoida alal kõrgemat eluvormi, peame võtma madalama ilmutuse füüsilise elu – seda võib õigustada. On väga ebapraktiline ja rumal, kui me ei hävita haiguseid kandvaid putukaid, näiteks sääski, kes levitavad eluohtlikke haiguseid. Selles pole mingit pattu, sest seda tehes kaitseme me kõrgemaid eluvorme.

Sama põhimõte rakendub näiteks marutõbiste loomade puhul. Siin Mt Washingtoni piirkonnas on suur hulk metsikuid loomi ja vahetevahel nakatub mõni neist marutõppe. Kui inimelu kaitseks tuleb hävitada marutõbine loom, siis on see ka õige tegu, mitte patt. Samuti on kannatava looma kannatuste lõpetamine kaastundlik tegu.

Eristamisvõime ja kogu elu austamine

Inimene peaks eeldatavasti alati eristamisvõimet kasutama. Kogu elu tuleb austada. Ma olen öelnud, et lõbu pärast tappa on väär. Täpselt sama kehtib mugavusest tapmise kohta. Kui mu toas on kärbes ja ma näen, et ta on hädas või ta häirib mind, siis esimese asjana avan ma akna ja lasen ta välja. Kärbest tappa pole vajadust. Aga teisalt, kui ma olen maal, kus valdavad on putukate levitatavad haigused või kus on sellised kahjurid, nagu rotid, kes ohuks on elule ja tervisele – ei ole väär neid putukaid ja närilisi ilma kuritahtliku kavatsuseta hävitada, teades väga hästi, et neis olev elusäde areneb kõrgema vormi poole nende järgmises kehastuses.

Seega pole vale võtta elu, kui see ähvardab inimelu või kõrgemaid loomseid eluvorme. Kui te näete lõgismadu ähvardamas abitut väikest koerakutsikat, mida te siis teeksite? On ilmne, et te peaksite kutsikat kaitsma, võttes maolt elu. Ja kui see madu on tihedalt asustatud kohas, siis ütleb eristamisvõime teile, et te peate ta tapma, sest madu ei pruugi tappa ainult kutsikat, vaid ka mõne inimese.

Samas, kui inimene on looduses ja näeb lõgismadu asustamata kõrbes, siis ei arva ma, et sellistes oludes peaks keegi madu tapma. See on koht, kuhu Jumal tolle mao asetas – ta ei tee kahju ja on osaks oma loomulikust elukeskkonnast. Seega, jätke ta rahule. Iva on selles, et oma loomulikus elukeskkonnas ei ole tal võimalust koduloomadele või inimestele kahju teha.

Suhtlemine on võtmeks

Uskudes, et inimene peaks kaitsma ennast ja ka teisi tõelise ohu eest, siis samas on rumalus, kui kaks inimest võitlevad üksteisega erinevuste pärast. Inimeste tegevusel peavad ka põhjused olema ja ma usun pigem, et tuleb süveneda selle vägivalla põhjustesse, mitte vahetada rusikahoope.

Vanematel tuleb lastele õpetada, et nad ei kakleks ega võitleks. Nad peavad aru saama, et see ei muuda teisi ja et parim viis millegi saavutamiseks käib läbi arutelu, suhtlemise, mõistmise. Mõned lapsed toovad endaga kaasa loomulikud agressiivsed kalduvused või nad arendavad need välja oma praeguses keskkonnas. Nad muutuvad veelgi halvemaks, kui neil lubatakse oma eesmärkide saavutamiseks vägivalda kasutada. Neid tuleb julgustada suhtlema, arendama teiste ja iseenda mõistmist.

Kui keegi ütleb: „Sina tegid seda“ või „Sina tegid toda“, siis see ei ole suhtlemine. Kui te olete süüdistav, siis on teine isik alati selle peale pahane või solvub. Suhtlemine käib sedasi: „Meil on probleeme. Palun aita mul asjast saada aru.“ Siis laske tal end väljendada – mida ta tunneb, et mida te teete sellist, mis paneb teda tegutsema nii, nagu ta seda teeb. Kui ta on end väljendanud, siis öelge: „Luba palun nüüd minul.“ Proovige seda. Niiviisi arendatakse mõistmist ja sõprust.

Minnes tagasi oma lapsepõlve: olin veidi vanem kui teised lapsed meie naabruses, kuid mu nooremat õde tülitas aegajalt mõned noorukid. See häiris mind, sest ma olin sündinud sellise teadvusega, et mu kohuseks oli kõiki kaitsta. Kui ma lõin neid vastu, kes mu õde lõid, ei saavutatud ma midagi. (Niiviisi tekivad kambad.) Leidsin, et harmoonia saavutati rääkimise teel ja see saigi minu toimimise viisiks.

Meister rääkis minust hiljem: „Ta on rahusobitaja." See sai alguse mu lapsepõlvest, mu ema väljaõppest. Meil oli temaga alati dialoog. Ta võttis alati aega, et meile asju lahti seletada ja ma ei tundnud iial, et ma peaksin tema eest midagi varjama. Kõik lapsevanemad peaksid looma sellise usalduse atmosfääri, et nende lapsed abi vajades loomulikult nende poole pöörduvad.

Seega, küsige esmalt inimestelt, et miks nad teevad nii, nagu nad teevad. Selle asemele, et reageerida vihaga, püüdke mõista teiste isikute käitumist ja küsige – miks? Olen praktiseerinud seda kogu oma elu jooksul. Analüüsige: see aitab teil kasvada nii enda kui teiste mõistmises.

Ma ei soovita siin, et kui kedagi rünnatakse, pole vaja ohvrit aidata. Ütlen, et inimene peab kasutama tervet mõistust, et otsustada, millisest tegevusest on abi. Mõned inimesed ei suuda end vaos hoida, sekkuvad otsemaid ja kukuvad võitlema. Kuid see pole parim viis. Püüdke pingeid vähendada – lahendage probleem nii, et pakute väljapääsu. Kui siis emotsioonid on maha rahunenud, on võimalik kiiremini mõistmisele jõuda.

Kui emotsioonid on maha rahunenud ja veidi aega on mööda läinud, siis näeme, et isegi paheliselt käitunud isikus on Jumal olemas. Minu poolt tunnistatud armastatav Jumal on samaväärselt nii eksinud isikus kui ka minus: sama Jumal on meis kõigis. Ainus vahe on selles, et Jumala kujutis pahategijas on ajutiselt pahelise käitumise tumedate pilvedega kaetud. Kuid see ei tähenda, et *isik* ise on paheline.

Sedasorti mõtlemine rajab vundamendi, et hiljem, kui te mediteerite või olete vaba emotsionaalsetest reaktsioonidest, võite te oma südames tunda selle isiku vastu siirast armastust ning hakata talle mentaalselt armastust saatma. Teiste muutmisel on see praktika võimas jõud. Ma olen näinud seda toimimas palju kordi. Kasutage palve ja armastavate mõtete jõudu, kui keegi teist valesti aru saab ja te ei saa temaga suhelda ühelgi teisel viisil, kuid jätkake samas ka püüdu temaga suhelda – ärge andke iial alla.

Mõistuse väe tugevdamine

Self-Realization Fellowshipi peakorteris peetud esinemisest

Gurudeva Paramahansa Yogananda rõhutas väga positiivse mõtlemise printsiipi. Paljud meditsiinidoktorid ja teised tervise spetsialistid on seisukohal, et vahest kuni üheksakümmend protsenti meie füüsilistest probleemidest võivad pärineda mõistusest. Olles kindel mõtlemise tugevas mõjus, pidas Meister tähtsaks kehaliste probleemide korral arendada hoolikalt positiivset mõtteviisi ja mõistuse väge. Kui ta alustas siin ja Indias oma tööd, sõnastas ta ühe ideaali ja eesmärgina mõistuse ülimuslikkuse näitamise keha üle ja hinge ülimuslikkuse näitamise mõistuse üle.

Pühendunud peaksid arukuse ja terve mõistuse põhimõtet oma elus aina enam ja enam rakendama. Meister ei õpetanud olema hulljulge ja tormakas, kuid teisalt on mõningate inimeste taluvuslävi olematu. Nad ei suuda taluda vähimatki valu. Ärge olge valule nii aldis, ärge võtke haigust omaks, ärge võtke omaks kaotust – arendage suuremat mentaalset väge. Kuidas? Enda aitamiseks ärge toetuge probleemile, ärge kõnelege sellest, praktiseerige suuremat usku Jumala väesse. Seda õpetas Gurudži meile.

Kasutage iga päev mõistuse tugevdamiseks ja positiivsuse suurendamiseks Gurudži „*Teaduslikke tervendamise jaatuseid*".[1] Kui ma tulin esimest korda Mt Washingtoni, lülitasime ühe tema jaatustest igahommikusse ühismeditatsiooni. Meil on Gurudži õpetustes kõik,

[1] Kirjastatud *Self-Realization Fellowship*.

SRFi Järve pühamus 1988.

„Me otsime teadlikult parimat igas olukorras, seda positiivset vaimu ja entusiastlikke tegevusi, kui imelisi mõistuse, tunnete ja keha stimuleerijaid. Õige suhtumine on tohutuks abiks meid meie sees olevatest jumalikest ressurssidest ära lõikavate mentaalsete ja emotsionaalsete takistuste kõrvaldamiseks.“

Yogoda Satsanga tütarlaste kooli juures Ranchis 1972.

mida enda arendamiseks vajame. Rakendage neid õpetusi ellu ja suurendage oma visadust ja usku.

Vägi algab mõistusest. Seistes silmitsi vastasseisuga, muutume me kartlikeks selles osas, mis meiega võib juhtuda. Gurudži ütles: „Olgu teil täielik usk Jumalasse, kui püüate kõrvaldada hädade põhjust." Mõtlemine: „Hästi – kui Sinu tahe on see, et ma pean surema, siis ma suren," ei ole positiivne mõtlemine. Siinkohal on ehk aeg filosofeerida, et tulgu mis tuleb, aga olge tugevad tahtelt, kuni see juhtunud pole. Meister tavatses meile öelda „Ärge iial öelge „suren".

Olge oma mõtlemises alati positiivsed – mitte ainult oma tervise, vaid kõige osas. Positiivne mõtlemine ja usk on oma olemuselt sama ja see on meie jumaliku potentsiaali häbistamine, kui me seda ei kasuta. Ma ei ärgita teid hulljulgusele. Kasutage tervet mõistust: kui teie jalaluu on murdunud, ärge istuge siis niisama, öeldes: „Jumal teeb selle terveks." Kasutage tervendamise teaduseid, mida Jumal on lasknud inimestel välja arendada, kuid seda tehes olgu teil täielik usk sellesse, et kõik saab korda.

Vahel pole see, mida meie tahame, vastavuses Jumala tahtega. Seal pannaksegi meie usk proovile. Kuid me peame usaldame, et Tema teab paremini: „Hästi, hästi, Issand. Kui see on Sinu tahe, siis ma aktsepteerin seda. Minu usk, minu usaldus Sinusse on vankumatu. Ma tean, et kõik, mida Sina tahad, on minu kõrgemaks hüvanguks. Aita mul näha selle kogemuse positiivset külge, et võiksin sellest õppida ja Sulle veelgi lähemale kasvada."

Mul on alati olnud tugev usk, et igaüks, kes läheb palverännakule paika, mida on pühitsenud Guru kohalolek, nagu on seda Mt Washingtoni maapind või kus asub tema keha[2] ja palub sügavas usus, saab otsese vastuse. Ma olen näinud seda toimimas iseenda ja ka

[2] Paljud Paramahansadži järgid käivad palverännakul Californias asuvas Forest Lawn memoriaalpargis, kus hoitakse Guru keha.

Pühendunute tervitamine peale *satsangi* YSS aašramis Ranchis 1967.

Pühendunute tervitamine peale *satsangi* SRFi emakeskuses Los Angeleses 1982.

„Armastuse andmine on armastuse saamise viis. Ja samas: kui vähesed selles maailmas teavad, kuidas armastada siiralt ja sügavalt. Meditatsiooni abil muutub armastamine meile võimalikuks – küsimata isegi midagi vastutasuks.“

Tema Pühaduse Puri Gowardhan Math'i Sri Jagadguru Shankaracharya Bharati Krishna Tirthaga Yogoda Satsanga Society of India peakorterisse (Yogoda Math) tehtud visiidi käigus Dakshineswaris 1959. aasta maikuus. Tema Pühadus oli miljonite hindude vaimulik juht ja muistse Svaamide Ordu vanem juht, Adi Shankaracharya apostellik järglane (India üheksanda sajandi tuntud filosoof-targale).
1958. aastal sai Jagadgurust („maailma õpetajast") esimene Shankaracharya, kes iial väljapoole Indiat reisinud ja juhtivates Ameerika Ühendriikide ülikoolides India igavestest tõe printsiipidest kõnelnud. Ajaloolist visiiti sponsoreeris Self-Realization Fellowship.

teiste eludes. Ideeks on siin meie usu ja jumalike õnnistuste ühendamine.

Ühel minu India reisidest tabas mind kopsupõletik. Reisisin Singapurist Bangkokki 40kraadises palavikus. Kui me jõudsime hotelli, nägid minuga koos reisinud pühendunud, et olin kokkukukkumise äärel ja kutsusid arsti. Too saatis mind haiglasse, lasi teha röntgeni ülesvõtte ja ütles seda vaadates: „Teil on tuberkuloos. Te peate minema tagasi Ameerikasse."

Olin jahmunud. Siis tuli reaktsioon: „See pole võimalik! Ma ei anna alla!" Enne oma lahkumist palus Meister mul hoida silma peal tema tööl Indias ja ma ei tahtnud alistuda.

Näete – kui te olete positiivse mõtlemise viljelemise kaudu usku arendanud ja usaldate Jumalat, siis hoiab see teid kriisihetkedel. Sellises kriisis on keskmise indiviidi mõtteks: „Ma suren, kui ma ei jõua koju ja sanatooriumisse!" Ütlesin seesmiselt: „Ei Meister – sa ei toonud mind nii kaugele, et kohe jälle tagasi saata."

Ma konsulteerisin arstiga, et näha, mida veel annaks teha. „Hästi – paneme teid haiglasse," ütles ta. „Ma teen teile täiendavaid uuringuid ja mõned ravikuurid. See kliima on teile hea, seega hoiame teid veidike siin." Ma tegin kõik, mis nad mul teha palusid, mõeldes, et Jumal ja Meister vaatavad mind selle arsti kaudu. Seejärel tehti veel röntgenipilte, mis näitasid, et polnud mingit tuberkuloosi. Läksin edasi Indiasse.

Arvatavasti aga olin mõnest mulle antud ravimist saanud väga ebamugava lööbe. Ühel pärastlõunal küsis üks aašramis olev pühendunu minult, kas tahaksin külastada Tarakeswari[3], mis asub

[3] Hindud austavad Tarakeswari templit samal viisil, nagu katoliiklased Grottot Lourdes'is. Tarakeswaris on aset leidnud palju imelisi tervenemisi. Ja nagu paljud neist on tuntud Paramahansaji eluloo põhjal, kus ühel puhul tervenes tema onu Sarada tänu palvetele, mida tema eest palus tema truu naine. Paramahansajil endal oli seal samuti märkimisväärne nägemus Kosmilisest Issandast.

väljaspool Kalkutat. Meistri kogemus selles templis ei tulnud mulle siis kohe meelde. Läksingi, mitte nagu ekskursioonile mineja, vaid kogu pühendumisega – mis on iga Jumala-austamise koha külastamisel ainumõeldav. Seal oli palju ringisagivaid pühendunuid, kuid ma istusin maha mediteerima. Mäletan, et mõtlesin: „Issand, ma tean, et Sa oled siin, anna mulle mõni märk – eemalda see lööve sellelt kehalt." Siis hakkasin mediteerima ja tervisehäda läks täiesti meelest. Kui ma tol ööl tagasi aašramisse jõudsin, siis ei olnud lööbest enam jälgegi. Selline on usu vägi. Seepärast ütles Kristus: „Sinu usk on su päästnud"[4] Me vajame usku ja lisaks arukust. Need kaks käivad käsikäes.

Toon teile teisegi näite: läbi aastate esines mul perioodititi kurgumandlite põletik. Ma õppisin sellega elama, kuid lõpuks olid need nii mädased, et Meister saatis mind kurguarst doktor Kennelli[5] juurde. Arst vaatas mu mandleid ja ütles: „Armas taevas! Need tuleb välja lõigata." Pärast lõikust soovitas ta: „Söö ja joo nüüd vaid külmi asju ja võta rahulikult. Oleks parem kui püsiksid ületöötamise vältimiseks paar päeva voodis."

Arst tuli sel ööl koos teiste õhtusöögile kutsutud pühendunutega aašramisse Meistrit vaatama. Mina aitasin toidu valmistamise juures. Gurudži palus mul ka toitu serveerida. Kui ma tuppa astusin, siis vaatas doktor Kennell mind üllatunult ja ütles: „Mida te siin teete? Kas te ei pidanud voodis olema?"

„Ei," vastasin mina, „Ma ei vajanud seda. Pealegi ütles Meister, et see pole vajalik."

„Arendage oma mõistust," tavatses Meister öelda, „ärge laske kehal end kontrollida. Tugevdage oma mõistust ja laske sel keha kontrollida." Niiviisi õpetati meid rohkem mõistuse väele toetuma. Nii

[4] Luuka 8:48, 17:19.

[5] Lahkunud dr Lloyd Kennell oli Paramahansa Yogananda pühendunud järgija. Ta oli abiks aastatel 1942-1952 teenistuste ja meditatsioonide läbiviimisel San Diegos asuvas Self-Realization Fellowshipi templis.

(vasakul) Koos Svaami Sivanandaga, kes asutas Divine Life Society (Jumaliku Elu Ühingu) – tema peakorteris Rishikeshis Himaalajas 1959. Koos nendega on õde Revati SRF emakeskusest.

(üleval) Koos Ananda Moyi Ma ehk Õndsusliku Emaga tema aašramis Gangese ääres Benareses 1959.

„Suurimad armastaja selle maailmas on need, kes on armastanud Jumalat. Sajanditeks jäävad nad kogu inimkonda inspireerima. India õpetuste sihiks on toota tõelisi Jumala armastajaid, tõelisi Jumala tundjaid – seda on India pühakirjad inimkonnale kuulutanud."

õpime me aina enam mõistuse mateeriast üleoleku printsiipi, kuid me ei lange äärmustesse. Ma ei taha teie hulgas näga ühtki fanaatikut!

Mõistuse väe arendamine ja mõistuse mateeriast üle olemise väe teostamine olid see, mille suunas Meister meid innustas püüdlema, mida ta meile õpetas ja mida ta meilt nõudis. Kui viljelete sellist mõistuse väge, olete üllatunud selle energia koguse üle, mida see kehasse toob. Mida rohkem mediteerite, seda rohkem saate teadlikuks ääretult võimsast energiast, mis füüsilisi vorme ümbritseb – me elame Jumala kosmilise energia meres. Seda energiat võib tõmmata ligi tugev mõistus.

Küsimus ei ole selles, et keha vananedes kahaneb ka võime seda energiat salvestada ja kasutada. Kuid isegi siis ei tohiks te lõpetada mõistuse väe kasutamist. Lootkem, et kuni oma viimase päevani oleme me kasulikult aktiivsed. Tugev mõistus aitab seda saavutada.

Meie mõistus on tugev siis, kui me oleme kinnistunud Jumalas. Gurudži tõi alati meie mõistuse Jumala juurde tagasi. Kui me oma probleemidega tema juurde läksime, siis oli kordi, kus ta andis konkreetset nõu või distsipliini, kuid üldise reeglina oli tema vastus igat liiki raskusele lihtne: „Hoidke vaid oma mõistus Jumalal," või „suunake vaid oma mõistus Jumalale."

Tema mõistus oli alati imendunud Jumalasse ja oli Temaga üks, kus iganes ta siis oli või mida tegi. Tihti sulges ta järsku keset vestlust silmad – kas siis millestki maisest kõneldes. Ta ütles, et keskendub Kristuse keskusele. Jäime tema ümber kõik vaikseks, kui ta viibis seespoolsuses. Tavaliselt tuli ta veidikese aja pärast sellest seisundist välja ja küsis: „Mida ma ütlesin?" ja pöördus uuesti teema juurde tagasi.

See on viis selles maailmas elamiseks: tehke Jumalast enda elu keskpunkt. Milleks asetada keha, isiklikud ambitsioonid või midagi muud peale Jumala oma elusid suunavaks valguseks?

Ma vaatan tihti vaimse tee kui väljakutse poole. Minu jaoks on värinat tekitavaks saavutuseks see, et olles süüvinud millessegi, oleme me võimelised oma mõistuse metsikud hobused hetkega tagasi tõmbama ja saame sel moel hoida oma mõtted seesmiselt alati õigel kursil. Tehke Jumal oma ülimaks sihiks, üheks keskseks mõtteks, mille ümber kõik välise elu tegevused teid tabavatele raskustele vaatamata keerlevad. See on tõelise joogi ideaal.

Oma elu kinnistamine Jumalas

Self-Realization Fellowshipi peakorteris nunnadele peetud esinemisest

Oma *sadhanas* ehk vaimses praktikas ehk distsipliinis peab pühendunu kalduma kogu südamega püsiva Jumala-teadlikkuse poole. Kuna ma uskusin, mida meie Guru (Paramahansa Yogananda) õpetas ja rakendasin seda oma elus, siis arutlesin ma enda noorpõlves: „Kui ma kasutan oma aega õigesti ja õpin korrektselt praktiseerima Gurudeva tehnikaid ja õpetusi, siis saavad aastate möödudes need tema poolt kirjeldatud kõrgeimad teadvuse seisundid kord ka minu omaks."

Self-Realizationi keskendumistehnika eesmärgiks on mõistuse täielik sissepoole pööramine nii, et ükski viie meele-telefoni kaudu saabunud häiriv sõnum ei suudaks läbi tungida sissepoole tõmbunud teadvuse seesmisest teadlikkusest – häirides selle tähelepanu ja tõmmates seda väljapoole. Sellest tulenev rahu on esimene Jumala kohaloleku tõestus. Kui te tunnete seda rahu, praktiseerige *Kriija jooga* meditatsiooni pikalt ja sügavalt, pidades meeles, et keskendumise sügavus omab ülimat tähtsust.

Treenige mõistuse teadlikkust Tõest

Tegelikult asub see Jumalik Üks teie sees ja kõikjal teie ümber, kui seda mõistate. Mitte Jumalal pole puudu teadlikkusest meie osas – need oleme meie, kes me peaksime tõusma suurenenud Jumala-teadlikkuses sellest piiratud maailmast kõrgemale.

Me elame teatud mõttes väga vales maailmas. Gurudži kõneles

kord teemal: „See maailm pole selline, nagu teie seda näete." Kui tõsi! Tänu meie tõetajumist katvale *maajale*, kosmilisele eksikujutlusele, näeme me seda tahke, vedela ja gaasilise maailma tegelikkusena. Me võtame tõe pähe oma meelte ja emotsioonide illusioone, oma tujusid ja erinevaid hoiakuid, mida me iga päev kogeme. Kuid mida enam me oma Tõelises Minas kinnistume, seda enam lahustume me seesoleva Jumala kohalolus, joobnuna ühest innustusest, ühest näljast ühest soovist - vaid Jumal üksi - seda enam me mõistame, mis on Tegelikkus. Kogu olemus imbub nii ööl kui päeval läbi vaid ühest mõttest: Jumal.

„Söö ja joo!" ütleb ta sulle, aga ta süda ei ole sinuga."[1] Mitte inimese väline käitumine ei määra seda, kes ta on, vaid see, mida ta oma südames mõtleb. Kui pühendunu järgib väliselt kõiki vaimseid seaduseid, kuid seesmiselt januneb tema mõistus selle maailma asjade järgi, siis väljendavad varem või hiljem need mõtted end ka väliselt. Pühendunu, kelle mõistus on täielikult Jumalasse imendunud, kes mõtleb alati Temast, kes alati toetub mõttele Tõest ja Jumalikust Armastusest - sarnaselt sellele peegelduvad sellise isiku mõtted varem või hiljem tema elus, tema harjumuste, sõnade ja tegude kaudu.

Jumalat saame me tundma oma suhtumiste kaudu. Kui meil on olnud õige hoiak, suhtumine, siis oleme me kohe samal hetkel otseühenduses Jumalaga. Õige suhtumine tähendab, et me näeme elu sellisena, nagu see tegelikkuses on, et me oleme tõest pidevalt teadlikud. Ja tõde on selles, et vaid Jumal üksi on tõeline ja kõik muu selles universumis on ebareaalne.

Kui me näeksime tõde, siis näeksime ainult seda suurt jumalikku armastavat Väge, mis ilmutab end Maa peal kõiges - isegi liivateras. Kuid meil pole seni veel seda mõistmist ja me peame treenima oma mõistust niiviisi mõtlema. Me peaksime alustama oma mõistuse

[1] Õpetussõnad 23:7.

tugevdamisest ja keha distsiplineerimisest. Hing peab kogu aeg olema käskija. Keha ja tema isud tuleb muuta alluvaiks. Isegi haigusega silmitsi olles peab hing kinnitama oma võimu:

„Anna see Jumalale"

Kui kehas toimuvad võitlused, siis andke need Jumalale. Mulle meenub üks juhtum, kui keha tekitas palju muret ja töö peale oli raske mõelda. Kaebasin Gurudevale: „Meister, Jumalaga olemine on nii raske. Nii suurte vaevustega on isegi oma kohustuste täitmine väga vaevaline."

Kui tark ta oli. Ta ei tundnud mulle kaasa. Lausus pealiskaudsel moel: „Tee vaid oma parim ja anna see Jumalale."

Vahel mõtlesin ma: „Ta ei mõista – ma tunnen nagu ma sureksin!" Aga kui ma tema juurest lahkusin, siis hakkasin ma arutlema, et kaastundlikkuse puudumises peitus õpetlik kavatsus, mitte julgustada mind ühelgi viisil seda haigust toitma. Sellest ammutatavaks õppetunniks oli: „Ära pööra kehale nii suurt tähelepanu." Mulle meenus, mida Kristus ütles: „Ärge muretsege oma hinge pärast, mida süüa, ega oma ihu pärast, millega riietuda. Eks hing ole enam kui toidus ja ihu enam kui rõivas."[2] Ja samuti tsiteeris Meister tihti meile Svaami Sri Yukteswari nõuannet: „Miks mitte visata koerale kont ja siis unustada ta?" Teiste sõnadega: andke kehale tema õiglane osa ja jätke tulemused Jumalale.

Pole tähtis kui hästi me keha eest hoolt kanname. Kuigi me täidame teda vitamiinide, puuvilja mahlade ja kõigega, mis peaksid terveks tegema, tabab teda ühel päeval ikkagi haigus ja kindlasti saabub aeg, kus me peame ta endalt heitma. Seda mõtleski Meister oma sõnade all: „Anna see Jumalale."

[2] Matteuse 6:25.

Ühel konkreetsel korral kannatas Meister ise teiste karma[3] enda peale võtmise järel suure füüsilise valu käes. Nii paljude nädalate kestel tema vaevuste nägemine muutus mulle talumatuks. Oma mures ütlesin talle: „Mis kasu on Jumala otsimisest, kui sina, kelle elu on täielikult pühendatud, kellel pole ainsamatki mõtet endast ega enese mugavusest, teiste abistamiseks niiviisi kannatad? Ma ei saa sellest aru. Kus on siin Jumala õiglus?“

Meister vaatas mulle otsa silmad põlemas – võisin neis silmades näha kogu universumi väge kui ta mulle vastas:

„Sa ei peaks sellisel viisil rääkima. Sa ei mõista. Vaatamata valule, näitab Jumalik Ema mulle selles võitluses paljusid üksteise sees olevaid mõistmise maailmu. Sa ei tea, milliseid meeletult suuri stseene Ta mulle selle kehalise haiguse kaudu näitab. Ära *mitte kunagi* kritiseeri Jumalikku Ema. Ära *iial* otsi Temas vigu, kuigi väliselt võib miski paista ebaõiglasena.“

Ma lasin oma pea longu ja mõtlesin, kui rumal ma olin sellisel viisil rääkides ja teda valust vabana näha igatsedes. Nõnda oli tema hoiak isegi haiguses õige, kannatusest puutumatu.

Me võime õiget suhtumist väljendada ka vähemal viisil. Ärge laske oma mõistusel kõikuda mingi probleemi puhul. Tuleb aeg, kus te näete endid hingena, alati kogu oma olemuse täiuslikus valitsemises. Hing on kaarikujuht, kes hoiab mõistuse ohje ja juhib

[3] Seletades lahti protsessi, mille kaudu Jumalat tundvad isikud saavad kergendada järgijate karmalist koormat, ütles Paramahansa Yogananda kord: „Kui te näete, et keegi inimene hakkab teist lööma, siis astute te teise inimese ette ja võtate löögi enda kanda. Seda suured meistrid teevadki. Ta tajub pühendunute elu, millal nende mineviku halva karma ebasoodsad mõjud võivad neid tabada. Kui ta peab seda arukaks, siis kasutab ta teatud metafüüsilist meetodit, kandes endale üle järgijate vigade tagajärjed ... Kuna pühakud on teadlikud Jumalast kui Igavesest Olevusest ja Ammendamatust Eluenergiast, siis on nad võimelised elama üle neid lööke, mis tavalise inimese tapaksid. Nende mõistust ei mõjuta ei füüsilised haigused ega maine ebaõnn.“

keha-kaarikut. Hinge ei kontrolli iial füüsilised ega mentaalsed valud, tujud, emotsioonid ja harjumused.

See on seisund, mille poole me kõik püüdleme. Seda saavutatakse meditatsiooni kaudu. Meister ütles: „Ma tahan, et kasutaksite oma aega siin õigesti, et saaksite Jumala juurde juba selles elus." Ma olen nii rõõmus, kui näen, et pühendunud kulutavad meditatsioonile veel ekstra aega – ja ma olen alati sellest teadlik. Kus iganes ma olen, alati palun ma Jumalikul Emal teid kõiki õnnistada. Ma tean, et kui te hüüate sügavas meditatsioonis Tema poole pühendunult ja siiralt, siis jõuab Tema jumalik vastus teieni kahtlemata just siis, kui te seda kõige vähem ootate.

See Jumalik Üks on igal hetkel just sealsamas, teie mõtete taga. Minu jaoks on see kõige vapustavam tõde. Isegi kui mu meditatsioon kestab lühikest aega, saabub see taipamine. Mu mõistus võib hetkega sissepoole pöörduda. Ma ütlen: „Jumalik Ema – Sa oled kohe nende suletud silmade taga ja Sa oled selles kehas oleva elu taga." Laske oma mõistusel sellesse teadvusse imenduda, jaatades teda, sukeldudes aina ja uuesti sügavamale sellesse mõttesse. Ja vaadake seejärel, kui armsalt see Jumalik Üks teid õnnistab.

„Täis elu ja rõõmu"

See on midagi, mida Meister ütles ja mida ma armastan, sest see on nii kaunis: „Vaimses elus muutub inimene väikse lapse sarnaseks – ilma kibestumise, ilma kiindumiseta, täis elu ja rõõmu." Seisatage ja mõelge selle üle: nagu laps – täielikult usaldav, täielikult emale või isale pühendunud, täiesti süütu, puhtsüdamlik – puhta südamega. Te annate lapsele mänguasja – ta mängib sellega veidi aega entusiastlikult, kuid jätab siis selle sinnapaika ja unustab. Me peaksime olema samuti säärased: mis iganes tuleb – me peaksime elama kiindumustest vabadena.

„Ärgu miski teid kahjustagu ega häirigu," ütles Meister. „Olge sisemiselt vait ja väliselt rahulikud. Veetke oma vaba aega meditatsioonis. Ma pole iial tundnud maailmas ühtki nii suurt naudingut kui seda on *Kriija jooga* vaimne rõõm. Ma ei loobuks sellest ka kõigi lääne mugavuste või maailma kulla eest. *Kriija jooga* kaudu olen ma leidnud võimaluse, kuidas kanda oma õnne alati endaga kaasas."

Seesmise tugevuse arendamine

Ma olen teile tihti öelnud, et kui võtaksite kasvõi ühe Meistri poolt õpetatud tõe ja pühendaksite end selle teostamisele, siis saaksite te pühakuteks juba selles elus. Võtke iga päev mõni tõe printsiip ja elage selle järgi. Te võite endamisi öelda: „Ma olen kohustustega nii üle koormatud, et mul pole aega sellele mõttele püsivalt keskenduda." Kuid ma ei lepi sellega. Ma tean, et vaimne tee on raske – Jumala tundmaõppimine on keeruline. Kuid ma tean ka seda, et teie katsumused ja kohustused on just need, mis annavad teile seesmise väe Tema leidmiseks. Ärge kahelge selles, sest et see on just see, mis on juhtunud minu elus ja mida ma olen näinud juhtumas paljude teistega.

Teadke kindlasti, et kuna te olete Jumala laps, siis on teis olemas kogu vägi teie enda nõrkuse alistamiseks. Meister rõhutab seda. Ta ei lubanud meil iial vinguda, töinata ega kaevelda. Ta täitis meid jumaliku väega.

Te võite mõelda: „Hästi – kui mul oleks vabadus veeta kogu oma aega meditatsioonis, siis jõuaksin ma sinna." Kuid selline elu ei õpeta enese-distsipliini. Seesmist väge arendab üksnes igapäevane probleemidega silmitsi seismine ja selle juhitamatu väikese mina distsiplineerimise õppimine. Kui te pole iial oma kätt tõstnud, siis selle lihased taandarenevad peagi. Jäse muutub nõrgaks ja kasutuks, sest teda pole iial kasutatud. Vägi, tahtejõud, usk – kõik need „lihased" arenevad siis, kui inimest sunnitakse neid kasutama. Seega ärge iial mõelge, et kui teie elu oleks kergem, saaks ka Jumalat kergemini tunda, sest see ei vasta tõele. Viisid, kuidas Jumal teid distsiplineerib, on siin ja praegu teie avanemiseks vajalikud. Pidage seda alati meeles.

Põhjus, miks ma seda rõhutan, seisneb selles, et kui te arendate tervet Jumala tahtele alistumise hoiakut, edenete te vaimsel teel väga kiiresti. Te sööstate oma jumaliku sihi suunas. Aga kui teis on vastupanu või tahtmatus, siis lähete endaga rappa. Võtke elu samm-sammult. Ja olgu teil usku, et kui see on Jumaliku Ema tahe ja kui konkreetse kogemuse õppetund on omandatud, siis eemaldab Ta selle katsumuse või proovikivi teie teelt, sest selle vajadus on ammendunud.

„Üksindus on Jumala-teostuse auhind"

Arendage endas üle kõige, nagu ma teid ikka ja jälle innustan, armastust Jumala vastu. Janunege vaid ühe kiindumuse – Jumala järele. Pole midagi imelisemat kui üksindus, kus Jumalik Armastatu on inimese mõistuse pideva tähelepanu all. Meister rõhutas: „Olge rohkem üksinda. Üksindus on Jumala-teostuse auhind." Minu vaimne kohustus on julgustada teid rohkem Jumalaga üksi olema. Harjutage kommet Temaga suhelda. Uksest väljudes jalutage Temaga rääkides. Gurudži ütles: „Ma tahan näha teid, mõistus alati Jumalale kinnistunud." Kui te seda oma vaimse pingutuse, distsipliinina (*sadhanana*) ei viljele, siis ei saa te iial aru, mida ma silmas pean, siis ei saa te iial teada vaimse üksinduse väärtust, kus Jumalast saab teie Jumalik Kaaslane. Kui Ta on teiega, siis võite nautida kõigi seltskonda.

Ärge laskuge laisklemisse. Joobuge Jumalast, Temaga rääkimise naudingust. Kirnuge eetrit, kuni te tunnete sisemuses Tema vastust. See on alusmüür, millel ma oma *sadhanat* hellitasin – ma võisin nutta öösiti Jumala järele. Kui ma võiksin teid välja raputada letargiast ja saaksin panna teid tundma nälga Jumala järgi igal hetkel, nii ööl kui päeval – et vaatamata teie kohustustele, janunete te sisemiselt Jumalat otsides armastuse igatsuse täitumist – siis te näeksite kui imeliselt erinevaks teie elu muutub. Tuleb päev, mil te meenutate neid sõnu ja ütlete: „Tal oli tuline õigus! Ta püüdis sütitada meie südameid, nagu Meister sütitas tema oma." Ma võin teile vaid tungivalt soovitada: te peate ise toitu sööma, et sellest kasu saada.

Maailmas pole midagi, ei ühtki suhet, mis võiks olla võrdne Jumala kohaloleku rõõmuga. Gurudži tavatses meile öelda: „Kui mulle see maailm ei meeldi, siis lähen ma teise maailma." Kui tingimused olid liiga tülikad, tavatses ta lülitada välja oma tundliku teadvuse ja tõmbus teatud ajaks Jumaliku Teadvuse elustavasse õndsusse. Ma arvan, et ilma sellise seesmise Jumala-teadlikkuseta, ei suudaks ma jätkata arvatavasti ei füüsiliselt ega mentaalselt. Kuid kõige esmalt peab inimene arendama välja võime end välja lülitada, tõstma end kõrgematele teadvuse tasanditele. See saavutatakse enese-distsipliini ja sügava meditatsiooni kaudu – selle treeningu kaudu, mida te kõik Gurudži õpetuste kaudu saate ja teie igapäevaelus esinevate olukordade kaudu. Teadke ilma igasuguse kahtluseta ja kindlalt, et Jumalik Ema ja Meister vaatavad teie elu üle: „Neile, kes arvavad, et ma olen lähedal, olengi ma lähedal," ütles Gurudži. See ligiolek tähendab pidevat õnnistust, teie vaimse elu pidevat jälgimist.

Teie, Jumala ja Guru vahel on Jumalik Leping. Nagu Meister ütles: „Edu vaimsel teel on kahekümne viie protsendi ulatuses sõltuv pühendunu pingutusest, kahekümne viie protsendi ulatuses guru õnnistusest ja viiekümne protsendi ulatuses Jumala armust." Mõelge seega, kui vähe on teil vaja teha! Kuid te peate selle kakskümmend viis protsenti täitma sajaprotsendiliselt. Te peate täitma oma rolli, selles ongi iva.

Kui iganes miski teie elus valesti läheb, siis klammerduge Jumala külge. Nutke ja hüüdke Tema järele. Püüdke asju ajada sirgeks ajaga – ma ei ütle, et te ei peaks olukorra parandamiseks pingutusi tegema – aga kui te seda teete, siis hoidke oma mõistus alati rahulikuna ja laske tal Jumalale toetuda.

Sri Gyanamata[4] ütles: „Jumal kõige esiteks, ainult Jumal.“ Olgu see ideaal teie mõistuses pidevalt ülimaks kõigi tegevuste juures. Kui teie mõistus on kord hoolikalt selles teadvuses kinnistunud, siis näete, et teil on palju kergem omi kohustusi täita, nad ei tekita teile enam arusaamatut tüli. Te täidate oma kohustusi teadlikult, kuid mõistus on ankurdunud Jumala kohalolu ookeanis nii sügavalt, et pinnapealsed lained ei suuda seda vintsutada. Niiviisi liiguvad edasi jumalikud tegelased. Nii oli Kristuski võimeline vastu pidama oma ülimale katsumusele. Pole tähtis, mis raskused teie ette tulevad, kinnistuge Jumalasse alatiseks, viljeledes sügavat meditatsiooni. Olge välistest oludest puutumatud. Pidage meeles Meistri palvet: „Kui tormakad katsumuste tormid kisendavad ja mured möirgavad mu peale, uputan ma nende müra, skandeerides valjusti: „Jumal! Jumal! Jumal!“““

„Miski ei saa teid puudutada, kui te armastate Jumalat“

Kui meeldiv on meenutada Meistri poolt mulle öeldud sõnu: „Pea alati meeles, et miski ei saa sind puudutada, kui sa armastad Jumalat sisemiselt.“ Olen klammerdunud nende sõnade külge kõigi nende aastate kestel. Ja ma ütlen kõigile teile: „Miski ei saa teid puudutada, kui te armastate Jumalat oma sisemuses.“ Armastage seega Teda, et olete täielikult teadlikud teis olevast Jumala väest, teis olevast Jumalast tulnud usust ja et te olete täielikult ühendatud sisemise Armastusega, mis on Jumal.

[4] Sri Gyanamata (Tarkuse Ema) oli üks esimesi Self-Realization Fellowshipi ordu sannjaasisid. Paramahansa Yogananda ülistas tihti tema pühalikku vaimset suurust. Ta tuli aašramisse 1932. aastal, kui ta oli oma kuuekümnendate eluaastate alguses, Sri Daya Mata tuli aašramisse aasta varem, seitsmeteistkümneaastasena. Paramahansadži jättis Gyanamata tihti vastutama nooremate pühendunute eest, kui ta ise oli Mount Washingtonist eemal. Gyanamata inspireerivaid vaimseid nõuandeid on võimalik lugeda teosest „*Jumal Üksinda: Pühaku elu ja kirjad*“ (kirjastaja märkus).

See on saladus ja ma räägin seda oma kogemusest: olgu mu kohustused millised tahes, sel hetkel, kui mu mõistus lõpetab keskendumise mingil konkreetsel tegevusel või langetab töö kohta otsuseid, ei pöördu ta kasutute, tähelepanu eemale tõmbavate asjade juurde, vaid puhkab mõttes Jumalal. Tema on mu elu keskpunkt. Mõistus on Temaga, ei kusagil mujal. Kuhu tal veel oleks minna? Terve mu olemus imendub justkui pulbitsevasse rõõmufontääni. Jumaliku armastuse veed ujutavad üle mu südame, mõistuse ja hinge. Te võite õppida selle praktiseerimist, kus iganes te olete. Kui sõidate autos kaasreisijana, olete tööl – kus iganes tekib tegevustest vaba hetk, laske siis kohe sel hetkel mõistusel puhata Jumalal: „Minu Armastatu, mu Armastus. Ükskõik, kui hõivatud ma väliselt ka poleks, alati mõtlen ma Sinust, mu Armastus.“ Ärge iial rahulduge vähemaga Jumala teadlikkusest. Sel hetkel, kui te leiate end olevat nüristunud, laisklev või laisk oma vaimse elu suhtes, palvetage Jumala poole, et Ta raputaks teid sellest seisundist välja. Ma ütlen Talle alati: Ma ei hooli sellest, mida Sa minuga teed, kas Sa külastad mind katsumuste või õnnega, lase alati mu mõistusel olla Sinus. Ma ei küsi midagi muud. Tee minuga, mida Sa tahad. See on kõik üks ja sama minu jaoks. Ma tean vaid, et oma mõistuses pean ma olema katkematult Sinuga.

Te hämmastute, kuidas Jumalik Ema vastab sellisele igatsusele kui mõtted ei tule mitte ainult huultelt, vaid südamest. Ta vaatab teie südant. Te peate mõtlema, mida te ütlete. Hoidke iga tegevuse juures kinni sellest seesmisest pühendumise voolust – olge oma mõistuse taustal alati hõivatud Jumalaga. See on võimalik. Mida enam te seda viljelete, seda kergemaks see muutub. Maises mõttes sarnaneb see sellega, kuidas armunud käituvad: kõigi tegevuste ja kohustuste keskel on armastaja mõistus alati sellega, keda ta armastab. Pühendunu on armunud Jumalasse – ja ta on targim, sest ta valib tõelise, Igavese Armastaja, ainsa Armastatu, kes talle iial pettumust ei valmista. See armastus ei hääbu iial – ta on alati uus, alati püsiv.

Igaüks otsib ideaalset armastust, ideaalset rõõmu. See armastus, see rõõm on Jumal. Kõik peale Jumala, mille järgi me elus haarame, toob meile lõppude lõpuks ikkagi illusioonide purunemise, häda ja kurbuse. Vaid tema üksi on kõike-täitev. Seepärast ütles Kristus: „Otsige esmalt Jumala riiki ja Tema õigust ja siis seda kõike antakse teile pealegi![5] „Seda kõike“ sisaldab kõige täitumist, mida inimsüda iial on ihaldanud või soovinud. Me kaldume kahtlema, kuid ärge kahelge, uskuge.

Alguses, kui tee muutus raskeks ja ma tundsin end aegajalt veidi heidutatuna või kahtlevana, ütlesin ma Jumalale: „Hästi, Issand, ma korraldan selle Sinuga sedasi: ma kasutan seda elu Sinu leidmiseks ja ma panen kogu oma südame, mõistuse ja hinge sellesse. Ma liigun edasi, mis ka ei juhtuks.“ Kui te nii otsustate, siis näete, et Jumal ei anna ühtki valelubadust. Kui Ta ütleb: „Seda kõike antakse teile pealegi,“ siis leiate te Temas kõige täitumise – ühtki soovihalust ei jäeta täitmata.

India pühakirjad õpetavad soovidest vaba olemist. See pole teadvuse negatiivne pool, vaid too, mis annab pidevalt uut õnne. See tähendab seisundit, kus enam pole midagi januneda või tahta – teil on kõik olemas! Kui teil on materiaalsed soovid, siis jah, kogete nauditavat ootust nende täitumise väljavaate osas, aga kui pole lootust ega täitumise võimalustki, siis on teie osaks vaid pidev frustratsioon. Täitmata soovide tagajärjeks on kurbus. Vaimne soovidevaba seisund tähendab seda Saavutust, mille saamise järel ei ole enam midagi suuremat. Kui te olete saavutanud kõrgeima teostumise, siis pole seal enam midagi soovida. Pühendunu hõiskab siis rõõmus: „Ma olen täielikult rahuldatud.“

[5] Matteuse 6:33.

Ma mõtlen tihti seesmiselt: „Ma olen rahul. Ma olen rahuldatud. Mul pole enam mingit janu, sest ma joon lõputult põhjatust Kaevust." See on imeline soovidest vaba seisund.

Palun palvetage koos minuga: „Jumalik Ema, õpeta mind olema väikse lapse sarnane, kes on usaldav, usuga täidetud – kes otsib Sind, jagades Sinuga oma rõõme, oma hädasid, oma probleeme. Ükskõik, kuhu ma lähen ja ükskõik, kuhu ma vaatan – lase mul näha Sinu õnnistust, mis nii valguses kui pimeduses minu peale laskub. Jumalik Ema, aita mul mõista, et Sina oled kõigist kõige lähemal ja kõigist kõige kallim. Õnnista mind kohe Oma Kohaloleku teadlikkuse teadvusega, mis kõneleb minuga tasakesi mu südametunnistuse kaudu, juhtides mind vaikselt Sinule häälestumise mentaalses praktikas.

Täiuslik rõõm

Koostatud Self-Realization Fellowshipi rahvusvahelises peakorteris ja Hollywoodis asuvas SRFi India saalis kevadpühade kestel toimunud satsangidel peetud esinemiste põhjal

Kuna õnnistatud kevadpühade aeg on lähenemas, siis olen mõelnud jagada teiega inspiratsiooni, mida olen saanud Issand Jeesus Kristuse jumalikust elust ning kõnelda, mida tema ülestõusmine meile igapäevaelus tähendab. Gurudeva Paramahansa Yogananda ülistas tihti püha Assisi Franciscust kui üht suuremat Kristuse armastajat – Kristuse järgija näidiseeskuju. Selles samas ruumis (SRFi rahvusvahelise peakorteri ruumes) oli Gurudžil nägemus pühast Assisi Franciscusest ning sellest nägemusest sündis meie kõigi poolt väga armastatud poeem „Jumal! Jumal! Jumal!". Ma ei unusta iial suurt innustust, mis ujutas üle kogu mu olemuse, kui külastasime Assisit 1959. aastal meie tagasiteel Indiast ning nägime kohti, mis on nii läbi imbunud selle armastatud pühaku vaimust.

Püha Franciscuse elus on üks konkreetne juhtum, mis toob minu jaoks esile kogu vaimse elu olemuse. Meie varasematel aašramis olemise aastatel andis Sri Gyanamata meile nooremaailе pühendunuile selle pühaku elust kirjutatud raamatu[1]. Tahaksin lugeda teile sellest täna mõned osad.

> Ühel talvepäeval, kui Püha Franciscus läks koos vend Leoga Perugiast Santa Maria degli Angelisse, kannatades ägedasti näpistava

[1] *Püha Franciscuse väikesed lilled.*

külma käes, kutsus ta tema ees kõndiva vend Leo ja ütles talle nii: „Vend Leo, isegi kui igal maal asuvad palvevennad (Friars Minor[2]) näitaksid head pühaduse ja hingekosutuse eeskuju, kirjuta sellele vaatamata ja märgi üles, et sellest ei leia täiuslikku rõõmu."

Ja Püha Franciscus läks oma teel veidi edasi ja kutsus vend Leod teist korda, öeldes: „Oo, vend Leo, isegi kui meie palvevennad annaksid pimedaile tagasi nende nägemise, teeksid küürakad taas sirgeks, ajaksid kurjad vaimud välja, paneksid kurdid kuulma ja lombakad käima ja annaksid kõnevõime tagasi tummadele ja mis veelgi suurem, äratksid ellu selle, kes on neli päeva hauas lebanud, siis pane tähele: täiuslikku rõõmu ei leita ka sealt."

Ja ta läks veel veidi edasi ja hüüdis siis valjusti: „Oo vend Leo, kui Friar Minori liikmed teaksid kõiki keeli, kõiki teadusi ja kõiki pühakirju nii, et nad võiks mitte ainult kuulutada ette tuleviku asju, vaid ka südametunnistuse ja hinge saladusi, siis pane tähele: sealgi pole täiuslikku rõõmu."

Ja Püha Franciscus läks veel veidi edasi ja hüüdis uuesti valjusti: „Oo vend Leo, väike Jumala lambuke, isegi kui Friar Minori vennad kõneleksid inglite keeli ja teaksid tähtede kurssi ja taimede voorusi ja kui isegi Maa peidetud varandused oleksid neile avaldatud ja nad teaksid lindude, kalade ja kõigi loomade, inimeste ja puude, kivide ja juurte ning vete omadusi, siis tea, et täiuslikku rõõmu seal pole."

Ja kui sedasi kõneldes kestis tee veel oma kaks miili, küsis vend Leo temalt suures imestuses: „Isa, ma palun Sind Jumala nimel, ütle mulle, kust sellist täiuslikku rõõmu võib leida?"

Ja Püha Franciscus vastas talle nii: „Kui me jõuame Santa Maria degli Angelisse, läbimärgadena vihmast ja külmast kanged ning porist haisvatena ja näljast vintsutatuina – ja kui me siis koputame uksele ja uksehoidja tuleb raevunult ust avama ja ütleb: „Kes te olete?" ja kui me siis vastame: „Me oleme kaks teie vendade hulgast" ja kui ta siis vastab: „Heakene küll, see pole aga

[2] Püha Franciscuse asutatud ordu liikmete nimi.

tõsi, te olete pigem kaks kelmi, kes käivad ringi, pettes maailma ja varastades vaeste almuseid. Olge te kadunud!" ja kui ta siis meile ust ei ava ja jätab meid välja näljastena ja terveks ööks vihma ja lume kätte – siis, kui me talume kannatlikult sellist julmust, sellist solvangut, sellist põlglikku äratõukamist – ilma kaeblemise või pomisemiseta ja usume alandlikult ja heatahtlikult, et uksehoidja teab tõesti meid ja et see on Jumal, kes nöögib meid tema kaudu – oo, Leo, siis seal on täiuslik rõõm.

Ja kui siis näljast ja külmast sunnituna koputame veel korra ja palume pisarsilmil, et meile avataks Jumala armastuse nimel ja meid lastaks vaid sisse tulla ja kui ta siis veel põlglikumalt meie peale karjub: „Need on häbematud lurjused – ma tasun neile, nagu nad on ära teeninud" ja tuleb välja suure oksliku kaikaga ja võtab meid kinni meie kapuutsidest ja paiskab pikali maha ja veeretab meid lumes, lüües vastu igat meie luud meie kehas selle raske kaikaga – kui me talume kannatlikult ära kõik need asjad Kristuse armastuse nimel – kirjuta, oo, vend Leo – selles oleme leidnud täiusliku rõõmu.

Ja nüüd, vend Leo, kuula kokkuvõtet: Üle kõige armu ja kinkide, mida Kristus annab neile, kes teda armastavad, on Jumala armastuse pärast isekusest ülesaamise ja teiste tahtlikult tekitatud kannatuste ja tümitamiste, kirumiste ja ebamugavuste talumise kink."

See lugu väljendab ideaali, mida kõik vaimsel teel olijad peaksid järgima, ideaali, mida Jeesus ilmutas kõrgeimal moel ristilöömise ja ülestõusmise kaudu: vaimsus ei ole mitte teiste tervendamise väes, ei imede tegemises, ei oma tarkusega maailma hämmastamises, vaid võimes taluda õige suhtumisega kõike igapäevaelus ette tulevat risti ja viletsust. Seeläbi tõuseme me neist kõrgemale. See vaim kingib meile kõikealistava väe ja ülima õnne.

Valusatest kogemustest kõrgemale tõusmine

Igaühe jaoks tulevad kord rasked katsumuste ajad, mil me

tunneme, et me ei suuda seda kõike enam taluda. Me küsime: „Miks on see kõik minuga juhtunud? See näib nii ebaõige ja ebaaus." Mil iganes on mul kiusatus niiviisi mõelda, meenutan ma seda lugu Püha Franciscuse elust. Iga kogemus - olgu siis rõõmuküllane või valus - tuleb ühel põhjusel: et me saaksime seeläbi ligineda Jumalikule Armastatule veelgi. Täiuslik rõõm asub isetus parima tulemuse püüdluses ja Jumala antava alandlikus omaksvõtus.

Kui inimsuhe toob pettumuse, kibestub seepeale enamik inimestest. Ärge iial laske sel juhtuda. Pöörduge Jumala poole, nagu laps, kes jookseb lohutuse saamiseks ema juurde. Tõeliste sõprade seltsis naudime ühe Jumaliku Sõbra armastust. Samaväärse võimaluse Jumala poole pöördumiseks ning seeläbi tugevuse ja lohutusega kaasneva täiusliku rõõmu kogemiseks annavad meile need, kes meist aru ei saa ja meid hukka mõistavad. Suhtes Jumalaga ei saa te tunda kibestumist nende suhtes, kes teid vääralt kohtlevad. Vaadake oma haavumise, üksinduse või seesmise tühjuse tundeid kui meeldetuletust süvendamaks oma suhet selle Ühega, kes ei jäta teid iial.

Seda õppisin oma varajastel aašramis oldud päevadel. Siin viibis teatud grupp asukaid, kes praktiseerisid minu väljajätmist oma tegemistest. Tundsin end hüljatuna, eemaletõugatuna. Alguses solvas see mind väga (olin ikka veel ebaküps noor tüdruk) ja ma imestasin: „Miks? Miks nad mind eemale tõukavad?" Kuid minus polnud mingit solvumise tunnet. Ma tuletasin endale meelde, et ma ei tulnud aašramisse inimseltskonna pärast, vaid tulin Jumalat otsima. Ma jalutasin tihti väljas, eriti öösiti ja oh kuidas mu süda hüüdis igatsusest Jumaliku Armastatu järele.

Kui me võtame seesmiselt vastu siira otsuse: „Issand, ma tahan Sind, ainult Sind," siis sel hetkel on Jumalik täiesti teadlik meie jaatavast kinnitusest. Sealt edasi on meie ülesanne püüda võtta kõiki olukordi, kui Jumala loal tulnuid. Me õpime nägema oma katsumusi Jumala armastusena, mis veenab meid mitte olema kiindunud millessegi peale Tema. Valusate kogemustega silmitsi seistes ja neist üle saades purustame me ahelad, mis hoiavad hinge vangis selles valust vaevatud ihulises ja väheste emotsioonidega puuris.

Mis paneb meid kannatama?

Ma ei tea, kuidas inimesed oma probleeme ilma selle arusaamiseta, ilma Jumalat armastamata taluvad. Nõnda palju inimesi tuleb mu juurde abi paluma ja mu süda tilgub nende pärast verd. Aga me peame küsima endilt, mu armsad, mis paneb meid kannatama? Mitte teised inimesed, mitte olukorrad, milles me oleme, mitte Jumal. Need oleme meie ise, kes me endile haiget teeme, kui rahulduse saamisel toetume välistele asjadele. Sellega teeme me vea.

Kui oleme täidetud ärritavatest emotsioonidest, solvumisest ja rahututest soovidest, kas te siis teate, mis on tegelikult valesti? Nende kannatuste juured on üksinduses ja seesmises tühjuses, mis tuleneb Jumala mittetundmisest. Meie hinged mäletavad täiuslikku armastust, mida me kord täielikus ühtsuses Jumaliku Armastatuga maitsesime ja me nutame selle maailma kõnnumaadel, leidmaks seda armastust uuesti.

Miks me tunneme inimsuhetes armukadedust, viha ja omandisuhet? Sest, et igaüks meist tahab omandada midagi, mis kuulub ainulaadselt meile, tagada endale teadmisi, mida miski ega mitte keegi meilt ära võtta ei saa. Me otsime ainsat tingimust või keskkonda, mis annaks meile selle turvatunde, me otsime erilist sõpra, kelle külge klammerduda, armastust, mida saame nimetada enda omaks. Täiuslik armastus, täiuslik liit teisega on iga inimolevuse hädatarvilik vajadus. Kuid Jumal on ainuke, keda me sellisena omada saame. Kõik inimsuhted lõpevad viimaks kaotuse või illusioonide purunemisega, kui need just ei ole kinnistunud Jumalas – nii on olnud aegade algusest saadik.

Milleks me kritiseerime? Sest meie enda tõeline hinge-olemus on täiuslikkus ja me otsime seda instinktiivselt – välistes tingimustes, teistes inimestes, organisatsioonides. Me muutume tigedaiks, solvunuiks, kui need ei täida meie ootusi. Hing januneb oma kaotatud jumaliku pärandi järele, aga kuni me sõltume õnne otsimisel maailmast, ei saa me täiuslikku rõõmu iial tunda.

Välised tingimused ei saa olla iial täiuslikud – ma pean seda alati meeles. Varandus, ühiskondlik positsioon või teiste kiitus – kõik need on mööduvad. See, mida me selles ajutises maailmas omame või ei oma, ei ole meile niivõrd tähtis, kui meie seesmine hoiak kõige suhtes, mis iga päev meieni jõuab. Oma suhtumise täiustamises leiame me väge, rõõmu ja oma seesmise jumalikkuse teostumist.

Mis on õige suhtumine?

Igal aastal vana-aasta õhtul kogunesime me aašramis kabelisse, et mediteerida ühes Meistriga alates poole üheteistkümnest hilisõhtul ja lõpetasime pärast keskööd. Meditatsiooni lõpus andis ta tavaliselt meile konkreetse mõtte või omaduse, millega ta soovis meid algaval aastal suunata. Ühel sellisel puhul ütles ta meile: „Olge alandlikud, ärge kritiseerige, õppige kaastunnet." Need kolm on iga pühendunu õige suhtumise jaoks hädavajalikud.

Alandlikkusel pole midagi ühist välise vagadusega – see tähendab hoopis õiget suhtumist kõigis elukogemustes – isegi kui meid ebaviisakate sõnadega sõimatakse. Püha Franciscus, keda ma kutsuksin täiusliku alandlikkuse pühakuks, väljendas seda kaunilt: „Õppige taluma vaikselt ja ilma kättemaksuta etteheiteid, kriitikat ja süüdistusi, isegi kui need on väärad ja õigustamata." End kriitika vastu enesehaletsuse ja eneseõigustusega kaitstes määrime end.

Teisalt võimaldab jälle tõeline alandlikkus seista meil püstipäi ja täies väes, sest me püüame meele järgi olla Jumalale, mitte inimesele. Olles tõesed Tema suhtes, saame me selliseks inimeseks, kelle omadused on meele järgi inimestelegi.

Juurige välja kritiseerimise vähk

Järgmine punkt, mida Meister rõhutas on see, et me ei peaks olema kriitilised. Vigu leidev suhtumine on nagu vähkkasvaja, mis sööb teie seesoleva rahu juuri. Te ei saa olla õnnelik inimene, kui teie mõistus on täidetud negatiivsuse ja väiklase noriva kriitikaga.

Olin kord juures, kui üks aašrami pühendunu tuli Meistri juurde ja kritiseeris teravalt teist isikut. Meister kuulas kannatlikult umbes kolm minutit. Lõpuks naeratas ta vigade otsijale ja ütles: „Räägi nüüd oma puudustest sama pikalt." Pühendunu oli šokeeritud ja ma kahtlen, kas ta iial end enam Gurudžile kriitilisel viisil väljendas.

Muidugi on konstruktiivne kriitika, siiras parendamise soovitus, alati väärtuslik. Kuid väga kerge on muutuda ülemäära analüüsivaks ja negatiivselt kriitiliseks. Kui me saame aru, et mõistust pillutavad pidevalt äreva rahuldamatuse ja pahatahtlikkuse lained, siis näitab see, et meie hoiak ei ole õige. Nii kaua, kuni me kasutame eitavat kõneviisi, kas me siis tunneme, et see hoiak on õigustatud või mitte, ei saa me Jumalat kogeda. Valgus ja pimedus ei saa ühes toas koos eksisteerida – täpselt samuti ei saa teadvuses ühel ajal olla tarkus ja ignorantsus, armastus ja vihkamine. Mida vähem laskume tagarääkimisse või kuulame kuulujutte ja kriitikat, seda rohkem naudime me seesmist rahu.

Me saame vaid andes

Viimane punkt, mida Meister sel vana-aasta õhtul rõhutas, kõlas nii: „Õppige olema kaastundlikumad. Tavaliselt mõtlevad inimesed nii, et see on midagi, mis on kõigil teistel vajaka – me kõik tahame, et teised oleksid meie suhtes palju kaastundlikumad. Kuid see peab algama meist – me peame unustama enda, mõtlema vähem enese ja palju enam meie ümber olijate heaolule. Nagu Püha Franciscus ütles: „Vaid andes saame me ise."

Me peaksime olema vaid ühes asjas isekad – valvates armukadedalt oma suhet Jumalaga. Temalt oleme me ammutanud tingimusteta armastuse ja mõistmise, et seda suhetes väljendada.

Suurim rõõm minu elus tuleneb sellest, et ma olen Jumalasse armunud. Ma ei ole järginud seda teed, mida enamik inimesi taotleb, otsides inimlikku armastust ja inimeste seltskonda. Kuid ma tunnen end nii palju armastatuna, *nii palju armastatuna*. Universumi Armastatu ei valmista mulle eales pettumust.

Isegi katsumuste ajal tean ma, et Tema õnnistus on ka nende valusate kogemuste taga, innustades mind lahti lõikama kõik piiravad kiindumused ja tõmbuma Talle lähemale. Õige suhtumisega pühendunu tunneb magusust isegi valus ja katsumustes, tundes neis ära Jumala armastuse. Õppige, oh mu kallid, õppige sellise suhtumisega võtma omaks kõiki elukogemusi. Ja teadke ka seda, et Guru õnnistus on alati seal abina olemas. See ei jäta teid iial.

Püüdkem kevadpühade lähenedes äratada endas taas vaimset innukust, milleta muutub elu meile liiga raskeks või kui oleme end mässinud liigselt materiaalsusse. Püüdke ühendada oma süda teistega sügavas kaastundlikus mõistmises. Aidake teisi, kuid vältige kriitilisust. Ulatage teistele oma käsi siiras armastuses, kuid armastage üle kõige Jumalikku Armastatut. Joobumine igatsusest Jumala järgi aitab puhastada meie teadvuse negatiivsest suhtumisest, mis meid Tema täiuslikust rõõmust lahutab.

Sammud emotsionaalse ja vaimse küpsuse suunas

Self-Realization Fellowshipi rahvusvahelises peakorteris toimunud esinemisest

Vaadates tagasi guru Paramahansa Yoganandale ja meile, kes me temaga kokku puutusime ning aastaid kestnud distsipliinile, juhatusele ja väljaõppele, näen ma, kuidas see juhtis meid nõnda targalt mentaalse ja emotsionaalse küpsuse suunas. Ebaküpsus on üks peamisi inimkonna probleeme. Meil on sõjad, sest me käitume just nagu ära hellitatud mõtlematud lapsed. Noorukid võtavad kätte kive ja viskavad neid üksteise pihta, suureks kasvanud lapsed teevad sama, ainult et nad viskavad pomme. Me võitleme, me tülitseme. Kui kellelgi on „mänguasi", siis me tahame seda endale - nagu lapsed. Teiste sõnadega: kõik me saame aastatelt täiskasvanuiks, kuid mitte mentaalselt ja emotsionaalselt. Kes on meie arvates tegelikult küpsuse saavutanud? Jeesus Kristus, Buddha, maha-avataara Babadži, Paramahansa Yogananda - iga suur pühak. See on see, mille poole me peaksime püüdlema.

Siin on mõningad emotsionaalse küpsuse kriteeriumid:

Võime tegeleda konstruktiivselt tegelikkusega

1. *Võime tegeleda tegelikkusega edasiviivalt.* Mõelge selle üle. Kui me oleme ebaküpsed, siis me ei taha seista silmitsi tegelikkusega, kui see meile ei meeldi. Pigem me pööraksime otsa ringi ja

jookseksime selle eest minema. Me ei taha tõega kokku puutuda, kui see on vastuolus meie veendumustega. Me peidaksime end pigem, me ei kuuleks seda parem. Näiteks ei meeldi meile, kui meie guru või vaimne nõustaja räägib meile midagi meist, mida meile ei meeldi kuulata. Me ei taha, et meie pere ütleks meile midagi kriitilist, isegi kui see võib tõsi olla. Kriitika paneb meid vastulööki andma. Kui naine ütleb abikaasale: „Sa suitsetad liiga palju," siis esimese asjana tahaks mees vastata inetult. Emotsionaalselt ebaküps on mõelda, et kui sina lõid mind, löön mina nüüd vastu. Lapsed teevad niiviisi. Emotsionaalselt küps inimene on rahulik ja mõtleb esmalt: „Kas see on nii? Jah, see on tõesti tõsi. Ma suitsetan liiga palju. Hästi, ma peaksin seda viga parandama, sest see on mulle kahjulik." Ta ei pruugi oma naisele selliselt vastata - ta võib hoopis vait olla. Kuid vähemasti ei ütle ta kättemaksuks midagi inetut. Ta vaatab tõele näkku ja on selle koha pealt küps.

Miljonid lõpetavad psühhiaatriahaiglates või psühhiaatri hoole all, sest nad ei taha tegelikult ennast tunda, seista silmitsi enda ja oma puudustega. Kuid see on kõige esmane kasvamise samm, mille kõik peavad astuma.

Kas te teate põhjust, miks me tunneme vastumeelsust oma vigade tunnistamise suhtes? Hingedena on meil kontseptsioon endist kui täiuslikest. See on meie arust kõige alus. Me oleme täiuslikud, selles pole kahtlust - aga hingena, mitte egona, mis omandab selle füüsilise kuju piirangud ja kogub ebatäiuslikkust läbi valede harjumuste taaskehastumise. See on ego, mis ei taha tunnistada kellegi vigade parandamist.

Kas pole see tõsi? Samas, kui keegi kritiseerib meid ja kui me võtame õige hoiaku, siis saame me sellest kasu. Tegelikult ei tähenda eriti, kas öeldu oli edastatud õelalt, ebasõbralikult või mõistvalt. Oleks kenam ja kritiseerijalegi eeliseks kõnelda lahkelt. Kuid lõplikus tähenduses on inimese ebasõbralikkus tema enda probleem. Teie probleem on see, kuidas te reageerite.

Lubage mul viidata Assissi Franciscusele. Seda ta ütles ja selle järgi ta ka elas: „Õppige võtma vaikselt ja ilma kättemaksuta vastu hukkamõistu, kriitikat, süüdistusi – isegi kui need on valed ja õigustamatud." See on emotsionaalselt küpse isiku väide. Kui me teeksime sellest ühe viiendiku, saaksime me vastu palju jumaldamist ja austust – mitte üksnes teistelt, vaid ka iseendilt.

Võime kohaneda muutustega

2. *Võime kohaneda muutustega.* Ma olen tänulik Meistrilt saadud kohanemise väljaõppele. Meid õpetati harjuma hetkega, iga muutusega meie kohustustes ja meid ümbritsevates oludes. Me võtsime kätte ja sõitsime ühest aašramist teise, oli see siis päeval või öösel. Meil polnud asjade pakkimiseks aega. Me jõudsime Encinitasesse ja seal oli alati külalisi ees ootamas (neil päevil polnud meil nende jaoks eraldi elamise kohta). Me loobusime oma ruumidest ja magasime tekk peal põrandal. Mulle meeldis see väga. Inimloomusele on omane tohutu kinnijäämine enda toimimisviisidesse. Kuid maailma loomus on kõike muud kui kinniolemine. Seepärast on muutustega kohanemise võime hädavajalik.

Leidke õnne andmises

3. *Võime leida rohkem õnne ja rahuldust andmises kui saamises.* Viljelege suuremeelset ja avatud südant. Viljelege harjumust leida rõõmu andmises. Pole tähtis, mida te annate. Leidke viise, kuidas teisi õnnelikuks teha. Ärge mõelgegi, kas te saate midagi vastu. Võtke näiteks jõulud. Te vahetate kellegiga kingitusi ja mõtlete siis: „Hästi, see pole just võrdne sellega, mis ma talle andsin." Häbiväärne! Mis

tähtsust sel on? Mida vabamalt te annate, seda suurem on sellest saadav rahuldus. Anda *on* palju õnnistavam kui saada.

Te ei pea andma materiaalseid asju. Andke oma südamesoojust, andke oma mõistmist. Isegi kui teie keha tekitab teile raskusi ja kui keegi tuleb teie juurde masenduses, heitununa, negatiivsena, on imeline, kui saate selle inimese ülendatuna ära saata, öeldes talle midagi julgustavat, mis teda ta teel edasi aitab. Meister tõi tihti Püha Franciscuse näite: kuigi ta oli pime ja kannatas, andis ta teistele tugevust ja tervendas neid. Ta inspireeris miljoneid läbi sajandite oma sõnadega, oma meeldiva alandlikkuse ja Jumala armastamisega.

Armastama õppimine

4. Võime anda armastust. Teiste armastamine on emotsionaalse küpsuse kroonijuveel. See ei tähenda meelelise armastuse kaudu naudingu jagamist. Me räägime jumalikust armastusest, mis on tingimusteta ja mis ei küsi midagi vastu. Suhe, mis on meil Guru või Jumalaga – sellist liiki suhet peaksime arendama kõigiga – see rajaneb jumalikul armastusel.

Õppige armastama. Vältige sõna *vihkan*. Ja vältige sedasorti mõtteid ja tegusid, mis ei peegelda armastust. Kui te peate kõnelema kellegagi millestki ebameeldivast, tehke seda armastusega. Milline kirjeldamatu rõõm on olla tõeliselt armunud. Te ei näita ju oma tundeid kogu aeg kõigile välja – see pole vajalik. Kuid tunda inimeste vastu tõelist armastust, tunda armastust kõigi elavate asjade suhtes, austada kogu elu – see on läbiv osa küpse olevuse idealismist. Nägime seda nii täiuslikult Gurudžis.

Kuidas me austame ja armastame inimest, kellel on alati igaühe kohta öelda hea sõna. Meil ei pruugi alati olla teistega rahu ja mõistmist, sest mitte kõik ei pruugi meist aru saada. Kristusel olid vaenlased, kuid tema andis alati vaid armastust. Tal oli kannatlikkust oodata ära nende mõistmist. Ja vihkajate hüvanguks oli ta võimeline palvetama: „Isa, anna neile andeks, sest nad ei tea, mida nad teevad." See polnud lihtsalt õilis mõte, mis öeldi inimkonnale mulje avaldamiseks. Ta mõtleski seda! Kas me ei saaks ka seda praktiseerida? Me peame. See on tee rahule, õnnele ja küpsusele – jumalikule küpsusele. Harjutagem end rohkem kasutama sõna *armastus* ja tundma seda ka ise. Ma armastan linde, ma armastan puid – ma armastan kogu loodust. Ma armastan vaadata üles määratusse sinitaevasse. Ma armastan inimesi. Ma eraldan nad nende puudustest.

Meil kõigil on ärritavad puudused, kuid Jumal talub meid. Kas me siis ei saa taluda üksteist? Me peaksime püüdma endid muuta – kraapima maha ebatäiuslikkuse räbu ja ignorantsuse, mis katab meie hiilgavat kuldset hinge, olles samas teiste puuduste suhtes väga-väga salliv. Pole vaja tunda, et meil on kohustus või õigus käia ringi ja korrigeerida teisi põhjendusega, et ma viljelen joogat ja tean seetõttu, mis on parim. Seda nimetatakse vaimseks egoismiks. Oma mõistva südame, oma headuse, oma kaastunde ja oma armastuse kasutamine on parim teiste mõjutamise viis. Gurudži tuletas meile tihti meelde: „Rumalad vaidlevad, targad inimesed arutlevad." Hästi, me kõik oleme püüdnud mitte olla rumalad. Me oleme teinud siiraid pingutusi, et arutleda avalikult üksteisega meie erinevusi.

Me oleme kõik jumalikud lapsed, kes jagavad siin maailmas seda teed Jumala juurde tuhandete teiste Gurudži õpilastega. „Issand, Sina oled andnud sellele mungale suure pere," ütles Gurudži oma „*Joogi autobiograafias*". Me oleme ühendatud jumalikus armastuses, jumalikus vendluses, jumalikus sõpruses ja ühises eesmärgis: Jumala ühises otsimises ning igal võimalikul viisil Tema teenimises, pakkudes abikätt kõikidest elavatest olenditest koosnevale suuremale perekonnale.

Iseloomu puuduste ületamine

Self-Realization Fellowshipi rahvusvahelises peakorteris toimunud esinemisest kloostri asukatele

Meie Guru (Paramahansa Yogananda) täielik vaimne juhatus sisaldas mitte ainult meditatsiooni ja õige käitumise põhimõtteid, vaid ka juhtnööre tasakaalustatud psühholoogilise tervise saavutamiseks. Kuna ma tunnen end vastutavana aitamaks teil mõista vaimset elu, siis tahan teile näidata negatiivseid omadusi, mis hävitavad meie rahu ja meie suhted teistega ning hoiavad meid eemal Jumalast.

Vaimne tee on nagu žiletitera. Ilma selle tee otseste ja selgepiiriliste põhimõtete järgimiseta on Jumalat väga raske leida. Me ei saavuta seda kõige hinnalisemat Aaret ilma maksimaalsete ohverdusteta: loobume kõigist iseloomu puudustest, mis samastavad meid selle füüsilise vormi ja tema egoga, seistes niiviisi meie ja Jumala vahel.

Treenige mõistust olema objektiivne

Enesehaletsus on märk väiksesse ego-minasse tõmbumisest. Kui me anname peavarju enesehaletsusele, on meie suhtumine alati subjektiivne, võtame kõike isiklikult. Me ei saa niiviisi millegi suhtes objektiivsed olla. Selle tulemusel tunneme me pidevalt enesehaletsust. Objektiivsus tähendab, et me peaksime mõtlema terminites – mis on parim suhtumine, mida ma saaksin oma töös, oma suhtes teistega ja üle kõige – oma suhtes Jumalaga omada.

Kui me pühendame subjektiivses teadvuses, siis me oleme äärmiselt kergesti solvuvad. Keegi ei julge siis meile läheneda mingisuguse konstruktiivse kriitikaga, sest me oleme siis alati kaitseseisundis. Kaitseseisund on enesehaletsuse sümptom. Treenige mõistust olema kõrvaltvaatleja ning analüüsima erapooletult olukordi ja enese reageeringuid. Teadvustage tõde, kui seda meile näidatakse.

Kui te muutute kurvaks, tujukaks või „lagunete koost" kellegi kriitika pärast, siis teadke, et see on üks teie nõrkadest lülidest. Jumal testib igaühte meist neis küsimustes, kus me peaksime arendama tugevust. Ta ei ilmu meile pilvedest ega ütle: „Nüüd, mu laps – need on sinu juures olevad valed asjad." Pigem toob Ta meie ellu olukorrad, mis annavad meile võimaluse tunda ära ja tervendada kõik meie teadvuses olevad psühholoogilised nõrkused.

Enesehaletsuse kaksikvend on eneseõigustus, kihk alati kaitsta ja õigustada oma käitumist. Selgitamaks endale olukorda võidelge vastuseisuga iga kord, kui seisate silmitsi oma puuduste ja vigadega. Kui keegi ütleb näiteks teile, et te räägite liiga palju teisi taga või näete alati asjade tumedamat külge, hoidke end tagasi ja uurige ennast seesmiselt. Vahest on sellel isikul õigus ja ta toimib tõelise sõbrana.

Enesest lugupidamine tuleb meie seest

Teiseks ego puuduseks on enese tähtsustamine: „Mina tegin seda, mina tegin toda; see idee pärineb minult." Võlts uhkus tuleneb sellest, kui meie saavutustele omistatakse liiga palju tähtsust, siis me unustame, et Jumal on Tegija ja vaid Tema üksi väärib kiitust iga meie võimaliku edu eest. Kõnekäänd „Uhkus ajab upakile" on väga, väga õige. Sel hetkel, mil te annate võltsuhkusele vaba voli, asute te pattulangemise teele.

Gurudži tsiteeris vahel: „Paljud lilled on sündinud, et jääda nähtamatuks ja raiskavad oma ilu kõrbeõhustikus."[1] Tõesti ei oma tähtsust, kas me saame oma tegude eest kiita. Vajadus inimeste

[1] Thomas Gray „*Eleegia maakiriku õues*".

tunnustuse järgi võib saada lõksuks vaimsel teel – see võib meid meelituste tiibadel eemale kanda, kuna veetleb üksnes meie egot.

Vaimne edu seisneb õigete asjade tegemises, mitte selle eest tunnustuse saamises. Te võite öelda: „Aga siis ma võin kaotada oma motivatsiooni – ma tahan olla väärtustatud!" Tunnustus tähendab seda, et miski liigutab meid sisemiselt, kui meil on *Jumala* heakskiit. Paljud inimesed on saavutanud ülemaailmse kuulsuse, kuid on ikkagi lõpetanud oma elu enesetapuga. Ülistamine muutus neile tühiseks, sest sellega ei kaasnenud seesmist rahuldust. Aga kui te teate oma südames, et te olete võitnud Jumala armu, et olete Tema silmarõõm, siis teie mõistust ei eruta teie ümber kuhjatud kiitus ega laitus.

Mil iganes keegi Gurudevat ülistas, ilmus tema näole selline armas, alandlik naeratus. Ta asetas selle lugupidamisavalduse Jumala jalge ette paari heakskiidusõnaga: „Ma ei otsi kelleltki midagi, kuid ma olen väga õnnelik, kui ma saan mingil viisil oma Jumalale meele järgi olla." Ta oli tõesti alandlik olevus, alati ühtmoodi tasakaalukas kõigis olukordades.

Tasakaalustatud suhtumine vigadesse

Enesetähtsustamise äärmuslikuks vastandiks on samaväärselt hävitav enese hukkamõistmine. Palju aastaid tagasi elas siin üks pühendunu, kes halvustas end igal võimalusel. Ta mõtles ja rääkis alati kui vääritu ja ebatäiuslik ta on: „Ma olen vähimatest vähim, ma olen nii vääritu, mul on nii palju vigu," mina, mina, mina – kuni tema ümber olijad tahtsid talle öelda: „Kas sa unustaksid korraks ka selle „mina"? Mõelge endast kui tolmukübemest, kuid ärge rääkige sellest nii palju!" Enese hukkamõist ja alandlikkus ei ole samad asjad. Ego säilitab enese halvustamises oma tugevuse, kuid alistatakse alandlikkuses.

Ärge kiirustage ennast hukka mõistma. Igaüks teeb vigu ja ma ei arva, et Jumal neist eksimustest eriti hoolib. Ta muretseb vaid selle pärast, et me soovime ja püüame olla paremad. Ta otsib meist seda

Peale pühendumuslikku laulmist Ranchis, mille viisid läbi Sri ja Srimati (Brahmacharini Mirabai) Sachidanandan Sen – YSS aašrami pühendunud ja tunnustatud India klassikalise muusika õpetajad, 1964.

„Õppige viljelema ja väljendama armastust ja sõprust kõigi suhtes. Me alustame, armastades neid, keda Jumal on meile meie perena saatnud ja siis laiendame seda armastust, kaasates sellesse meie naabrid, oma maa ja lõpuks kõik rahvad ... kuni lõpuks tunneme ja võtame tervet maailma oma perena. Siin väljendame me Jumala kõikehõlmavat armastust.“

otsusekindlust: „Issand, ma võin vääratada üha ja jälle, kuid ma püüan aina edasi, kuni oma viimse hingetõmbeni."

Ole aus iseenda ja Jumalaga

Ebaausus on tõsine puudus. See on sügava seesmise psühholoogilise konflikti väline märk. Te ei saa mõelda ebaausalt ja olla samas mõtetega Jumala juures, sest Jumal on Tõde ise. On võimatu seista korraga kahes paadis, kus üks suundub Tõe suunas ja teine vastupidises, ebatõe suunas.

Kuid kas me peaksime alati kõnelema tõtt, isegi kui see teeb teistele haiget? Meister selgitas seda niiviisi: „Kui te näete pimedat inimest mööda tänavat kõndimas ja te olete otsustanud olla aus ja hüüate teda sedasi: „Hei pime inimene, oota hetk!" – siis on see julm." Kasutage eristamisvõimet mõistmaks, mida *tähendab* tõe rääkimine.

Ühel puhul ütles keegi teise kohta midagi inetut ja sellest räägiti Meistrile. Ta küsitles toda isikut, kes ütles: „Minult küsiti küsimus ja mõtlesin, et vastan ausalt." Sel isikul polnud aga õigust kedagi teist hukka mõista, kuna see teema ei kuulunud tema kohustuste hulka ja ta polnud ka teadlik kõikidest faktidest. Pärast selgitusi tõi Meister talle näite, aitamaks tal mõista vaimse aususe põhimõtet. Ta ütles: „Oletagem, et kedagi ajab taga noaga relvastatud röövel. Te olete möödakäija. Röövel küsib teilt, mis suunas põgenev mees läks ja te vastate: „Ta peidab end selle puu taga." Te olite aus, kuid teie vastus põhjustas suurt häda. Seetõttu ei ole sedasorti ausus õige. On palju parem olla vait või isegi näidata vastassuunas, kui teha midagi, mis toob endaga kaasa halva tagajärje." Eristamisvõime peab olema meie teejuhiks selles suhtelisuse maailmas.

Püüdke kõige esmalt ja kõige enam olla seesmiselt aus Jumalaga. Ärge kunagi teeselge Tema ees, et te olete keegi, kes te tegelikult pole – sest Ta teab teid juba ammu. Püüdke häälestuda sellele, milline on Tema hinnang teie kohta. Enda kaitsmise asemel asetage kõik oma vead Tema jalge ette: „Issand, ma olin kannatamatu, ma kaotasin oma vaoshoituse. Ma tean, see on vale, sest ma ei ole enam oma südames seesmiselt rahus. Anna mulle andeks."

Kui te olete siirad, siis tunnete te end palju paremini, et pöördusite Jumala kui isa ja ema või kui armastatu poole. Kui te peidate midagi Jumala või enda eest, siis kuhjab see järkjärgult kokku teis olevad sügavad süütunded. Siis tuleb aeg, kus te tegelikult ei taha Jumala ette astuda – te ei taha pöörata oma mõistust sissepoole ja vaadata ennast, sest te tunnete häbi sealsete inetute ja ebameeldivate asjade pärast. Sellised inimesed vajavad tihti psühhiaatrilist ravi, sest kaotavad võime olla iseendaga objektiivsed.

Meditatsioon annab õige arusaamise Jumalast ja Tema suurest kaastundest ja teie suhtest Temaga. Järkjärgult hakkate te eemaldama kõiki teid Temast eraldavate psühholoogiliste probleemide kihte. Meditatsiooni kaudu olete te viimaks võimelised ausalt, koos kõigi oma nõrkustega, vaatama enda peale ilma süütunde või hirmuta Jumala ees. Te võtate ükshaaval oma vead ja muudate nad hinge voorusteks.

Kannatlikkus ja otsusekindlus

Kannatamatus on teine iseloomu puudujääk. Aegajalt oleme me kõik süüdi kannatamatuses – eriti kui oleme suure surve all. See on normaalne inimlik reaktsioon. Kuid see loomujoon võib saada tõeliseks komistuskiviks teistega läbisaamisel ja vaimse edu saavutamisel.

Isik, kes ei tea kuidas olla kannatlik, ei jää oma Jumala otsingutes püsivaks. Meil on vaja sellist jumalikku otsusekindlust, mida väljendas Gurudeva oma laulusalmis: „Ootan Sind kurbuse orus, tuhat aastat või kasvõi homseni, kuid ma ootan, kuni ma näen Sind, Sind, vaid Sind."[2] See on kannatlikkus: „Ei loe, kas Sa tuled mu juurde nüüd või nüüdsest tuhande aasta pärast, ma jätkan endiselt Sinu

[2] Paramahansa Yogananda „*Kosmilised skandeeringud*".

Jõulukingituseks saadud Püha Assissi Franciscuse kujuga 25. detsembril 1973.

Satsangi läbiviimine Roomas 1969 kolmekuise Euroopa kõnetuuri kestel, kus samuti toimusid kursused ja kriija jooga initsiatsioonid Londonis, Münchenis, Stuttgartis, Kölnis, Berliinis, Viinis, Zürichis, Milaanos ja Pariisis.

„On rõõm olla Jumala kasutuses – mis iganes viisil Ta seda siis teha tahab. Siis on teie ainus soov, et teil oleks miljard häält Tema nime lausumiseks ja miljard südant Tema armastuse väljendamiseks ning selle vastuvõtmiseks."

otsimist." Selline kannatlik, armastav otsusekindlus tõmbab Jumalat teie ligi. Aga kui te ähvardate loobuda, kui Ta ei vasta teie arust õiglase aja jooksul, siis olete juba ette määranud end läbi kukkuma. Jumalale ei saa asju ette kirjutada. Ta tuleb siis, kui Ta on valmis. Üle kõige tuleb Ta siis, kui Ta otsustab, et *meie* oleme valmis. Kui me paneme enda otsingutele piirid või mõned teised tingimused, siis pole lootustki Temalt vastust saada. Tuleb omada kannatlikkust.

Gurudeva aitas meil omandada kannatlikkust selle harjutamise läbi. Kord jättis ta minu ja ühe teise pühendunu mitmeks tunniks ootama San Francisco Kuldsele sillale. Lõpuks muutus seal seismine nii kurnavaks ning me otsustasime, et ei hooli, mida inimesed arvavad ja istusime silla piirdele maha. Tuul muutus läbilõikavalt külmaks enne kui Meister ja autojuht meile järgi tulid. Pähe tuli mõte, et ma olen siniseks külmunud ning oleks võinud surnuks külmuda! Kuid ma ei lubanud endale mingit kaeblemist ega näidanud välja mingit ärritust. Teisel juhul viis Meister minu ja minu venna Dick Wrighti 1933. aastal väikse grupina Chicago maailmanäitusele.[3] Ta läks mu vennaga välja ja palus mul oodata. Nad tulid tagasi alles nelja tunni pärast! Ta ütles enne lahkumist mulle: „Ära minema jaluta," seega ei näinudki Maailmanäitusest muud kui maja, kus ma ootasin – see oli aga Ford Motors'i hoone, mis mind ei huvitanud.

Keegi võib sellise treeningu suhtes väga kriitiline olla ja öelda, et see polnud üldse arukas. Ma mõtlen, et enamus inimesi oleks muutunud kannatamatuks või vihaseks. Kõik, kel oli selline suhtumine ja puudus vaimne mõistmine, ei jäänud kauaks Gurudži lähedusse. Meie Guru jaoks oli tähtis see, et me arendaksime endas Jumala otsimiseks vajalikke omadusi, mitte see, et meil oleks alati mugav olla või et meie vähemad soovid saaksid rahuldatud. Ma olen sügavalt tänulik

[3] Paramahansadži oli läinud Chicagosse eesmärgiga esineda 10. septembril 1933 toimunud Maailma Usundite Vendluse üritusel, millega samal ajal toimus ka Maailmanäitus.

kogu Gurudeva distsipliinile ja mu iseloomu vormimisele – ilma selleta ei oleks ma saanud teada seesmisest teostumisest, väest, armastusest ja rõõmust, mis õnnistavad mu elu nüüd.

Vihkamine ja kibestumine söövitavad teie sisemust

Vihkamine on ohtlikult söövitav iseloomujoon. Kui südames on vihkamine, siis pole võimalik Jumalaga ühel lainel olla. Vihkamine on määratult võimas jõud – vaid üks vägi on temast suurem – armastuse vägi. Kui süda on vihkamisele häälestunud, siis järab see negatiivne emotsioon vaimse elu elutähtsaid organeid. See on üks suurimaid inimloomuse teste.

Jeesus võinuks reageerida tugeva vihapurskega, kui tema keha nii julmalt vaenlaste poolt hävitati. Kuid ta ei teinud seda. Ta tundis oma südames kõikemõistvat kaastunnet ja iga olevuse tegelikuks olemuseks olevast hingest tulenevat jumalikku armastust.

Kui vihkate kedagi kogu südamest – pole tähtis, kui õigustatud see võib teie jaoks olla, siis teadke, et teid piinatakse seesmiselt nii kaua, kuni te sellest vabanete. Jumalat ei saa tunda keegi, kelle süda on kanaliks pahatahtlikule võnkele.

Kibestumine on vihkamise sugulane. Inimese reaktsioon on loomulik, kui tunneme, et meid on solvatud või meiega on kuidagi valesti käitutud – näiteks, kui miski, mida me oleme öelnud, pöördub meie juurde tagasi moonutatuna või kui keegi ütleb meie kohta midagi, mis meie arvates ei vasta tõele. Kibestumine hävitab sarnaselt vihkamisele samuti meie vaimset elu. Hetkel mil te lasete end kibestumisel vaevata, kaotate teadlikkuse Jumalast. Juurige kibestumine enda teadvusest välja. Visake ta välja iga kord, kui ta siseneda püüab.

Armukadedusest ja kadedusest ülesaamine

Armukadedus on sügava turvatunde puudumise tulemus. Kui me tunneme, et oleme Jumalaga ühte häälestunud, ei leia me enam ühtki põhjust armukadeduseks. Me oleme rahul sellega, mis on meie oma, sest me tunneme ära, et see tuleb Temalt. Me ei taha midagi, mida keegi teine omab, sest me oleme täidetud – me ei vaja midagi enamat. Armukadedus on maiselt mõtlevate olevuste hulgas üldlevinud, kuid see ei saa samas jääda Jumalat otsivate inimeste südameisse. Meister tõi armukadeduse kohta näite, mida ma iial ei unusta. Ta ütles aastaid tagasi ühele oma järgijale: „Siin on mu käsi viie sõrmega: see sõrm ei saa asuda tolle sõrme kohale ja too omakorda järgmise kohale. Ma vajan töötegemiseks kõiki neid. Igaühel teist on õiglane koht minu südames ja Jumala armastuses.“ Ja igaüks leiab oma õiglase koha pere või kogukonna sees, kui ta annab endast parima. Seega pole armukadeduseks mingit õigustust.

Armukadeduse lähedaseks sugulaseks on kadedus. Gurudži võis vahel anda tahtlikult midagi ühele pühendunule ja ignoreerida teisi. Need, kes Meistrist aru said, teadsid, et ta tegi seda selleks, et tuua pinnale kõik kalduvused kadedusele – nii, et neid oleks võimalik ära tunda ja kõrvaldada.

Toon teile ühe näite: kõigi aastate kestel tavatses Gurudži anda jõulude ajal kõigile meile – järgijaile, väikesed kingitused, kuid alati andis ta mulle kõige vähem. Esimesel korral imestasin ma selle üle – miks? Ma mõtlesin: „Hästi, vahest ei meeldi ma talle nii nagu teised pühendunud.“ Siis tundsin selle mõtte pärast suurt häbi, mõistes, et sedasi mõelda on häbiväärne. See on inimlik – kuid mulle ei meeldinud näha sellist väiksust endast ega kelleski teises. Seega analüüsisin ma seda: „Kas sa tõesti hoolid sellest? Sa pole kunagi tahtnud materiaalseid asju. Mida sa tõesti tahad on see, et ta hooliks sinust ja ta ei pea seda näitama, tehes erilisi jõulukinke.“ Siis ja seal õppisin ma seda, mida tähendab kadeduse ületamine endas. Sellest alates ei ole ma lubanud endal seda emotsiooni tunda.

Meister oli absoluutselt sallimatu armukadeduse ja kadeduse suhtes – ta ei lubanud sellist enesekesksust pühendunuile, kes tahtsid olla tema lähedal. Ta tavatses öelda: „Hoidke oma silmad enda taldrikul ja ärge muretsege, mis on kellegi teise omal. Te saate vaid seda, mis on teie oma ja mis kindlasti tuleb teie juurde." See oli mulle suur õppetund – et see, milline oli Meistri suhe teiste pühendunutega, ei tähendanud. Mis tähendas, oli vaid see, kas ma süvendasin oma suhet Jumala ja oma Guruga.

Enese motiveerimine Jumala otsimiseks

Me saame elus täpselt seda, mida me anname. Seetõttu on laiskus üks negatiivseid omadusi, mida me ületama peame, kui tahame olla edukad oma Jumala-otsinguis või mistahes teises ettevõtmises. Gurudži ütles: „Ma võin andestada füüsiliselt laisale, aga mitte mentaalselt laisale inimesele." Füüsilisel laiskusel võivad olla tervislikud põhjused, kuid mentaalne laiskus tähendab tahtmise või entusiasmi puudumist. Ükski vaimsel teel olija ei leia vabandust, kui ta loiduse ja huvipuuduse tõttu ei tee pingutust sügavaks Jumala otsimiseks. Kui me ei tee oma tööd, ei mediteeri ega täida oma kõiki teisi kohustusi kogu südamest tuleva entusiasmiga, jumaliku motivatsiooniga, siis ei leia me iial Jumalat, ega ka tõelist õnne, mida me otsime – see ei ole sel moel teostatav. Mitte keegi teine ei saa anda meile seda vaimu – me ise peame muutma oma mentaalset hoiakut.

Meistri Ameerika töö varastel aastatel analüüsisin ma noore pühendununa tihti oma motiive, sest ma märkasin, et need, kes pühendusid poole südamega, justkui tahtes vaid kõigest läbi saada, jäid millestki ilma. Nad ei muutunud paremaks. Nad ei liginenud Jumalale. Ma mõistsin sealjuures, et see polnud minu teha, kas keegi teine jõudis Jumalale lähemale või mitte. Ma olin tulnud Jumala pärast ja ma olin otsustanud mitte oma aega raisata – jäädes selles suhtes isekaks: jäin alati omaette, kui teiste seltskond mind ei inspireerinud. Hoidsin oma mõistuse Jumalale suunatud. Sedaviisi ma elasin ja sellest eraklusest ja püsivusest sündis suur mõistmine ja vägi.

Venitamine ehk asjade homse varna lükkamine on laiskuse jonnakas võrse. Venivillem ütleb: „Ma püüan homme paremini, kuid laske mul täna olla." Nii võib see jätkuda kõigil teie elupäevadel. See, kes lükkab asju pidevalt kaelast ära, ei saavuta iial oma eesmärke. Tehke täna ja nüüd – iga päev kõik endast olenev ja sõltuv, andke endast parim.

Ületage negatiivsus positiivse mõtlemisega

Negatiivne mõtlemine on hinge vähk. Meister kirjutas: „Kuigi mu meri on tume ja mu tähed on kadunud, näen ma Sinu armu läbi ikkagi teed."[4] Positiivne mõtlemine on absoluutselt hädavajalik igas ettevõtmises ja konkreetselt just vaimsel teel.

Selles suhtelisuse maailmas on igal asjal kaks külge. Mündi või ka käe üks külg ei saaks eksisteerida ilma teiseta. Täpselt samuti on iga olukorra nägemiseks kaks viisi: positiivne ja negatiivne. Olge alati väga kindel, et te vaatate asjade positiivset külge. Ärge iial laske endal eituses püherdada, sest kui te seda teete, siis ei ole teil mingit seesmist rahu ja te leiate olevat Jumalaga suhtlemise väga raske.

Vahel inimesed ütlevad: „Ma püüan mediteerida ja tunda Jumalat, kuid näib nagu ma ei jõuaks kusagile." Ma küsin neilt: „Kas te täidate tõesti oma mõistuse alati positiivsete mõtete väega?" Negatiivsete inimeste mõistus on alati rahutu ja julguseta. Meister ütles kord, et positiivne mõtlemine eristab tavalist ja jumalikku inimest. Kahtlemata on selles maailmas lugemata arv asju valesti. Kuid me ei peaks end tundma abituna. Me ei tohi lasta oma mõistust välistel asjaoludel alla tirida.

Kust tulevad negatiivsed ja vulgaarsed mõtted?

Kõige hullemad negatiivsed mõtted võivad tõusta vahetevahel esile alateadvusest. Võin tuua näite hiljuti saadud kirjast: „Millal

[4] Paramahansa Yogananda *Kosmilistest skandeeringutest.*

iganes ma mediteerima istun, tungivad mu pähe kohe vulgaarsed rämpsmõtted. Miks juhtub nii, kui ma püüan mediteerida?" Minu vastus sellele küsimusele on: see juhtub sel lihtsal põhjusel, et te tegelikult veel ei mediteeri. Esmakordselt selles elus, vahest isegi paljudes eludes, õpite te endasse pöördumist, et saada enesest teadlikuks. Mõistus on kõigi kogemuste, sealhulgas ka negatiivsete mõtete, kuulujuttude, aga ka maisuse panipaik. Kui nende mittevaimsete muljete hulk on ülemäärane, siis näete esmakordselt endasse vaadates loomulikult just seda.

Algaja mediteerija teadvus on nagu sogase veega täidetud klaas. Aga kui te harjute oma mõistust vaigistama, siis hakkab tumedate mõtete muda järkjärgult põhja settima või haihtuma ja esile tuleb jumaliku tajumise selge vesi. Vee olemus on puhas ja selge. See vaid näib sogasena, kui sellega on segatud muda. Inimese teadvuse olemus on samuti puhas, kuid negatiivne mõtlemine, rämpsmõtted, kuulujutud, armukadedus, kadedus, vihkamine - kõik mainitud negatiivsed omadused hägustavad selle puhtust. Kui te õpite mõistust meditatsioonis vaigistama, siis leiate, et teie teadvuse veed on uuesti puhtaks saanud.

Keskenduge oma suhete täiustamisele Jumalaga

On hea vaadata uuesti üle vaimsed juhised. Meister tavatses meid kokku kutsuda, et kõnelda sel puhul neist omadustest, mis on vaimseks eduks hädavajalikud. Nende vajalike asjade aluseks on meie kohustus keskenduda oma suhte täiustamisele Jumalaga, oma armastusele Jumala vastu. Me pole selleks võimelised ja meil pole Temast mõtlemiseks aega, kui meie mõistus on täidetud eitusega ja tegev teiste psühholoogiliste probleemide lahendamisega. Öelge aina ja uuesti Issandale: ma olen tulnud sellesse maailma ennast muutma, aita mind. Saada mulle ülesandeid, milliseid ma Sinu arust vajan. Ma tahan ennast täiustada, et võiksin Sind leida."

Me ei saa elada ilma midagi armastamata. Olgu Jumal selleks miskiks – mitte meie „mina" ega ka meie kired-harjumused, vaid Jumal. Suunake kogu oma keskendumine ja püüdlus Temale. Isegi kui vahel teie keha, mõistus ja ego püüavad teid alla tirida, ärge kohkuge. Jätkake Tema vaikset kutsumist: „Anna mulle armastust Sinu vastu. Ilmuta Ennast, ilmuta Ennast."

Palvetage sellise intiimse suhte saamiseks Jumalaga, milles te teaksite, et Ta on reaalne ja et Ta vastab teile. See kujundab ümber kogu teie elu. Meister ütles mulle palju aastaid tagasi: „Ühel päeval, Faye,[5] on sinu elu nii erinev – sa ei tunne end ära sellena, kes sa praegu oled. See saab sulle olema nagu uuestisünd." Nii juhtubki. Te teate vaid ühte asja ja nagu vana aja apostlitel, on siis teilgi vaid üks soov: „Ma asetan oma elu Sinu jaoks Su ette maha, Issand." Selles on säärane rõõm. See pole väsitav, tüütu ülesanne. See on rõõm, olla Jumala kasutada, mistahes viisil Ta seda teha tahab. Te soovige vaid, et teil oleks miljard häält Tema nime lausumiseks ja miljard südant Tema armastuse väljendamiseks ja selle saamiseks.

Ärge iial peatuge püüdlustes anda endast parim, et vaimsustada oma elu igal viisil. Pidage meeles, et ainus vahe pühaku ja patuse vahel on selles, et pühak ei loobunud iial püüdlemast.

[5] Daya Mata sünnipärane nimi.

Alandlikkus: igikestev südame vaikus

Koostatud kahe Self-Realization Fellowshipi rahvusvahelises peakorteris toimunud esinemise põhjal

Keegi siin on mulle kirjutanud: „Kõnele meile palun *satsangil* soovist tuntuks saada. Millisel viisil segab see soov meie vaimset edenemist? Kuidas saavutab inimene tervisliku tasakaalu loomuliku enesekindluse ja tõelise alandlikkuse vahel?"

Soov saada tuntuks on igas inimsüdames. See on selles mõttes meie põhiolemuse osa: nagu Jumal on igavene ja mõõtmatu, nii on ka inimese hing ehk *atma* tehtud Jumala näo järgi ja tal on samad jumalikud omadused – ta on alati teadlik oma igikestvusest ja oma ühtsusest kõigega. Seega on arusaadav, et see seesolev surematus ja kõikjalolemine väljendab end tungis omada kohta ajaloos – olla meeles peetud ja hinnatud mitte ainult inimese enda väikses tuttavate ringis, vaid ka laiemalt. Probleem seisneb aga sellest, et enamus inimesi otsib ekslikult rahuldust maises tunnustuses.

Inimlik kuulsus on üürike ega rahulda meid: isegi suurimate kunstnike või kirjanike tuntus on ajutine. Ja kui i see kestab peale nende surma, ei mäleta nad ise oma järgnevas kehastuses, et see tunnustus neile kord kuulus. Ainus viis, kuidas inimene võib tunda oma olemuse avardumist surematu hingena, on ühtsus Jumalaga – enese teostamine on ainus moodus kogeda olemuse avardumist ja täitumist.

Analüüsige kuulsusejanu. Te tahate olla hinnatud, teadmine teiste heakskiidust ja lugupidamisest annab teile turvatunde. Selle püüdluse rahuldamise kõrgeim viis on kustutada mõistusest egoistlik soov inimliku heakskiidu järele, sest viimane on kurikuulsalt heitlik. Selle asemel otsige tunnustust Temalt, kelle õnnistus on igavene. Kui te suhtlete Jumalikuga, siis saab kalliks pidamise soov täielikult ja igaveseks rahuldatud.

Alandlikkuse tähendus

Isegi soov vaimse saavutuse järele tuleb asetada õigesse perspektiivi. Püüelda pühakuks teiste ülistuse pärast on väär. Gurudeva Paramahansa Yogananda hoiatas tihti, et paljud kõrge hingearenguga olevused langevad just selle ego lõksu. Õige suhtumine on tahta olla pühak, kes armastab alandlikult Jumalat ja suhtleb Temaga.

Alandlikkust ei väljenda veel ütlus: „Ma olen alandlik olend." Üksnes fakt, et ta seda ütleb, tähendab, et ta pole seda. See on vasturääkivus, sest seda öeldes mõtleb ta palju iseendast. Alandlikkus pole see, kui te mõtlete, et te olete endas mõne vooruse ära tundnud ja nüüd räägite sellest maailmale. Tõeliselt alandlik ei räägi sellest – ta ei ole isegi teadlik selle suure vooruse omamisest.

Paluge Jumalalt alandlikkust. Paluge Temal näidata teile meditatsioonis, mis on tõeline alandlikkus. Ilma selle põhimise omaduseta võib inimene minna vaimsel teel väga kaugele, kuid uppuda siis ühtäkki eksikujutluse sügavustesse. Esimene asi, mida Meister aašramisse elama tulnuis vaatas – kas nende motiiv on õige. Kui keegi mõtles, et tema eesmärk elus on saada suureks õpetajaks ja inimkonna päästjaks ning ta seda veendumust ka Meistrile väljendas, siis ta lihtsalt naeratas selle peale ega ei öelnud midagi. Ükski enesetähtsuse tundega inimene ei saa tõeliselt suureks.

Üks viise, kuidas Gurudži oma järgijate hulgas alandlikkust edendas, oli see, et iga kord kui ta nägi kelleski kalduvust trügida, end etteotsa sättida või endale tähelepanu nõuda, hakkas ta koheselt seda isikut väliselt eirama või tema suhtes distantsi hoidma. Ta teadis, et sellele hingele poleks hea, kui ta vastaks tema teadlikule või ebateadlikule enesekesksele nõudmisele: „Pange mind tähele! Pühendage mulle oma aega! Pühendage mulle oma tähelepanu!"

Sellisest treenimisest õppis vastuvõtlik pühendunu tagasitõmbumist, olemaks rahul sellega, et on grupis kõige tähtsusetum.

Kõige seostamine Jumalaga on alandlikkuse praktiseerimise viisiks: „Issand, Sina oled Tegija, mitte mina." Mil iganes teid kiidetakse, tuletage endale meelde, et te olete laenanud kõik oma võimed Temalt – kogu väe Allikalt. Tegelikkuses on vaid Üks, kes väestab meie ajusid, tuksleb meie südameis, töötab meie keha jäsemete kaudu – ja see on Jumal. Kuidas saame meie kiitust vastu võtta? Me ei saa iseendast saavutada mitte kui midagi. Meie inimliku puudulikkuse teadlikkus ei tohiks tekitada meis alaväärsustunnet – pigem peaks see õpetama meile rõõmsat sõltuvust meie Looja armastusest. Mida enam me Jumalale toetume, seda enam me mõistame, mida tähendab tõeline alandlikkus ja seda enam täidab meie elu Tema vägi, jõud ja kindlustunne.

Tõeline alandlikkus ei ole nõrkus. See on alatine toetumine Jumalast mõtlemisele, elamine sellises teadvuses: „Issand, Sinu tahtmine sündigu, mitte minu." Kui me kinnitame seda siiras jaatuses, siis oleme me võimelised lükkama hetkega kõrvale isiklikud soovid ning frustratsiooni, mida tunneme, kui need ei täitu. Samal ajal jääme rahule, kui soovime teha seda, mida Jumal meilt ootab. Jumala ja ainult Jumala asetamine oma elus kõige kõrgemale kohale on tõeline alandlikkus.

Kriitika talumise võime

Hetkel, kui tunneme, et peame endid meile suunatud kriitika eest kaitsma, viljeleme me egoismi. Muidugi, kui rünnatakse või solvatakse meie põhimõtteid, siis on meil kohustus oma seisukohta väljendada. Kuid isikliku kriitika suhtes pole vajadust hammast ihuda. Heitke pilk endasse, et näha, kas midagi on vaja parandada, aga ärge ärrituge. Ma tuletasin endale tihti meelde: Jumala ja Guru ees olen ma see, kes ma olen, ei enam ega vähem. Ma ei väida, et oleksin täiuslik või omaksin suuri andeid ja võimeid. Minu püüdluseks selles elus on täiustada ühte asja – oma armastust Jumala vastu.

Kui me püüdleme selle alandlikkuse suunas, mis asetab Jumala ettepoole meie isiklikest soovidest ja ambitsioonidest, arendame me endas tohutu seesmise väe. Me muutume võimeliseks taluma igasuguse kriitika kõrval ka kõiki eluraskuseid.

„Õnnistatud kodu minus eneses“

Paljude aastate vältel on mu laual olnud järgmine inspireeriv tsitaat:

> Alandlikkus on igikestev südame vaikus. See on selleks, et poleks hädasid. Et iial poleks närvitsemist ega tülitsemist, ärritumist, valulisi teemasid ega pettumust.
>
> Alandlikkus ei oota midagi, ei imesta millegi üle, mis mulle on tehtud, ei tunne midagi mu vastu tehtu suhtes.
>
> See tähendab olla rahulik siis, kui keegi mind ei ülista või kui mind süüdistatakse või põlatakse.
>
> See tähendab omada õnnistatud kodu minus eneses – kuhu ma võin minna ja sulgeda ukse ja põlvitada oma Isa ette salajas ning olla sügava rahulikkuse mere rahus siis, kui kõik ümberringi ja üla on ärevuses.[1]

Sellist turvatunnet ja rahu võib saavutada, kui mõistus on kinnistunud Jumalal. Sellise suhte aastatepikkuse viljelemise järel juhtub, et kui pööran suurte raskuste ja surve ajal oma mõistuse sissepoole, tunnen ma koheselt tohutut rõõmu, sellist pühendumust. Milline määratu suur armastuse ja rõõmu maailm asub hinges!

[1] Canon T. T. Carter (1809-1901).

Me ei pea seda omandama – see on juba meie oma. Me peame vaid eemaldama ego tumeda eesriide, rebima eest katvad isekad mõtted ja käitumise, mis varjab jumaliku hinge sära. Kui me kanname mõtteis mistahes vormis isekust või enese-keskust, siis ei saa me teada sellest ülimast seisundist, me jääme mina-teadvuse – selle „mina, minu" vangistusse. Sellest vanglast saab põgeneda vaid Jumala ukse kaudu.

Joobuge Jumala armastamisest ja pisike „mina" kaob Temasse – seejärel kasutab Ta teid palju võrratumal moel, kui te iial olite võimelised sellest unistama. Jumal Ise töötab läbi alandliku, vastuvõtliku pühendunu.

Vastuvõtlikkus tähendab alatist seesmist Jumalale alistumist: „Mu Issand, Sina oled mu elu – tee minuga nagu Sa tahad. Aseta mind kõrgele kohale või kasuta mind pelgalt väetisena Oma töös. Mulle pole sel vahet. Ma tahan niivõrd täiustada oma armastust Sinu vastu, mu Issand, et otsides Sinu juhatust, ei püüa ma iial dikteerida Sulle, kuidas Sa peaksid mind kasutama. Ainuke asi, mida ma tean, on see, et ma armastan Sind."

Selline on alandliku olevuse hoiak – selle hoiak, kes siiralt tahab Jumalat tundma õppida. Ta püüab teha kõike suurima entusiasmiga – teostades raskeid teenimise ülesandeid, on ta samaväärselt jumalikku armastusse imendunud, kui esinedes tunnustava rahvahulga ees. Kui me tõesti armastame Jumalat, siis pole seal ühtki teist igatsust. Me ei hooli siis ei kuulsusest ega kellegi tunnustusest, sest oleme leidnud enda sees oleva Rõõmu.

Guru: teejuht vaimsele vabadusele

Indias Ranchis peetud esinemisest

Paramahansadži järgijad on palunud mul üles tähendada erinevaid kogemusi, millega mind 21. aastase Gurudeva kõrval viibimise puhul õnnistati. Meelde tuleb nii palju hetki neist aastatest. Milline jumalik suhe, mis rajanes austusel, hoidmisel, õiglusel ja üle kõige – tingimusteta armastusel. Minu jaoks on guru ja järgija vaheline suhe kõige meeldivam ja puhtam, mis hingede vahel olla võib. Tõelisel gurul, sel, kes on enda Ise tõeliselt teostanud, ei ole mingeid mõtteid väiksest minast. Tal pole mingit soovi teiste jumaldamise järgi. Kogu armastuse, mida pühendunud talle annavad, asetab ta Jumaliku Armastatu jalge ette. Gurudži ütles tihti meile: „Guru ainsaks otstarbeks on pühendunute Jumala juurde toomine – Jumal on tõeline Guru."

Guru otstarve

Tavalise inimese jaoks on Jumala leidmiseks guru abi hädavajalik. Mõned vaidlevad vastu: „Jah, kuid on ka palju neid, kes on leidnud Tema ilma guruta." See võib nii näida, kuid need hinged tulid siia maailma juba kõrgelt arenenutena. Selleks, et säärast kõrget seisundit saavutada, pidi neil eelmistes eludes teejuht olema. Kui keegi tahab saada arstiks või teadlaseks, ei saa ta omandada adekvaatseid teadmisi palja raamatute lugemise või loengute kuulamise kaudu. Tal peab olema otsene kogemus. Tulevane arst peab läbima põhjaliku ettevalmistuse ja internatuuri, mida juhendab keegi, kes juba on sellel teel edu saavutanud ja kes oskab teed näidata. Alles siis saab tulevane arst teada, kuidas inimeste füüsiliste kehade eest hoolt kanda.

Täpselt samuti ei saa te teada ega tunda Jumalat pelgalt Temast raamatuid lugedes või kuulates jutlusi ja esinemisi tõest ja Mõõtmatust. Teil peab olema keegi kompetentne teejuhiks. Me kohaneme nii oma harjumustega, et me ei näe oma puudusi. Alles siis kui keegi pakub tingimusteta armastuse kaudu meile oma abi ja ütleb: „Mu laps, korrigeeri seda," saame me mõistmise selguse ja stiimuli oma elu tõeliseks muutmiseks.

Guru on nagu kristallselge peegel ja igaüks, kes selle peegli ette seisab, näeb ennast täpselt sellisena, nagu ta on. Kui järgija näeb niiviisi end paljastatuna, siis ta teab, mida tal on vaja teha veatut hinge katva ebatäiuslikkuse kõrvaldamiseks.

Guru kohustuseks on sondeerida sügavalt pühendunu teadvust ja tuua esile kõik nõrkused. Toon ühe näite. Lapsena olin ma väga tundlik ja äärmiselt häbelik. Ühel päeval, kohe kui ma olin aašramisse tulnud, istus Gurudži grupi pühendunute juures. Ta mängis ajalehetükiga ja naeris ning vestles tema ümber istuvate pühendunutega. Ma ei ühinenud nendega, jäin tahaplaanile. Ma nägin, kuidas ta tegi ajalehest mütsi – nad nimetavad seda kolmnurkset mütsi Ameerikas puupea nokatsiks. Ma ütlesin endamisi: „Mida ta sellega peale hakkab? Tal on midagi plaanis." Arutlusvõime ütles mulle: „On ilmne, et ta ei pane seda puupea nokatsit pähe kellelegi vanematest pühendunutest. Ta plaanib panna selle pähe oma noorimale järgijale st Daya Matale. Nüüd, kus ma olin andnud alles oma vandetõotused ja lubanud tingimusteta Gurule alluda – kuid see ei tähenda, et ma olen andnud talle vabaduse heita minu kulul nalja oma järgijate ees." Niisugune oli mu arutluskäik. Ma mõtlesin: „See on koht, kuhu ma tõmban piiri."

Kui ta lõpetas selle pabermütsi tegemise, vaatas ta ringi kõigi pühendunute suunas. Ma pidanuksin olema samas lõbusas tujus, nagu nemad. Kuid ma klammerdusin tundlikkuse külge. Nii kui ta mulle viipas ja ütles: „Tule siia!" raputasin ma pead: „Ei." Mõtlesin, et vahest jätab ta mind vahele ja kutsub kedagi teist pühendunuist.

Aastate kestel sain teada, et Gurudži ei teinud midagi ilma selle taga oleva sügava põhjuseta – selline oli tema jumalik mõistmine. Niisiis ütles ta uuesti: „Tule."

„Ei."

Lõpuks, veelkord, kuid seekord ilma naeratuseta: „Tule!"

Ma muutusin veelgi otsusekindlamaks. Mida enam ta õngitses, seda otsusekindlamaks ma muutusin. „Ei, Gurudži, mitte seda."

Lõpuks haihtus tema naeratus ja ta muutus väga vaikseks. Ma võin teda isegi praegu näha seal istumas, silmad karmilt sissepoole vaatamas. Kuhu iganes ta niiviisi vaatas, hakkasid pühendunud imestama: „Mida ta mõtleb, midagi on tulemas."

Ta ütles pühendunuile lõpuks: „Hästi – minge nüüd." Ma tõusin samuti kiiresti püsti, sest ma mõtlesin: „Nüüd on aeg eemalduda."

Ta ütles: „Ei, sina jää siia." Siis ma teadsin, et olin lõksus, kuid olin ikka veel väga otsusekindel.

„Kas sa mõtled, et niiviisi polnud õige käituda kõigi nende inimeste ees?" küsis ta minult.

Olin ikka veel vihane. „Meister, kas see on õige," vaadake, ma püüdsin ikka veel arutleda temaga võrdselt „kui guru teeb ühe järgija üle nalja teiste pühendunute ees?"

Ta vastas: „Niisugune ego külge klammerdumine ei aita inimest Jumala juurde."

Olin ikka veel keevaline ja ütlesin: „Meister, ma ei võta omaks arvamust, et kedagi võiks teiste ees noomida või naeruvääristada."

Selleks ajaks olid Gurudži sõnad muutunud valjemaks. „Hästi, mine seisa nurgas, kuni sa mõistad, mida ma sulle püüan õpetada."

Ma võin ikka veel näha ennast, noort 17. aastast pühendunut, kellele öeldakse, et mine seisa nurka. Seda polnud minuga iial varem juhtunud.

Vaid paar nädalat varem oli Gurudži mulle öelnud:

„Kui ma oma Guru juurde läksin, siis ütles ta mulle: „Õpi käituma!" ja seega ütlen ma sulle sama asja. Mõõtmatu tundmaõppimiseks on vaja õppida käituma." Sel ajal ma mõtlesin: „Ma pole väga tujukas ja ma saan inimestega hästi läbi. Ma usun, et mu käitumisega ei tule mingeid probleeme. See on lihtne."

Kuid see on palju sügavam, kui keegi mõtleb!

„Mine seisa nurka!" Ma läksin.

„See on lihtne," mõtlesin mina, „ma võin sellele kuuletuda."

„Pööra oma selg ja seisa näoga seina poole." Tegin seda.

„Seisa nüüd ühel jalal."

Selleks ajaks olin šokeeritud sellest distsipliini esimesest maitsest ja ikka veel veidi keevaline. Te teate inimolevuste loomulikku reaktsiooni. Kui meil on üksteisega häda, siis kõige esmalt läheme me keema. Reeglina asendub siis viha emotsioon enesehaletsuse emotsiooniga: me lahustume pisarais. Pange seda tähele järgmine kord, kui te vihastate: esmalt viha, siis pisarad, mis pole muud kui enesehaletsus, kui need pole valatud just inimkonna, teise inimolevuse või Jumala pärast.

Ja nii lahustusin minagi pisaraisse ja tundsin end halvasti: „Ma pole iial näinud teda minu ees teiste üle nalja viskamas või teisi noomimas. Miks ta valis minu välja enne teisi?" Arutlesin nii: „Vaene Daya Mata, sind koheldakse valesti."

Kuid mida kauem ma seal seina ääres seisin, seda selgem arusaamine minuni jõudis. Ma mõtlesin: „Laske mul nüüd endalt küsida: miks sa siia tulid?" Kui te esitate endale alati oma motiivide kohta ausaid küsimusi, siis toob see teid uuesti õige käitumise aluste juurde. Enamik elus ette tulevaid probleeme on põhjustatud sellest, et me eirame jätkuvalt asja tuuma. Patandžali viitas sellele lõksule. Me alustame liikumist mingi sihi suunas – olgu see siis vaimne või materiaalne – kuid avastame siis, et mingilt maalt oleme me asjast valesti aru saanud.

Seal ma siis endamisi arutledes seisin: „Miks ma siia tulin? See oli ilmne – ma tulin, sest ma tahtsin Jumalat.“ Küsisin endalt: „Kas sa saad seda, mille järgi sa tulid, kui sa niiviisi käitud? Kas sulle läheb siis tegelikult korda, mida inimesed sinust mõtlevad? Kui läheb, siis mine parem maailma. See käitumine ei kuulu siia.“

Kohe kui ma seda tõde mõistsin, ütlesin ma endale: „Ma eksisin.“ Pöördusin ja läksin Meistri juurde. „Anna mulle andeks, pane see müts mulle pähe.“

„See pole nüüd enam vajalik,“ ütles ta. „Ma tahtsin, et sa õpiksid mõistma. Ole absoluutselt puutumatu sellest, mida keegi sinu kohta mõtleb või räägib. Kui sa meeldid kogu maailmale, aga Jumalale ning Gurule mitte, siis oled sa elus läbi kukkunud. Aga kui kogu maailm pöördub sinu vastu ning süüdistab ja kritiseerib sind, kuid sa oled võitnud auhinna – Jumala ja Guru tunnustuse, siis tea, et sa oled olnud elus edukas.“ See on tõde! Vaadake maailma, õppige sellest. Samad inimesed, kes tõstavad ühe endi seast peade kohale, vabanevad lummusest ja heidavad ta endi jalge ette maha.

Siis sain ma aru, et Gurudži püüdis mind õpetada. Ta teadis, et ma olin väikse tüdrukuna väga tundlik ja nägi selles midagi, millest Daya Mata peaks üle saama. Sellest ajast alates noomis ta mind vabalt kõigi ees. Tunnistan, et oli aegu, kus ma läksin oma tuppa ja valasin pisaraid. Kuid ma ei näidanud seda talle välja, sest ma teadsin, et tal oli õigus. Iga kord kui Gurudži mind kõigi kahekümne ühe temaga koos oldud aasta jooksul distsiplineeris, ei leidnud mina tema hinnangus ühtki viga. Teadsin alati, et tal oli õigus: pean *iseennast* parandama. See on õppetund, mida ma sel päeval õppisin.

Olge väe-sambaks, millele saavad teised toetuda

Kord kui tundsin end kurvana, et olin Meistrile pettumuse

valmistanud, ütlesin ma: „Meister, kas ma olen siis teistest pühendunutest palju hullem, et pead mind nii palju noomina?"

Ta vastas: „Ei, üldsegi mitte. Ma treenin sind seepärast niimoodi, et sa pead muutuma seespidiselt terase sarnaseks." Ohh! Kuidas need sõnad mu kõrvus helisevad: „Sa pead olema seest nagu teras!"

„Kuid Meister," ütlesin ma, „mulle ei meeldi rasked, kalgid inimesed."

Gurudži vastas: „Ära saa minust valesti aru – ma ei öelnud „raske". Sa pead muutuma terase sarnaseks, painutatavaks, kuid murdumatuks – nii tugevaks, et miski ei saa sind kahjustada."

Siis ma mõistsin, et terasesarnane tähendab – mitte lasta elul end purustada. Kuid samas: olla õrn ja kaastundlik ning väesambaks teistele, kes saavad vajadusel sellele toetuda.

Teiste sõnadega ja nagu ta ühel teisel puhul väljendus: „Armasta seepärast Jumalat seesmiselt, et miski ei saaks sind iial väliselt puutuda." Kui te võtate sellise mõtte ja mediteerite sellele – siis näete, millise väe te sealt saate.

Palju hiljem noomis ta mind ühel päeval aašramis suure grupi pühendunute ees. See ei häirinud mind, sest olin õppinud mitte laskma oma tunnetel tõele vahele segada. Ütlesin: „Tal on õigus – ma tegin seda tõesti. Ma pean end parandama." Selline on distsipliini vastuvõtmise õige viis.

Kui ma olin ruumist lahkunud, siis pöördus ta armsalt teiste pühendunute poole ja ütles: „Näete nüüd, kuidas ta käitub? See on juba aastaid nii kestnud. Ükskõik, kuidas ma temaga räägin, alati jääb ta rahulikuks ja seesmiselt vastuvõtlikuks. Te kõik peaksite temalt õppima." Kui mulle seda palju aastaid hiljem edasi räägiti, valgusid mulle pisarad silma. Ma ütlesin: „See oli Guru õnnistus. Ma olen igavesti tänulik selle tema antud väe ja mõistmise eest."

Guru on vaimne arst. Meister tavatses öelda: „Guru kohustuseks on leida üles ja ravida välja sügaval pühendunu teadvuses olevad psühholoogilised põletikud.“ Tavaline arst eemaldab haiguse kehast ravimite või kirurgia abil, jumalik arst eemaldab vaimsed ja psühholoogilised haigused tarkuse ja distsipliini abil. Kui Gurudži poleks andnud oma targa distsipliiniga Daya Matale jõudu, kuidas oleks ta siis suutnud siin maa peal tänasel päeval oma tegemistega jätkata? Mu armsad, teadke kindlalt, et kui teil on juhtimise vastutus, ulatub teie pea, nii öelda, veidike kõrgemale ülejäänud rahvast ja teist saab kerge märklaud kõigile teistele. Kui Gurudži oleks lubanud mul toita oma tundlikkust, oleksin ma täna kadunud hing. Kuid tema targa ja imelise treenimise kaudu õppisin ma alati olema armastatud Jumala meele järgi. Sinna on ka mu pilk kinnistunud. Kui ma saan Jumalale meele järgi olles ka inimesele meele järgi olla, siis olen ma õnnelik. Kui aga mitte, siis ei ohverda ma Armastatule meele järgi olemist inimkonna kiituse ja heakskiidu saamise nimel.

Meister ütles mulle kord: „Ma olen sind niiviisi treeninud, et sa ei peaks iial, mitte iial kummardama ühegi indiviidi ees.“ Ta mõtles sellega: keegi pole iial võimeline sind meelituste või millegi muuga ära ostma. Ja see on viis, kuidas me elame ja Gurudži tööd teeme. Nagu ma pühendunuile kogu aeg ütlen: kui te võidate Daya Ma armastuse, siis armastage mu Jumalat. See joovastab mind. Kui ma näen pühendunuid, kes armastavad mu Armastatut, olen ma rõõmust joovastuses. Miski muu ei suuda selles mõttes jõuda Daya Ma südamesse – ei midagi isiklikku. Ma armastan neid, kes armastavad minu Armastatut. Ma armastan neid, kes otsivad minu Armastatut. Ma armastan neid, kes püüdlevad sel teel edasi. Ma ei hooli sellest, millised on nende nõrkused – neid võib olla miljardeid. See pole minu jaoks oluline, sest ma tean, et kui nad on oma Jumala armastamise ja Guru juhiste järgimise pingutustes siirad, siis ületavad nad kindlasti nood tõkked ja leiavad täiusliku vabaduse, mis on hingedena meie sünniõigus.

Paramahansa Yogananda: nii nagu mina teda tundsin

Koostatud kirjutiste ja Indias ning Ameerikas peetud esinemiste põhjal

Aastate möödudes kogub mõistus uusi kogemusi, samas kui aeg üldiselt kauge mineviku mälestusi hägustab. Kuid hinge puudutavad sündmused ei hääbu iial: need jäävad igavesti elavaiks, eredaks osaks teie olemusest. Selline oli mu kohtumine oma guru, Paramahansa Yoganandaga.

Olin seitsmeteistkümneaastane noor tüdruk ja elu näis mulle olevat mitte kusagile viiv pikk tühi koridor. Mu teadvuses ringles katkematu palve Jumalale, et Ta juhiks mu samme mõne kasuliku eksisteerimise vormi juurde, milles ma võinuks Teda otsida ja teenida.

Vastus sellele igatsusele tuli hetkelise arusaamisena, kui ma sisenesin 1931. aastal Salt Lake Citys suurde puupüsti täis saali ja nägin platvormil seisvat Paramahansadžid kõnelemas Jumalast sellise asjatundmisega, mida ma polnud iial varem kohanud. Ma olin paigale naelutatud – mu hingamine, mõtted, aeg näisid kõik olevat peatunud. Armastav, tänulik äratundmine minu olemust üle valavast õnnistusest tõi ühes endaga kaasa teadlikkuse minu seest esile kerkivast sügavast veendumusest: „See inimene armastab Jumalat samamoodi, nagu ma olen Teda alati armastada igatsenud. Ta teab Jumalat. Teda ma hakkan järgima."

Au ja väärikuse ideaalide kõrgel hoidmine

Mul oli eelarvamuslik ideaal vaimsest õpetajast. Te võite öelda, et mul oli oma peas kujundatud pjedestaal, millele selline isik tõsta. Asetasin austuses oma Guru sinna. Ja mitte iial nende paljude aastate kestel, mil mul oli privileeg olla tema lähedal, ei astunud ta ei iseloomu ega tegemiste poolest maha sellelt kõrgelt kohalt.

Kuigi meie ajastul on terviklikkus, au ja idealism mattunud näiliselt eneseotsimise tõusulaine alla, elas Gurudeva kompromissitult igaveste vaimsete väärtuste järgi ja hoidis neid alati järgijate silme ees. Mulle meenub aeg 1931. aastal, mil raha oli väga napilt. Sellel ajajärgul olid rahalised vahendid nii kasinad, et Guru ja pühendunud püsisid elus vaid supi ja leiva najal või paastusid täielikult. Mt Washingtoni maavaldusel, meie ema-keskusel, oli saabunud hüpoteegi maksetähtaeg. Paramahansadži läks hüpoteegi haldaja juurde, et paluda temalt maksetähtajale pikendust, et raha kokku saada. See mõistev naine pikendas armulikult tähtaega. Isegi sellisel juhul tundus võimatuna vajalikku summat kokku saada.

Siis tuli ühel päeval Gurudeva tundidesse üks ärikorraldaja ja hakkas tema õpetuste vastu huvi tundma. Too mees nägi neis õpetustes mitte ainult vaimset väärtust, vaid ka tulusat potentsiaali. „Laske mul hakata teie ühingut edendama ja aasta jooksul panen teid kaardile. Teil on siis kümneid tuhandeid õpilasi ja ujute dollarites," lubas ta Paramahansadžile.

Mees visandas plaani pühade õpetuste kommertsialiseerimiseks. Gurudeva kuulas viisakalt. See tähendanuks tõesti tema rahaliste murede lõppu ja ennetanuks neid raskusi, mida ta teadis enda ees veel seisvat. Kuid ilma hetkelise kõhkluseta tänas ta meest ja vastas: „Ei iial! Ma ei kasuta iial religiooni kui äri. Ma ei sea kunagi oma tööd ja ideaale ohtu mõne põlastusväärse dollari pärast, ükskõik, milline vajadus ka poleks!"

Kahe kuu möödudes, kui ta õpetas Kansas Citys Missouri

osariigis, kohtas ta oma paljude elude vaimustunud õpilast Rajarishi Janakanandat, kes oli saatuse poolt määratud etendama Self-Realization Fellowshipis tähtsat rolli. See suur hing võttis armsalt Guru oma jumalikuks õpetajaks, seades Guru õpetused oma igapäevase eluviisi aluseks, andis raha, millega tasuda ära kogu hüpoteegi võlg. Vägev oli rõõmustamine Mt Washingtoni Temple of Leaves'is, tehti suur lõke ning visati sinna hüpoteegileping. Olles väga praktilise mõtteviisiga, kasutas Gurudeva juhust ja röstis hõõguvate süte vahel kartuleid. Pühendunud kogunesid lõkke ümber koos Guruga ja nautisid kartuleid, samas kui lepingu paberid jätkasid mugulate röstimist – kuni need valmis said.

Jumaliku Ema kohaloleku kinnitus

On teisigi juhtumeid, mis mu mälus esile tulevad ning Guru jumaliku väe tahke näitavad. Tundes kasvava organisatsiooni kaalu, kus on vaja ära toita palju järgijaid, ning pidada üleval maavaldust, ent igatsedes samal ajal olla terve südamega Jumalaga ühenduses ja vaba segavatest teguritest, põgenes ta Arizonas asuvasse kõrbesse. Seal jäi ta eraldatusse, mediteerides ja palvetades oma armastatud Jumaliku Ema poole, vabana koormatest ja häirivatest organisatsioonilistest kohustustest. Ühel ööl, kui ta oli parasjagu mediteerimas „nagu oleks süda lõhkemas igatsusest Tema vastuse järgi", meenutas Guru – ilmus Yoganandale Jumalik Ema ja kõneles järgnevate rahustavate sõnadega:

> Elutants ja surmatants,
> tea, et need mõlemad tulevad Minult ja rõõmusta.
> Mida muud sa veel tahad, kui sa juba omad Mind?

Raskusest rõõmsalt üle saanud, käes kinnitused jumaldatud Jumalikult Emalt, kes on alati temaga, keset elu ja surma – pöördus Guru

Paramahansa Yogananda

„Ta vastas magusa armastuse ja kaastundega, silmad nagu jumaliku õndsuse tiigid: „Kui ma olen läinud, saab vaid armastus mu kohale asuda. Olge Jumala armastusest nii joobunud, et te ei tea midagi peale Jumala ja andke seda armastust kõigile.""

tagasi südames oleva rahu ja kõikealistava armastusega, et võtta uuesti enda kanda missioon, mille Jumalik Ema tema õlgadele oli asetanud.

Gurudeval olid suured vaimsed võimed, mis on Jumala teostuse saavutanu juures loomulik ilmutus. Paramahansadži seletas selliseid võimeid lihtsalt kui kõrgemate seaduste toimimist. Oma teenimise algusaastatel näitas ta vahel neid avalikult skeptilise ühiskonna usu julgustamiseks. Ma olin üks neist, kelle ta hetkega tervendas.

Gurudeva ütles hiljem: „Kui ma näitaksin Jumala antud võimeid avalikult, tõmbaksin ma ligi tuhandeid. Kuid tee Jumala juurde pole tsirkus. Ma andsin need võimed tagasi Jumalale ja ei kasuta neid iial, kui Tema just seda mul teha ei käsi. Minu missioon on äratada inimhingedes armastus Jumala vastu. Ma eelistan hinge rahvamassile ja armastan hingede hulki." Gurudeva tõmbus massidest tagasi ja keskendus kvantiteedi asemel kvaliteedile. Ta otsis rahvahulgas üles need hinged, kes vastasid tema õpetuste kõrgetele ideaalidele ja vaimsetele eesmärkidele.

Teenimine, tarkus ja Jumalik Armastus

Ajakirjanik küsis kord minult intervjuu käigus: „Kas te ütleksite, kas Paramahansa Yogananda oli *bhakti-*, *gnjaana-* või *karma joogi*?"[1] Ma vastasin: „Ta oli mitmekülgne. Tema loomuses olid ühendatud suurus ja mõistmine, et jõuda Ameerika inimeste südamesse ja mõistusse. See võimaldas tal ehitada silda India ja Ameerika elu vahele – tema õpetused väljendavad ühtviisi nii läänes kui idas rakendatavaid universaalseid omadusi."

Selles maailmas töötas Paramahansadži karma joogina haruldase pühendumisega Jumalale ja inimkonna ülendamiseks. Me ei näinud iial teda ennast säästmas, kui tal oli võimalus teisi aidata või

[1] *Bhakti jooga*, *gnjaana jooga* ja *karma jooga* on kolm peamist teed Jumala juurde, rõhutades vastavalt pühendumist, eristavat tarkust ja isetut teenimist.

teenida. Ta nuttis nende pärast, kes kannatasid ja töötas väsimatult kannatuste peapõhjuseks oleva ignorantsuse kõrvaldamiseks.

Gnjaaniks ehk targaks olemisel voolas temast välja suurel hulgal tarkust – läbi tema kirjutiste, loengute ja isikliku nõustamise. Tema „*Joogi autobiograafia*" on võetud omaks joogat käsitleva autoriteetse kirjaliku allikana ja seda kasutatakse nii õpetamisel kui õppimisel paljude ülikoolide ja kolledžite erinevatel kursustel. Siin ei tähenda see seda, et Paramahansadži oli pelgalt haritlane. Tema jaoks oli intellektuaalsus ilma teostumiseta väärtusetu nagu on seda meekärg ilma meeta. Ta riietas religiooni lahti tolle dogmade ja teoreetilise analüüsi katetest ja paljastas tõe südame: need põhiolemuslikud printsiibid, mis andsid inimkonnale Jumala mõistmise kõrval ka Tema teostamise viisi.

Oma järgijaile on Paramahansa Yogananda ülekõige tuntud kui *prema-avataara*, jumaliku armastuse kehastus, ülim pühendunu. Tema väljapaistvaks iseloomujooneks oli tema kõikehaarav Jumala-armastus, keda austas ta kui Jumalikku Ema. See, nagu ütles Jeesus, on esimene käskude seast: „Te peate armastama Issandat, oma Jumalat, kogu oma südamest, kogu oma hingest ja kogu oma mõistusega." Paramahansadži näitas sellist armastust, kõneldes oma varastel Ameerika aastatel suurte rahvahulkade ees või hallates oma Self-Realization Fellowshipi/ Yogoda Satsanga Society üleilmseid kasvavaid vajadusi või juhendades neid, kes olid tulnud tema juurde vaimset väljaõpet saama.

Paramahansadži oli tulihingeline, kui küsimus oli vaimses distsipliinis, samas väljendas ta alati piiritut kaastunnet ja kannatlikkust, kui seda vajati. Ma mäletan tema sõnu meile, kui väljendasime nördimust mõne tema töö suhtes vaenuliku kriitiku rünnakute suhtes: „Ärge iial kõnelge ebasõbralikult teiste õpetajate ja ühiskondade vastu. Ärge iial püüdke näida suurte ja pikkadena, raiudes maha teiste päid. Selles maailmas on ruumi kõigile ja me peaksime vastama ebasõbralikkusele headuse ja armastusega."

Ta andis maailmale „Universaalse palve", mille teemaks oli tema enda elu kese: „Armas Jumal, säragu Sinu armastus igavesti minu pühendumuse pühamu peale ja olgu ma võimeline äratama Sinu armastust kõigis südametes."

„Vaid armastus saab tulla minu asemele"

Gurudeva elu lõpupäevadel valmistus ta võtma vastu India suursaadikut dr Binay R. Sen'i (kes pidi järgneval hommikul külastama Gurudžid Self-Realization Fellowshipi peakorteris). Gurudži kutsus järgijad aašrami kööki ja ütles: „Täna valmistame India suursaadiku auks karrit ja maiusroogi." Tegime toitu terve päeva ja Gurudži oli rõõmsas meeleolus.

Hiljem, selle päeva hilisõhtul, kutsus ta mind ja ütles: „Tule, lähme jalutama." Aašram on suur kolmekordne hoone. Jalutades alla kolmanda korruse saalist, peatus ta oma guru, svaami Sri Yuktesawari pildi ees. Ta vaatas silmi pilgutamata kaua seda pilti. Ja siis pöördus ta väga vaikselt minu poole ja ütles: „Kas sa mõistad, et on vaid tundide küsimus, et ma olen sellelt Maalt läinud?" Pisarad tulvasid mu silmi. Teadsin intuitiivselt, et see, millest ta rääkis, pidi toimuma. Veidi aega enne seda, siis kui ta mulle enda kehast lahkumisest rääkis, hüüdsin ma talle: „Meister, sa oled meie südamete ja oma ühingu jaoks teemant. Kuidas me saame ilma sinuta jätkata?" Ta vastas mulle sellise magusa armastuse ja kaastundega, silmad kui õrnad jumaliku õndsuse tiigid: „Siis kui ma olen läinud, saab vaid armastus mu kohale asuda. Olge Jumala armastusest nii joobunud, et te ei tea midagi peale Jumala – ja andke seda armastust kõigile."

Viimasel päeval pidi ta kõnelema Los Angelese eeslinnas saadiku auks toimuval banketil. Need meist, kes teda teenisid, tõusid üles varasel koidutunnil ja läksid tema ukse juurde vaatama, kas

Guru Paramahansa Yogananda jalge ees SRFi rahvusvahelises peakorteris uue aasta hommikul 1937. Daya Mata istub keskel heledas saris. Suur grupp pühendunuid ja õpilasi kogunes Paramahansadžid vastu võtma peale tema 17 kuud kestnud Euroopa ja India reisi.

saaks tema heaks midagi teha. Kui me sisse astusime, istus ta väga vaikselt selles toolis, kus ta tihti mediteeris ja tihti ekstaasis oli. Kui ta ei tahtnud, et me räägiksime, siis pani ta oma sõrme oma huulte juurde, mis tähendas: „Olen vaikuses." Sel hetkel, kui ta seda tegi, nägin tema hinge tagasitõmbumist, et ta raius järkjärgult katki neid sidemeid, mis sidusid hinge keha külge. Kurbus täitis mu südant ja samuti jõud, sest ma teadsin, et mis ka ei juhtuks, siis mu pühendumise tõttu ei lahku Guru iial mu südamest.

Ta jäi terveks päevaks selles seesolemise seisundisse. Õhtu poole läksime koos temaga suurde hotelli, kus pidi toimuma bankett. Saabudes varakult, ootas Gurudži ülakorruse väikses toas, mediteerides vaikselt. Meie, pühendunud, istusime tema ümber põrandal. Mõne aja möödudes vaatas ta kordamööda igaühe otsa. Mäletan end mõtlemas: „Minu armastatud Guru annab mulle hüvastijätu *daršani*."[2] Siis läks ta alla banketisaali.

Seal oli suur kuulajaskond, kelle hulgas olid linna, osariigi ja India valitsuse ametnikud. Ma istusin natuke kaugemal kõnelejate lauast, kuid mu mõistus ja pilk ei lahkunud hetkekski õnnistatud Guru näolt. Lõpuks saabus tema aeg sõna võtta. Gurudeva oli viimane kõneleja enne kui suursaadik Sen pidi koosolijate poole pöörduma. Kui Gurudži tõusis oma toolist, siis mu süda jättis lööke vahele ja ma mõtlesin: „Oh, nüüd ongi see hetk!"

Kui ta kõnelema hakkas - sellise armastusega Jumala vastu, oli kogu kuulajaskond kui üks inimene, mitte keegi ei liigutanud. Nad olid tardunud Guru südamest valatud tohutust armastuse väest. Palju elusid sai sel õhtul muudetud - kaasa arvatud mõned, kellest hiljem said aašramis kloostriasukad ja paljud teised, kellest selle jumaliku kogemuse mõjul said ühingu liikmed. Gurudži viimased sõnad

[2] „Püha vaatepilt" - st näiteks oma guru vaatamisest saadav õnnistus, mille kingib Jumala-teostuse saavutanud olevus.

rääkisid tema väga armastatud Indiast: „Kus Ganges, metsad, Himaalaja koopad ja inimesed unistavad Jumalast – ma olen pühitsetud – mu keha puutus seda maapinda."[3] Kui ta oli need sõnad lausunud, tõstis ta oma silmad *kutašta* keskuse poole ja tema keha varises põrandale. Hetkega – näis, et meie jalad ei puuduta maapinda – olid kaks meie pühendunutest tema kõrval.[4] Mõeldes, et vahest võis ta olla läinud samaadhisse, skandeerisime talle õrnalt paremasse kõrva *OM'i*. (Aastaid tagasi oli ta meile öelnud, et kui ta on läinud ekstaasi seisundisse ja kui peale mõnda aega tema teadvus pole tagasi pöördunud, siis oleksime saanud teda sellest seisundist välja tuua, skandeerides *OM'i* tema paremasse kõrva.) Skandeerides kogesin ma imet. Ma ei tea, kuidas seda teile kirjeldada, aga kui ma põlvitasin oma õnnistatud Guru kohal, võisin ma näha, kuidas tema hing kehast lahkus ja seejärel sisenes minu olemusse tohutu vägi. Ma ütlen „tohutu," sest see oli endassehaarav õnnis armastuse, rahu ja mõistmise vägi. Mäletan end mõtlemas: „Mis see on!?" Mu teadvus tõsteti üles sel viisil, et ma ei tundnud mingit kurbust ja ei valanud ühtki pisarat ja see on olnud nii alates tollest päevast kuni tänaseni, sest ma tean ilma kahtluseta, et ta on tõesti minuga.

Surmal polnud tema üle võimu

Keegi küsis minult: „Kas meie Guru on sulle peale kehast lahkumist ilmunud?" Jah, ta on. Ma räägin sellest rohkem oma lugu jätkates. Tuhanded tulid Guru surelikku vormi viimast korda vaatama. Tema nahk oli kuldne, nagu oleks supelnud kuldses valguses

[3] „Minu India" viimased read. See Paramahansa Yogananda inspireeritud poeem ilmus „*Hingelauludes*" (kirjastatud Self-Realization fellowshipi poolt).

[4] Sri Daya Mata ja Ananda Mata. Olles alates 1931. aastast Paramahansa Yogananda ustav järgija ja Daya Mata õde, tuli Ananda Mata 17. aastasena 1933. aastal aašramisse. Ta oli SRF/YSS direktorite nõukogu liige kuni oma lahkumiseni aastal 2005. (*Kirjastaja märkus*)

ja magus, tema huultel oli kõige heatahtlikum naeratus, justnagu kõigile mõeldud pühitsus. Kakskümmend üks päeva pärast Gurudži elust lahkumist säilitas tema keha täiusliku seisundi. Ei olnud näha mingit lagunemise märki. Ja isegi meie tõsiasjade keskses lääne ühiskonnas olid ajalehed rüütatud pealkirjade ja lugudega tollest imelisest juhtumist. Tema keha jälginud matusekorraldajad kinnitasid, et „Paramahansa Yogananda juhtum on meie kogemuse hulgas ainulaadne".

Väheke aega pärast seda langes kogu Gurudeva töö juhtimise vastutus minu õlgadele.[5]

Kui suur õpetaja lahkub sellest maailmast, siis juhtub tihti, et esile kerkivad erinevad arvamused sellest, kuidas guru alustatud missiooni tuleks edasi juhtida. Küsimused kerkisid üles minu liidriks saamise päeva järgsel hommikusel tööarutelul. Kas töö juhtimine peaks olema majavaldajate või kloostrielanike käes? Gurudži oli meile öelnud, et see peab jääma täie südamega asja juures olevate loobujate hooleks, nagu seda oli temagi. Kuid keegi liikmete hulgast vaidlustas selle suunise. Tõsi, Gurudži armastus kõigi pühendunute vastu oli sama. Ma ei tundnud mingit vahet: milleks olla seotud väliste teguritega? Pühendunu on pühendunu, sest ta armastab Jumalat, mitte sellepärast, et ta kannab ookrikarva rüüd. Kuid mu mõistus oli häiritud.

Sel ööl otsisin ma Gurudžilt vastust, mediteerides sügavalt ja palvetades tema poole. Oli juba väga hilja ja ma mediteerisin ikka veel, kui ma järsku nägin, kuidas mu keha tõusis voodist üles, läks alla saali ja sisenes Gurudeva tuppa. Kui ma niiviisi tegin, nägin oma silmanurgas tema salli lehvimas, nagu puhuks sellele kerge tuul. Ma pöörasin ringi ja seal seisis mu Guru! Millise rõõmuga ma siis tema

[5] Rajarishi Janakananda, kes oli Paramahansa Yogananda järglane, teenis Self-Realization Fellowshipi/Yogoda Satsanga Society of India presidendina aastatel 1952-1955.

juurde jooksin ja põlvitasin, et puudutada tema jalgade tolmu, hoides neid enda lähedal.[6] „Meister, Meister," hüüdsin ma valju häälega, „sa pole surnud – sa pole kadunud! Surmal pole su üle võimu." Kui armsasti ta siis reageeris ja mind otsaeest puudutas. Kui ta seda tegi, siis selsamal hetkel teadsin ma vastust, mille ma järgneval hommikul pean andma. Gurudži õnnistas mind ja ma nägin end seejärel jälle oma voodil istumas.

Järgmisel hommikul kohtusin ma ühingu direktoritega ja andsin neile vastuse, mille Gurudži oli mulle edastanud ja tema töö on sellest alates ühendatud ja aina kasvab. Selline on Jumala õnnistus.

Igavesti elav Guru

Paramahansa Yogananda on alati Self-Realization Fellowshipi/ Yogoda Satsanga Society of India guru ja kõrgeim vaimne juht. Kõik, kes me seda tema alustatud tööd edasi viime, teenime alandlikult tema õpilaste ja järgijatena. Meie ainsaks sooviks on pöörata kõigi sellele teele tulijate tähelepanu ja pühendumine Jumala ja meie jumaliku Guru poole, kes saab neid Jumalale tutvustada. Gurudeva oli alati kiire meile seletama, et lõplikus mõistes on vaid Jumal üksi see, kes on Guru. Jumala tööriistana oli Gurudeva üheks sooviks tõmmata meid Jumalikule Allikale lähemale, sealt võiksime me saada seda, mida meie hinged otsivad, nii nagu ei kusagilt mujalt. Gurule lojaalne olemine tähendab lojaalsust Jumalale. Teenida Guru ja tema tööd tähendab teenida Jumalat, sest Jumal on see, kellele me vannume truudust kõige esmalt. Guru on jumalikult määratud vaimne kanal, kelle õnnistuste ja inspireeritud õpetuste kaudu leiame me üles tee tagasi Jumalasse.

Ma tavatsesin mõelda, et pühendunutel on väga raske mõista

[6] Selline on Indias pühakute austus, et isegi püha isiku jalgade tolmu peetakse pühitsetuks ja täidetud õnnistusega sellele, kes seda puudutab.

guru-õpilase suhet, kui Meister on maisest plaanist lahkunud. Ma ei rääkinud kunagi Gurule sellest kahtlusest – kuid ta vastas tihti meie väljaütlemata mõtetele. Istusin ühel õhtul tema jalge ees, kui ta mulle ütles: „Neile, kes mõtlevad, et ma olen lähedal, ma olengi lähedal. See keha pole midagi. Kui te olete kiindunud mu füüsilisse vormi, siis pole te võimelised leidma mind mu mõõtmatus kujus. Aga kui te vaatate sellest kehast kaugemale ja näete mind sellisena, nagu ma tõeliselt olen, siis te teate, et ma olen alati teiega."

Ma ei hoomanud täielikult selle kinnituse tõde, kuni möödus väheke aega. Ühel õhtul, kui ma mediteerisin, tuli mulle mõte: võta näiteks kõiki Jeesus Kristuse lähedasi õpilasi, kes kogunesid tema ümber nende paari aasta kestel, kui Jeesus siin Maa peal teenis. Mõned mõtlesid temast palju, mõned teenisid teda isetult. Aga kui palju kogu sellest rahvahulgast tõesti mõistis ja järgis teda kogu aeg? Kui paljud seisid suurte katsumuste ajal ja ta kehast lahkumise ajal tõesti tema kõrval ja toetasid teda? Paljud, kes tundsid Jeesust ja kel oli võimalus teda järgida, hülgasid Jeesuse tema eluajal. Ja siiski tuli tuhat kakssada aastat peale Jeesus Kristuse lahkumist Maalt siia alandlik, armas, lihtne pühendunu, kes oma kauni elu ja täiusliku Kristusele häälestumise ja temaga suhtlemise ajal oli kõigi Jeesuse õpetuste eeskuju ja leidis seeläbi Jumala. See alandlik väike inimene oli Püha Franciscus Assissist, keda Gurudži nii väga armastas. Ma mõistsin, et seesama vaimne seadus, mille kaudu Püha Franciscus oli täiuslikult oma sajandeid varem Maale ilmunud gurule häälestunud, töötab täna ka meie jaoks.

Tõeliselt Jumala poolt määratud guru elab igavesti. Ta tunneb enda omi ja aitab neid, on ta siis kehastunud samale tasandile, kus pühendunu, või mitte. Kõik need, kes püüdlevad olla Gurudevaga ühel lainel guru antud sügava meditatsiooni kaudu, tunnevad kindlasti tema juhtimise kinnitust, tema õnnistusi – sama palju täna kui ka mistahes hetkel tulevikus või kui ta oli meiega oma füüsilises vormis. See peaks olema kõigile suureks lohutuseks, kes on tulnud peale Paramahansa Yogananda lahkumist ja kaeblevad, et neil pole olnud võimalust seda õnnistatut tunda tema maise kehastuse ajal – te võite teda tunda, kui te istute vaikselt oma meditatsioonis. Minge oma pühendumise ja palvega sügavamale ja sügavamale ja te tunnete tema pühitsetud kohalolekut. Kui meie, kes me oleme jäetud tema tööd edasi viima, ei oleks seda mõistnud ja kogenud, siis oleksime me selles töös ja teenimises abitud. Kuna me tunneme tema õnnistust ja juhtimist, sest me teame, et ta on ka täna meile sama lähedal, kui oma maises kehastuses olles. Meil jätkub väge ja otsusekindlust, entusiasmi, pühendumist ja veendumust, tegemaks kõik endast oleva Self-Realization Fellowshipi sõnumi levitamisel.

Paramahansadži elu ja töö on juba teinud palju, muutmaks ajaloo kulgu ja ma olen veendunud, et see on alles selle mõju algus. Ta ühineb siin Maal Tõe valguse kehastustena elanud jumalike hingede konklaaviga, et valgustada inimkonna teid. Maailm peab varem või hiljem pöörduma valguse poole, sest see pole mitte Jumala tahe, et inimene hukkuks oma ignorantsuse läbi. Parem homne on juba ligidal, oodates, et inimkond avaks oma silmad ja näeks selle koitu. Paramahansa Yogananda ja teised, kes on peegeldanud Jumalikku Hiilgust, on selle uue päeva valgusekandjad.

Armastus päästab maailma

Koostatud Indias ning Ameerikas peetud esinemiste põhjal

Nagu ta ennustas, levib Paramahansa Yogananda sõnum kiiresti üle terve maailma, igale maale. Tuhanded järgivad seda radža jooga teed ja praktiseerivad *kriijat*. Armastuse seadust tuleb mitte ainult jutlustada, vaid ka selle järgi elada – see on asi, mida on täna vaja enam kui paljudel mineviku sajanditel. Maailm vaarub hukkumise äärel. See pole mitte tühipaljas väide. Vaid üks sõna ühelt võimsa riigi juhilt võib hävingu valla päästa. Kas selle mõistmine teid ei šokeeri? Vaid üks inimene peab andma käsu ja tema sõna hävitab. Selline on vihkamise vägi. Keegi peab olema selles maailmas, kes tõstab selle vaenuliku jumalakartmatuse vastu häält. Ainus pääsetee on anda armastust. Seetõttu ongi siin täna Self-Realization Fellowshipi/Yogoda Satsanga sõnum.

Kõik on omavahel seotud, miski ei ole omaette. Terve universumi tasakaal on mõjutatud inimolevuste mõtteist. Kui ja kuni kõik rahvad ei hakka mõtlema armastuse ja ühtsuse terminites, on maailmas vähe lootust rahule. Tänu inimeste südameis ja tegudes valitsevale pahelisusele näeme me palju katastroofe. Hea ja halva tasakaal on paigast nihutatud. Et seda stabiliseerida, peame me muutma iseennast. Armastus on see, mida on vaja.

Andestuse vajadus

Nii paljusid inimesi kihutab tagant emotsionaalne reaktsioon – nad lähevad läbi elu kibestumisega südames millegi tõttu, mida teised neile ütlesid või tegid. See on väär. Meie südames peaks olema andestus.

Kord kui Gurudži mediteeris, palvetas ta: „Jumalik Ema, Jeesus ütles, et inimene peab andestama teisele seitsekümmend seitse korda.[1] Kuid kas seda pole nagu liiga palju? Kui süüdlane teeb seda asja korduvalt, kas me peaksime siis ikka ja jälle andestama?"

Jumalik Ema vastas: „Mu laps, Mina andestan oma lastele iga päev, aegade algusest peale. Kas te siis ei suuda andestada seitsekümmend seitse korda?"

Kunagi pole sellist aega, kus Jumal meile ei andesta. Meie inimnõrkuste osas on Jumalal palju kaastunnet. Ihulised nõrkused on meile Looduse poolt peale surutud sunduste tulemus. Lõplikus tähenduses ei ole need meie endi looming. Jumal lõi selle sureliku ihu ja andis talle võime ümbrusega vastastikku toimida – sellest soodumusest kerkis esile kalduvus rahuldada kõik keha soovid ja nõudmised. Kui me astume selle püüdluse käigus üle Jumala seadustest, tekitame endile kannatusi ja siis kurvastab Jumal meie pärast.

Kuid pole tähtis see, kui pahelised on kellegi teod ja kui ajutiselt valusad tagajärjed – sest sellist asja pole olemas, nagu igavene karistus. Kuidas üldse saakski olla, kui kõik on loodud Jumala näo järgi? Kui jultunud on see, kes omistab Jumalale julmuse mõista oma lapsed igavikulisse hukatusse! Dogma, et „Te olete patused ja kui te ei muuda ennast, siis heidab Jumal teid põrgutulle ja hukatusse," pole see, mida Kristus õpetas – kuigi mõned võivad tema sõnu niiviisi vääralt tõlgendada. Kasutuse tunne viib pahategija depressiooni, kus ta tunneb, et tema jaoks pole mingit lootust. Kui Kristus ristil rippus,

[1] „Siis ütles Peetrus tema juurde astudes: „Issand, kui mitu korda võib minu vend minu vastu patustada ja mul tuleb talle andeks anda? Kas aitab seitsmest korrast?" Jeesus ütles talle: „Ma ei ütle sulle seitse korda, vaid seitsekümmend seitse korda." (Matteuse 18:21-22)

oli tal julgust ja armastust näidata jumalikku andestust: „Isa, anna neile andeks, sest nad ei tea, mida nad teevad."[2]

Patt on väärkontseptsioon: inimolevused teevad vigu oma ignorantsuse tõttu, nagu Jeesus seda teadvustas. Kaheksa-aastase lapsena mässasin ma põrgutule ja patustele mõeldud hukatuse vastu. See polnud Jumal, keda mina otsisin. Minu kontseptsioon oli kaastundlik Jumal, kes vaatab iga Oma lapse peale – kõik nad on teinud palju erinevaid vigu – ja ütleb: „Mu laps, las ma tõstan sind üles, las ma pühin su pisarad,[3] luba mul lohutada su südametunnistust ja anda sulle rahu." Sellist Jumalat ma järgiksin. Kas ema pole mitte selline? Kas saab lapsevanem olla palju armastavam ja kaastundlikum kui Jumal?

Räägin teile ühe asjakohase loo. Meister kõneles kord ühe mehega, kel olid tõest väga dogmaatilised arusaamad. Ta küsis Meistrilt: „Kas te ei usu põrgutulle ja hukatusse?"

Gurudži ütles: „Ei, välja arvatud see, et inimene loob oma *hadese* siin ja praegu. Ta teeb oma käitumisega sellest maailmast ja oma elust taeva või põrgu ja see ongi siis koht, kus ta kannatab."

Mees käis oma dogmaatiliste argumentidega peale. Gurudži oli väga intuitiivne – ta muutis teemat ja ütles veidi aja pärast: „Kas pole mitte tõsi, et teil on poeg, kes põhjustab teile palju kannatusi, kuna ta joob ja elab väga pahelist elu?"

Mehe lõug vajus ripakile. „Kuidas te teadsite? Jah, see on olnud suurim kurbus mu elus."

„Kas ma võiksin siinkohal teile soovituse anda?"

„Jah." Mees oli innustunud.

„Hästi, viige oma poeg mõnel päeval mägedesse jalutama ja oodaku teid seal siis kaks usaldusväärset sõpra. Möödudes karaku

[2] Luuka 23:34.

[3] „Ja Jumal pühib ära kõik pisarad nende silmist" (Ilmutusraamat 21:4).

need sõbrad teie pojale kallale ja sidugu ta kinni. Siis tehku nad üles lõke ja kui see on suur ja kuum, laske neil siis heita sinna teie poeg!"

Hämmingus olev mees vaatas Meistrile otsa: „Kas te olete hull, et mulle sellise soovituse annate? See on ennekuulmatult solvav!" Gurudži väljendas oma arusaama:

„Täpselt nii! Ja samas omistate te sellise käitumise Jumalale, kes lõi teid ja süstis teisse armastuse oma lapse vastu. Kuidas te julgete omistada Talle selliseid kalke ja karistavaid tundeid, nagu võtaks Ta kõik oma valesti käitunud lapsed ja heidaks nad igavestesse leekidesse?"

Just niiviisi raputas Meister dogma tõega lahti. Kuidas me tõesti julgeme omistada Jumalale sellise brutaalse käitumise, millest me isegi mõelda ei julge? Ta on kaastunde ja mõõtmatu armastuse Jumal.

Kuidas armastus teisi muudab

Kas me siis ei saa selle Kaastundliku poolt meile näidatud lõputu kannatlikkuse najal armastada teineteist ja andestada üksteisele tehtud vead? Sel hetkel kui me seda teeme, saab meie süda vabaks – ärge iial hoidke oma südames raskeid tundeid kellegi vastu ega hoolige sellest, kes ta on või mida ta on teinud. Me peaksime küsima endilt: „Kellega on mul tegu? Ainult Jumalaga – et olla Temale meele järgi. Kas ma ei saa siis näidata tingimusteta armastust neile hingedele, keda Tema mu juurde saadab – Tema lastele? Kas ma siis ei aita neid oma eeskuju najal, oma armastuse kaudu?" Ma tean, et see töötab. Ma olen näinud seda töötamas.

Mõned aastad tagasi, üsna varsti peale seda, kui minust sai president, kõnelesin ma ühes meie Self-Realization Fellowshipi templis toimunud üritusel. Minu esinemisele eelnenud banketil istus mu kõrval üks naine, keda ma polnud kunagi varem näinud. Ta ei olnud Self-Realization Fellowshipi liige, kuid oli otsustanud, et tema kohuseks on olla meie ühingu ja selle juhtkonna kriitik.

Kogu õhtu oli mu mõistus imendunud Jumaliku Ema rõõmsasse armastusse. Äkitselt tabas mu pilk seda inimest. Ma olin täielikult šokeeritud, nähes tema pilku. Ma mõistsin: „See isik vihkab mind!“ Hetkeks lõi mu mõistus võnkuma. Kuid ma pöördusin sissepoole ja küsisin endalt: „Mis väärtus on mu armastusel Jumala vastu, kui teiste ebasõbralikkus võib mu mõtted paigast lüüa? Kas ma ei praktiseeri seda, mida ma jutlustan? Muidugi ma praktiseerin!“ Sel hetkel tuli Jumaliku kohalolu õnnistav teadvus tagasi.

Söögi edenedes oli too naine hõivatud ümbritsevatele minu kohta halvustavate märkuste tegemisega, mis olid piisavalt valjud, et ka mina neid kuuleks. Nagu Gurudeva meile õpetas, hakkasin ma talle südamest armastuse laineid saatma.

Siis kui tuli mu aeg sõna võtta ja kuna ma ei lasknud oma mõtlemist mõjutada, voolasid sõnad mu hinges olevast inspiratsioonist. Hiljem kui kuulajad ümber minu kogunesid, et mind tervitada, hüppas too naine järsku esile, silmad täis pisaraid ja ütles: „Palun, lubage mul teiega rääkida.“ Olin nõus temaga peale üritust kohtuma ja need olid tema sõnad mulle: „Ma palun teilt andeks selle eest, mis ma teile täna õhtul tegin. Ma tean nüüd, et Paramahansadži valis õige inimese ühingut juhtima.“ Embasin teda mu südames olnud armastusega.

Armastus Jumala vastu hoiab vaimset õpetust elus

Ma ei ole iial tahtnud mingit ametikohta. Kui mulle tehti teatavaks, et direktorite nõukogu kavatseb mind valida Gurudži ülemaailmse töö juhiks, ütlesin ma: „Ma ei saa seda vastu võtta, palun vabastage mind sellest kohustusest.“

Nad ütlesid: „Ei, see on Meistri tahe – ta ütles seda meile.“

Läksin oma tuppa ja mediteerisin terve nädala, töinasin ja palvetasin Jumaliku Ema poole, et palun, ärgu Ta andku mulle seda kohustust. Ma ei tahtnud kaotada oma ideaali, olles vaid alandlik

Gurudeva järgija, armastades Jumalat ja tehes Tema tööd-teenimist organisatsiooni tagaplaanil. Ma ei tahtnud muud peale Jumala.

Kui ma palvetasin ja ütlesin Jumalikule Emale: „Ma ei ole administraator. Mul pole sellist ettevalmistust. Kõik, mida ma tean, on see, mida ma siin aašramis olen õppinud. Ma ei ole see, kes peaks seda ülemaailmset organisatsiooni juhtima."

Järsku ütles mu armas Jumalik Ema mulle: „Luba mul küsida Sinult vaid ühte asja. Kas sa armastad Mind? Kas sa armastad Mind?" See mõte täitis mu teadvuse, pühkides minema kõik muu.

Ma puhkesin nutma ja hüüdsin nuttes: „Jumalik Ema, see on kõik, mis on mul Sulle pakkuda. Ma pole midagi, mul pole mingeid erilisi omadusi Sulle pakkuda. Kuid ma tean ühte asja: ma armastan Sind. Ja selles elus püüan ma viljeleda pidevalt suurenevat armastust Sinu vastu." Ja selle peale vastas Jumalik Ema mulle: „Sellest piisab. See on kõik, mida ma palun."

„Olgu siis peale," ütlesin ma Talle, „ma võtan vastu."

Kogemus oli nii kaunis, nii jumalik, et seda pole võimalik õieti sõnadega edasi anda. Sellest päevast kuni tänaseni olen jätkanud ma selle mõttega. Armastus Jumalasse on see, mis hoiab vaimset õpetust elus. Jumalik inimene ja tavaline inimene võivad lausuda samu sõnu, kuid üks suudab teid liigutada, teine mitte. Miks? Sest Vaim elab selle sõnades, kes armastab Jumalat.

Kui minust sai president, siis oli seal ka vältimatuid väikseid arusaamatusi. Mu süda valutas ebakõladest ja ma palvetasin: „Jumalik Ema, miks? Ma püüan vaid täita Sinu tahet."

Oma 1964. aastal toimunud India külastuse ajal oli mul palju imelisi kogemusi. Ühel päeval palvetasin Maha-avataara Babadži poole: „Näita mulle teed – ma teen kõik, mida iganes sa käsid." Samal hetkel sain ma vastuse. Armastus on tee ja viis inimesteni jõudmisel, nende muutmisel. Ainult armastuse kaudu soovitud mõju saavutamine võib võtta kaua aega ja nõuab kannatlikku püsivust, kuid mõju on kauakestev. Isik mõistab, et teil pole tema suhtes muud kui armastus ja headus ja et te ei taha temalt muud midagi peale tema armastuse ja hea tahte.

Näiteks tuli minu esimese India külastuse ajal (1958-1959) mul silmitsi seista paljude takistustega. Kuna Gurudži oli Indiast nii palju aastaid eemal olnud, olid need, kes seal vastutuse enda kanda võtsid, omal moel end hästi mugavalt sisse seadnud. Kuna ma olin teeninud Gurudži sekretärina ning kursis kõigi India teemadega, siis olid tema soovid mulle hästi teada. Kuid teatud osa neist isikutest vaatas mind kui sissetungijat ja nende positsioonide ohustajat. Suur enamus pühendunuist võttis mind vastu avatud südamega, valmis innukalt kuulama Meistri õpetustest, kuid mõne silmis oli Daya Mata ameeriklane (ja peale selle ka naine) ja ei omanud õigust õpetada indialastele nende enda religiooni ja traditsioone. Kuid ma häälestasin oma mõtlemise nii, et ükskõik, mida ka minu kohta ei öelda, ma ei maksa iial kellelegi kätte. See pole minu viis ja ei saa kunagi olema.

Ühel päeval, pärast ühe sellise isikuga toimunud ränka vastasseisu, pidin ma kavakohaselt kogunenud pühendunute ees esinema. Enne kohtumist istusin ma mediteerima Meistri pildi ette. Palve süvenedes ilmus tema elav kuju sellest fotokujutisest. Gurudži õnnistas mind ja mu hing oli haaratud tema kohaloleku jumalikust inspiratsioonist.

Esinesin tol õhtul selles teadvuseseisundis kokkutulnuile. Nende juht, kes püüdis minu ettevõtmist luhta ajada, otsustas välja jalutada, mõeldes vahest, et teised järgnevad talle. Kuid juhtus imeline asi. Vaadates tema poole, ei näinud ma teda üldse – seal oli vaid Jumalik, ilmutades end sel kujul. Siis ma teadsin, et Jumal püüdis mind õpetada: „Näe mind kõigis – mitte vaid neis, kes sind armastavad." See teadvuse seisund on jäänud minuga siiamaani.

Sellest hetkest alates muutus „vaenlaste" suhtumine täiesti. Üks neist tuli satsangi lõpus *pranaami* tehes minu juurde, öeldes: „Anna mulle andeks." Olin Indias olevate Gurudži järgijate ühtsuse pärast alandlikult tänulik. Sellest saadik on Yogoda Satsanga töö tohutult kasvanud.

Loo moraal on lihtsalt – tühjendage süda valedest tunnetest, olgu ta armastav ja andestav. Ärge arutlege: „Kuid see isik kohtles mind halvasti." Ilmselt on nii, et igaühel on olnud elus keegi, kes on teda taga kiusanud. Kuid ärge iial lubage teiste halbadel tunnetel või tegudel end kibestada. Kui te seda teete, siis olete kadunud. Siis pole te enam võimelised aitama ennast ega neid. Hoidke oma süda vabana pahatahtlikkusest, ükskõik, kuidas keegi teid ka ei kohtleks, ükskõik, mida teised teevad. Kui te annate armastust, siis on teil hinges rahu.

Te kuulete neist põhimõtetest ja loete neid pühakirjadest, kui vähesed praktiseerivad neid. Kui palju sõdasid on peetud religiooni nimel. Me mõtleme, et me peame võitlema, kuid sel moel pole iial midagi kestvat võidetud. Jeesus ütles: „Kõik, kes mõõga tõmbavad, mõõga läbi hukkuvad."[4] Tõelised inimkonna alistajad pole olnud Napoleonid, kes on krabanud kokku veidike maad. Südamete vallutajad on olnud tõeliselt suured ajastute liidrid. Need võitsid inimkonna ja muutsid maailma saatust.

Seiske oma põhimõtete eest, kuid ilma vaenulikkuseta

On muidugi aegu, kus me peaksime kõnelema kindlalt ja kus oleks vale mitte seisukohta võtta. Kuid seal ei tohiks olla mingit vaenulikkuse tunnet. Gurudži rääkis meile selle kohta illustreeriva loo:

Ühes külas elas kord kobra, kelle hammustus olid võtnud elu paljudelt inimestelt. Kogukonna juht läks targa juurde ja ütles: „Me ei saa niiviisi edasi elada. Madu tapab niiviisi kõik külaelanikud. Kas te teeksite midagi?"

Tark lubas aidata. Ta läks kobra juurde ja ütles: „Kuula nüüd!

[4] Matteuse 26:52.

Sa ei tohi jätkata nende inimeste tapmist. Sel pole vajadust ja see on vale. Jäta nad rahule."

Kobra ütles selle peale: „Hästi, ma järgin su nõuannet. Ma praktiseerin vägivallatust."

Möödus aasta. Tark oli parasjagu külast möödumas ja tundis huvi, mis on kobrast saanud. Ta läks madu otsima, kuid too polnud oma tavalises pesas. Lõpuks leidis ta haletsusväärse olevuse - kelle haavatud keha oli päikese käes välja sirutunud ja valmis viimaseks hingetõmbeks.

„Mis on sinuga siin juhtunud?" küsis tark.

Kobra vastas: „See, härra Tark Mees, on sinu vägivallatuse õpetuse järgimise tulemus. Vaata, mis külaelanikud on minuga teinud. Ma leban siin vaikselt ja kuna neil pole enam põhjust mind karta, siis nad tulevad ja loobivad mind kividega!"

Tark mees ütles: „Sa ei saanud aru. Ma ütlesin sulle, et sa ei hammustaks, aga ei öelnud, et sa ei või sisiseda!"

Kui põhimõtete pärast on vajalik, siis võiksime me kõhklemata „sisiseda". Inimene ei peaks muutuma jalamatiks. Seiske tõe eest, kuid ärge iial „hammustage". Selline on jumalik seadus.

Pole keeruline armastada, sest Armastus on hinge enda loomus. Kui me vahel ei suuda jagada armastust teistega, siis juhtub see sellepärast, et me seda endast ei leia, meie teadvus on pinnapealne, toimides meelte ja emotsioonide kaudu. Kui me pöörame oma teadvuse sügavas meditatsioonis sissepoole, suheldes Jumalaga, iga päev kasvõi väheke, hakkame me järkjärgult kogema seda meie tõeliseks olemuseks olevat Armastust. Kui me ise tunneme Armastust, on seda teistele väga kerge jagada.

Elades Jumalale keskendunud elu

SRFi rahvusvahelises peakorteris peetud esinemisest veidi enne Sri Daya Mata lahkumist pikemale külastuskäigule Indias asuvatesse Paramahansa Yogananda Yogoda Satsanga Ühingu aašramitesse, keskustesse ja meditatsioonigruppidesse.

Sel ajal, kui ma olen ära Indias, peaks kõik Self-Realization Fellowshipi tööd puudutav jätkuma nagu tavaliselt. Kellele suunata oma palved ja küsimused vaimsetel teemadel? Jumalikule Emale, nagu ikka. Ta ei lähe mitte kusagile! Ärge mõelge, et kui Daya Mata on ära, kukub kõik kokku. Ükski inimolevus siin ilmas pole asendamatu. Me elasime üle suure kaotuse, mida me iial võisime tunda, kui kaotasime oma Guru füüsilise kohaloleku. Sellega võrreldes ei ole ükski teine kaotus nii suur.

Mulle tuleb meelde Meistri kinnitus: „Kui ma olen sellest maailmast lahkunud, saab vaid armastus mu asemele asuda. Kes iganes seda jumalikku armastust tõeliselt peegeldab – seda Jumala ja gurude armastust – saab alati olema selle ühingu eesotsas. Babadži on juba ammu valinud välja need, kes on määratud seda tööd edasi viima." Selline oli Meistri ettekuulutus. Seega ei peaks sellega seonduvalt olema iial mingit muret.

Gurudži ühingu juhi elul on vaid üks tähendus: mitte tõmmata hingi oma isiksuse, vaid Jumala – Jumaliku Armastatu jalge ette. Suurim kingitus, mida te mulle teha saate, on anda oma süda Jumalikule Emale. See teeb mind õnnelikuks. Sest kui te annate oma südamed Talle, siis ma tean, et te olete alati kaitstud, ükskõik mis teed teie elu ka ei veereks. See on minu ainus huvi ja seda tahab teile Gurudeva.

„Jumalik Ema - lase mul võita Sulle südameid"

Kui ma eelmisel ööl mediteerisin, oli mul väga imeline kogemus (kellelegi ei meeldi rääkida noist asjust, kui ta just saab Jumala sõnumiga kõiki teisi inspireerida). Ma kõnelesin Jumaliku Emaga, palvetades sügavalt Tema poole, kui järsku ujutas kogu mu olemuse üle selline joovastav, magus armastus. Ta andis mu südamele sõnumi: Elu ainus tähendus on Jumalat armastada - see on ainus põhjus, miks inimene sai loodud. Ma ütlesin Talle: „Oo Jumalik Ema, lase mul võita südameid Sinule. See on mu ainsaks sooviks selles maailmas. Lase mul võita Sulle südameid."

Kui me asetame oma jala kindlalt sellele teele, mis võimaldab meil Jumalat otsida ja armastada, hakkame me täitma oma elu tõelist otstarvet - siis me teame, et me oleme hakanud tõeliselt elama. Ma võin teile tõesti öelda, et ainus aeg, millal ma tean, et ma olen tõeliselt elus, on see, kui ma suhtlen Jumalaga. Kõik väljaspool seda seisundit olev on vaid osa Jumala kosmilisest näitemängust. Me oleme siin täna selleks, et mängida konkreetset rolli. Aga kui paljude aastate ja kehastuste kestel on seda elu ja surma draamat korratud? Kui palju kordi oleme me eelmistes eludes üksteisega kohtunud? Ja kui palju me veel tulevastes eludes kohtume? Mis on nende pidevate tulemiste ja minemiste, selle piiratud maailma ja ka astraalse maailma[1] „eluasemetes" sisse ja välja käimise otstarve? Ainult see kogemus

[1] „Minu Isa majas on palju eluasemeid" (Johannese 14:2). Kõrged ja madalad astraalsed sfäärid, mis koosnevad peenemast valgusest ja elutronide energiatest, on taevas (ja põrgu), kuhu hinged peale füüsilise keha surma lähevad. Sealolemise aeg on karmaliselt ette määratud. Nii kaua, kuni inimesel on veel täitumata maise karma soove (mineviku tegude läbitöötamata mõjusid), peab ta kehastuma uuesti Maa peale, et jätkata oma arengut tagasi Jumalasse.

õpetab meile, et me võime saavutada Eneseteostuse, täieliku mõistmise sellest, et me oleme osa Ühest – Jumal üksi.

Nii tihti kui me selles mängus ära kaome, peame me end eksikujutlusest lahti raputama. Ärge valage pisaraid selle maailma asjade pärast. Enamik meist ei mäleta, mille pärast me oleme viis aastat tagasi nutnud – isegi mitte aasta tagasi. Töinake vaid Ühe pärast – valage pisaraid Jumala heaks. Nii kaua, kui me laseme end pillutada muutuste lainetel, allutame me endid ajutise naudingu ja valusa kurbuse häirivatele kontrastidele. Aga kui me viime oma teadvuse allapoole muutuste laineid, sukeldudes sügavale Jumalateadvuse ookeani, siis ei mõjuta need pinnavirvendused meid enam. Seepärast ütles Krišna: „Oo Ardžuna, kinnistu Tollesse, kes on muutumatu!“[2] Kui me teeme sellesse seisundisse jõudmise pingutuse, siis algab tõeline teostumine.

Mil iganes te hätta satute, pidage meeles neid sõnu: „Miks pühakud on pühakud? Sest nad olid rõõmsad siis, kui oli raske olla rõõmus, nad olid kannatlikud siis, kui oli raske olla kannatlik, nad trügisid edasi siis, kui nad oleksid tahtnud vaikselt paigal olla, nad olid vait, kui nad tahtsid rääkida, nad nõustusid, kui nad tahtsid mitte nõus olla. See on kõik.“

Teiste sõnadega nagu Gurudži tavatses öelda: „Õppige tegema asju, mida te peaksite tegema siis, kui te peaksite neid tegema.“ See on pühalikkus ja see on vabadus.

Guru teenimine

Üks pühendunutest palus mul arutleda Guru teenimise teemal. Tahaksin sellel veidike peatuda, kuid mitte anda vastust, mida te ootate. Guru teenimist saab võtta kokku nende paari sõnaga: hoidke

[2] „Oo Ardžuna, vabasta ennast vastandite kolmekordsetest omadustest! Kinnistu oma Tõelisse Minasse, olles alati rahulik, heietamata mõtteid saamisest ja hoidmisest“ (Bhagavad Giita II:45).

oma mõistus alati Jumalal. Selline oli kõige esimene Meistri teenimise käsk. Tema eluajal oli alati kõikjal palju tööd teha ja Meister oli tänulik abi eest, kuid ta ei võtnud teenimist vastu üheltki pühendunult, kelle mõistus ei olnud Jumalaga. Gurudži treeninguviisiks oli tegeleda otse meie mõtetega, mitte sellega, mida me rääkisime, sest inimese mõtlemine on teadvuse seisundi tõeline test. Kui pühendunu ei ole teinud pingutusi, hoidmaks seesmist häälestust Jumalal, siis on sel pühendunul väga raske säilitada oma emotsionaalset tasakaalu Meistri juures tema ülipeene range distsipliini tõttu. Inimene peab seal olema pidevalt valvel, et ta mõistus ei väljendaks negatiivseid mõtteid.

Vähimgi märk armukadedusest ükskõik millise pühendunu puhul oli kiireim viis Meistri juurest eemaldamiseks. Ta ei sallinud enda lähedal seda tüüpi maist enesekeskset emotsiooni. Armukadedus, viha, vihkamine - Guru tundis, et neid negatiivseid inimese emotsioone saab ja peab ületama. Tal oli palju erinevaid viise aitamaks meil selliseid puudusi oma loomusest välja juurida.

Negatiivsetest tujudest ülesaamine

Minu varajastel aašrami aastatel oli tujukus üheks minu probleemiks, mis oli ühes minuga lapsepõlvest alates. Need polnud väga sügavad tumedad tujud, vaid mentaalsed muutused - ühel hetkel õnnelik ja järgmisel imestamas: „Miks ma õnnetu olen?" Teate, ma armastasin alati päiksevalgust ja õnnelikke, naeratavaid nägusid ja millal iganes ma end hämaruse, ebakõlade või kurbuse atmosfäärist leidsin, siis see häiris mind. Tujud on karmalised selles mõttes, et nad on möödunud elude harjumuste tulemused, mis selles elus meie juurde tagasi on pöördunud. See karmaline koorem on üks esimesi asju, millest me peame end vaimsel teel vabastama. Ma nõustun nendega, kes on öelnud: „Kurb pühak on halb pühak." Milleks olla sünguse levitajaks selles maailmas? Minu kurbuse tujud

(üleval) Kokkutulekust osalejate tervitamine Biltmore'i hotellis Los Angeleses 1978. aastal.

(paremal) Peale *satsangi* Delhis 1972.

„Andke oma südant ja mõistmist ... Kui keegi tuleb teie juurde rusutuna, heitununa, negatiivsena, siis on imeline see, kui te saadate selle isiku minema ülendatuna, olles öelnud talle midagi julgustavat, mis aitab teda tema teel edasi.“

tekitasid mulle muret, sest mu sihiks oli mõistuse hoidmine Jumalikul Emal. Otsustasin, et ei näita Meistrile iial oma tujukust.

Kui ma ühel hommikul üles ärkasin, oli taevas pilvine – kõik näis hämar ja mõttetu. Meister kutsus mind ja ma mõtlesin endamisi: „Armas taevas, ma ei tunne täna end väga hästi. Ma pean tegema kõik, et ta ei märkaks mind sellise kurvana." Manasin näole avara naeratuse – tundes uhkust enda üle, et suutsin hoida seda tuju endas luku taga ja Meister ei saa näha ainsamatki kortsu mu kulmudes. Olin vaevu tuppa astunud, kui ta näitas nagu välk selgest taevast näpuga mu suunas (nagu ta vahel meiega tegi, kui ta tahtis midagi rõhutada) ja ütles jõuliselt: „Ära tule mu lähedale enam, kui sa oled tujust ära!" Olin rabatud, sest kõige rohkem tegi haiget see, et Guru polnud minuga rahul.

Kulutasin kolm päeva selle tujuga maadeldes. Kas te teate, mis juhtub kui te olete tujust ära? Me haletseme ennast, tunneme haavatuna ja saame vihaseks. Siis oleme me veendunud, et saame oma reageeringuga lähedasi nende väärarusaamise eest karistada. Arvasin seesmiselt jonnakalt: „Hästi, Meister ei taha mind enda lähedale – seega jään ma eemale." Mida enam ma sedasi olin, seda enam ma nägin, et vaid mina ise kannatasin – mu käitumine ei muutunud Meistri suhtumist minusse. Ja nii ma mõtlesin: „Kes on selle tuju eest vastutav? *Mina!* Kes siis peab sellest vabanema? *Mina* pean sellest vabanema." Selleks ajaks, kui ma seda loogikat rakendama hakkasin, teadsin ma, et oli vaid üks inimene kes vajas muutmist ja see polnud Meister. Ega polnud need ka teised minu ümber olevad inimesed. Muutus olenes *minust*.

See oli minu jaoks määratu suur õppetund ja alates sellest 1932. aasta päevast, ei lubanud ma iialgi ühelgi tujul enda üle võimu haarata. Ma õppisin, et inimene *saab* tujusid kontrollida ja neid alistada. Nagu Meister tavatses meile öelda: „Pidage meeles: keegi ei saa teid õnnelikuks teha, kui te olete oma mõistuse häälestanud õnnetuks olemisele ja keegi ei saa teid muuta õnnetuks, kui valite õnnelikuks olemise." Pidage neid sõnu meeles, sest need on tõde.

Olen alati hoidnud sellest tõest kinni, kuna pühakirjades on kirjas, et me oleme tehtud Jumala näo järgi ja kui Tema olemus on õndsus ja armastus, siis on ka minu olemus õndsus ja armastus. Seepärast on mu kohustus lahutada ennast kõigist hämaratest inimomadustest, mis pole minu hingeolemuse osad. Kui negatiivsuse, vihkamise ja õnnetu olemise tujud meie teadvusse püüavad roomata, siis peame kordama jaatavaid kinnitusi ja püüdma ilmutada seda ka väliselt: „See pole mina! Ma olen õndsus, ma olen rõõm, ma olen tarkus, ma olen rahu."

„Te saate Tõde tundma ja Tõde teeb teid vabaks"

Vabadus tuleb tõest kinni hoidmisest[3] - sellest, mis on tõeline ning eitades valet. Vihkamine, ebaausus, pimedus, pahelisus – need on valed. Need on sündinud eksikujutlusest ja eksisteerivad suhtelisuse maailmas. Nad on osaks sellest *maaja* eesriidest, mis katab Jumaliku Ema imeilusat nägu. Tõmmake see kate eemale ja vaadake alati Jumalikku Armastatut.

Selles maailmas on ainus elamise viis elada vabana eksikujutlusest ja tema tumedatest omadustest. Inimloomuse jaoks on nii lihtne olla tülitseja, vihata, mõelda negatiivselt – sest see on olnud tema harjumus juba lugematute kehastuste vältel. Kuid igaüks meist on tulnud siin vaimsele teele mõne ärkamise tõttu, mis on pannud meid küsima: „Mis on tegelikkus?" Vahest ei kasutanud me just täpselt neid sõnu, kuid see oli meie seesmine igatsus. Kui see igatsus ei ole sügav või ei ole õieti toidetud, siis võime langeda uuesti tagasi oma vanade harjumuste ja tavade juurde – siis muutuvad tõed meile inspireerivateks sõnadeks, kuid ei ole meie jaoks enam tõelised.

[3] „Tunnete tõde, ja tõde vabastab teid" (Johannese 8:32).

Mõnel läheb tõde vaid ühest kõrvast sisse ja teisest välja, sest nagu Gurudži tavatses öelda: sest seal vahepeal pole selle peatamiseks mitte kui midagi. Me peame viljelema vaimset vastuvõtlikkust, mis püüab tõe kinni ja imeb selle endasse.

Häda selle maailmaga seisneb selles, et tihti ei suuda inimesed õigetele asjadele tähelepanu pöörata. Selle asemel on nad hõivatud sellega, mida teised on neile teinud või öelnud või kuidas inimesed neid kohtlevad – ehk kõigi asjadega, mis on seotud selle ilmaliku maailmaga. Kes märkab seda, mida Jumalik püüab meile pidevalt öelda? Kes kuulab seda armsat, lihtsat, tõelist Häält, mis on otse meie südameis? See on see Üks, kellega mulle meeldib kõnelda. Tema on see Üks, kes alati vastab pühendunule.

Ärge muretsege nii palju, mida teised inimesed teevad. Olge enam mures selle pärast, kuidas te ise teisi kohtlete, mitte kuidas nemad teid kohtlevad. See on küps suhtumine, õige suhtumine. See, kes muudab end mentaalselt haavatavaks, et teised saavad talle haiget teha, on alati õnnetu. Selle asemele, et kaevelda: „Ta tegi mulle haiget, ta ütles mulle seda ja toda, nemad kiusavad mind taga," peaks inimene ütlema: „Issand, mitte see ei tähenda, mida teised mulle teevad, vaid mida mina teistele teen. Lase mul olla hea, isegi kui mind läbistavad teiste teravad sõnad. Asetan kõik minu vastu toimunud rünnakud Sinu jalge ette. Lase mul neist õppida ja neist õigesti aru saada." Kui meil on täielik arusaamine, on meil ka Eneseteostus.

Miski ei tule meie juurde lihtsalt juhuslikult

Teadke kindlalt seda: ükski kogemus ei tule meist ühegi juurde juhuslikult – kuigi kohati võib see nii näida. Jumal on kõige enam organiseerunud. Just nagu kõige jaoks on siin universumis oma aeg ja koht, nii on ka kõige meie elus juhtuva jaoks aeg ja koht.[4] Me ei

[4] Igale asjale on määratud aeg, iga aeg on igal tegevusel taeva all" (Koguja raamat 3:1).

Armastav õnnistamine Self-Realizationi kokkutulekul 1983. aastal.

„Elu ainsaks mõtteks on armastada Jumalat – see on ainus põhjus, miks inimene loodi ... Kui me asetame oma jala kindlalt sellele teele, mis võimaldab meil otsida ja armastada Jumalat, alles siis hakkame me ellu viima oma tõelist elu otstarvet – alles siis teame, et me oleme hakanud tõesti elama."

peaks iial süüdistama teist inimolevust ega ühtki välist asjaolu selles, mis meiega toimub. Öelge lihtsalt: „Hästi Ema, see on juhtunud. Mida see minu jaoks tähendab?“ Ja ärge siis kohe murest murduge, kui Ta otsemaid ei vasta.

Armastava Jumala osaks on lõputu kannatlikkus. Kui öeldakse, et meil peab jätkuma agarust Jumala poole pürgimiseks ja samal ajal kannatlikkust Tema vastuse äraootamiseks, siis tundub see vasturääkivusena, aga nii see pole. Inimene võib olla nii hõivatud Jumalast mõtlemisega ja Tema heaks tegutsemisega, et aeg kaob silmist, aeg muutub olematuks. Kogu pühendunu pikk elu muutub võrdselt nii meditatsioonis kui tegutsemises üheks pikaks Jumalapüüdluseks ja Temaga suhtlemiseks.

Kõige tõhusam moodus pidevaks Jumalaga suhtlemiseks on see, kui te kõnelete Temaga seesmiselt kogu oma südamest. Ja jätkake Temaga rääkimist lõputu kannatlikkuse ja pühendumisega, kuni see magus vastus teieni jõuab. Enamik inimestest loobub, arvates et Jumal ei vasta, kuid Ta teeb oma kohaloleku teatavaks Tema enda valitud ajal ja viisil. Üks probleem on see, et me unustame kuulata! Kuulamine on osa vestlusest Jumalaga. Nagu Piibel ütleb: „Jätke järele ja teadke, et mina olen Jumal, kõrge rahvaste seas, kõrge maa peal!”[5] Kui kõik teist alustaksid sellest päevast peale Jumalaga vaikset vestlemist ja suhtlemist, truult oodates ja kuulates, siis te näeksite, kuidas Ta teie südame kutsele vastab. See ei saa minna teisiti. Ta vastab isegi keset tegevust. Aga kui te olete väliselt niivõrd lobisev, ringi sagiv, tegeldes ihulise vormi poputamisega ja heietades rahutuid mõtteid, nii et teil polegi kuulamiseks aega, jäävad teil Tema ülipeened sosinad tähele panemata.

Minu jaoks kergeim viis Jumalalt vastust saada on kutsuda Teda seesmiselt kogu oma südamest: „Mu Armas, mu Armas.“ Te peate

[5] Psalmid 46:11.

jätkama selle kordamist, isegi kui te alguses kõhklete. Ühel päeval mõtlete te tõesti samamoodi. „Mu Jumal, mu Jumal, mu Issand, mu Issand. See kõik oled Sina, Sina." Midagi muud polegi vaja öelda.

Jumala kohaloleku viljelemine

Keegi küsis: „Kuidas saame me töö ajal kõige tõhusamalt Jumala kohalolekut praktiseerida?" Vastus on väga lihtne, nagu Gurudži seda mulle ütles: „Kui te oma päeva alustate, siis öelge seesmiselt: „Issand, aita mul teha oma töös õigeid asju." Siis mõelge terve päeva jooksul: „Issand, ma teen seda Sinu jaoks. Ma annan endast parima tänu rõõmule, mida ma tunnen, kui teen seda tööd Sinu jaoks."" Sedasi Kohalolekut viljeledes ei peaks te muutuma hajameelseks. Olge erk! Nagu armunu, kes teeb oma töö Armastatu heaks Hiilgavalt.

Kui keegi on oma otsustuses siiras, siis pole tema elus midagi sellist, mille osas ta ei saa Jumala poole pöörduda. Need asjad, mis ei vii teda Jumala suunas – need vastuolulised soovid, mõtted ja teod – need lõikab ta oma elust välja eristamisvõime väega. Aja jooksul kukuvad tema küljest kõik maised kalduvused, nagu kuivanud lehed puult. Pole vaja jõudu kasutada, need pudenevad ise loomulikul teel, sest nad kaotavad tähenduse ega anna enam mingit naudingut. Pühendunu leiab kõikeületava rõõmu Jumalas.

Kui keegi mediteerib pidevalt ja viljeleb Jumala kohalolekut, hakkab mõte Jumalast pidevalt ringlema tema mõistuse tagaplaanil. Arutledes sel teemal, kasutas Meister tihti lehma ja tema vasika analoogi. Lehm laseb oma vasikal karjamaal kepselda. Aga kui keegi hakkab vasika suunas minema, siis vaadake, kuidas lehm reageerib. Ta on alati väga teadlik vasika ligiolekust. Gurudži ütles, et pühendunu peaks olema nagu see lehm. Me jätkame oma tegevusi selles maailmas, kuid alati on meie mõistuse tagaplaanil teadlikkus Jumalast. Me ei lase oma Temale suunatud tähelepanu millelgi häirida.

Kui mu mõistus on kinnistunud Jumalikule Emale, kulgeb kõik palju sujuvamalt. Mu südant ei koorma miski: ma olen hooletu, rahulik, entusiastlik. Pole tähtis, kuhu ma lähen või mida ma teen – Jumalik Ema läheb minuga koos. See on nii, sest ma olen end niiviisi palju aastaid treeninud: selline teadvus tekib ainult läbi praktika. Ka teil on võimalik arendada sellist lähedast suhet Jumalaga. Mõelge Jumalikust Emast. Tehke Ta enda omaks. Ma tean, et Ta on seal.

Kui te järgite seda, mida ma soovitan, siis saabub aeg, mil teie teadvus on katkematult meditatiivses seisundis – alati Jumalaga. Pühendunu muutub lõpuks vend Lawrence'i sarnaseks: pühkis põrandat või kummardas Jumalat altari ees, tema mõistus oli alati Temasse süüvinud.[6] See on seisund, kuhu te tahate jõuda, kuid see vajab pingutust – see ei tule lihtsalt kujutlusest. Lõppude lõpuks leiate te, et isegi oma tööd tehes, kus iganes te suudate hetkeks oma mõistuse sissepoole pöörata, tunnete te sisemist pühendumuse, rõõmu ja tarkuse pulbitsevat kaevu. Te ütlete siis: „Aaa, Ta on minuga!“ See on meditatsiooni vili, mida saab nautida igal ajal, vaikses suhtlemises või keset tegutsemist.

Teie vajatud juhatuse ja väe leidmine

Keegi küsis minult: „Kas pole see mitte kiusatuse vorm, kui kellelgi tekib harjumus saada „inspiratsiooni“ mõnest teenimise tegevusest oma meditatsiooni lühendamiseks või selle ärajätmiseks?“

Jah, see on teatud liiki kiusatus. Just meditatsioonist leiame me Jumala paremaks teenimiseks vajamineva juhatuse ja jõu. Miks peaksime me siis sellest loobuma? Tihti on meie häda selles, et me kaldume elama liiga palju mõtetes – mõistus tunneb end pidevalt kiirustamas ja murelikuna ning see mõjutab meie mediteerimist. Kui

[6] „Tööaeg ei erine minu jaoks palve-ajast ning ma oman Jumalat nii keset köögi kära ja nõude kolinat, kus mitu inimest läbisegi üksteisele sõnumeid hõikavad, kui siis, kui olen põlvili...“ Vend Lawrence *„Jumala Kohalolu praktiseerimine“*.

ma mediteerin, ei mõtle ma millestki muust peale oma meditatsiooni. Kui pähe tuleb mõni mu tööga seotud mõte, ütlen ma endale: „Jumal on mu tegelikkus. Teda ma otsingi. Miks peaksin ma mõtlema millestki muust? Tema töö saab tehtud peale mediteerimist."

Tasakaalustatud vaimseks eluks on vaja nii meditatsiooni kui tööd. Ainult meditatsiooniga muutub inimene mentaalselt lodevaks ja füüsiliselt laisaks. Ainult tööga muutub inimene liiga rahutuks – ta ei saa iial istuda rahulikult ja pöörata oma mõtteid Jumala suunas. On võimalik kombineerida ja tasakaalustada nii tööd kui meditatsiooni, kuigi aeg-ajalt näib see olevat raske. Te peate oma mõistuse ette valmistama, et te lihtsalt teete seda.

Oma aja kõige tulusam kasutamine

Paljud pühendunud on arvamusel, et nad saavad omada kas Jumalat või tööd, aga mitte mõlemat. Ma ei ole sellega nõus. Ma tean, et neid kahte saab kombineerida, kui teie elus on vähem „täidist". Täidiseks on tühipaljas lobisemine ja kasutud tegevused, mis raiskavad teie vabu hetki, päevas esinevaid ajatühikuid. Kui te õpite oma aega õigesti kasutama ja saate lahti neist täidistest, siis näete, et teil on külluslikult aega, et Jumalale mediteerida ja Tema heaks töötada.

Oma Meistriga koos oldud aastate kestel olime me alati väga hõivatud. Me töötasime kaheksateist või enam tundi päevas – see pole liialdus – ja me ei jätnud ikkagi oma meditatsiooni ära. Oli öid, kus meil polnud isegi aega magada, kuid me ei kukkunud kokku, ega murdunud tükkideks. Meil oli inspiratsioon, tahtmine ja usk, et me saame seda teha – ja seepärast olimegi võimelised seda tegema. Näete siis, kõik on mõistuses kinni. Neile, kes mõtlesid, et see on liiga raske, *oligi* see liiga raske. Nende mõistus leidis miljon põhjust, miks nad ei peaks ööund vahele jätma, miks nad ei peaks liiga pikalt töötama, miks nad peaksid oma meditatsiooni lühendama või ära jätma.

Me peaksime hoomama seda iva: Issand vaatab, mis me seesmiselt oleme. Ta teab, millal me oleme siirad, millal me tahame asju lahti seletada ja millal püüame leida enda jaoks õigustusi. Me ei peaks püüdma peita oma tõelisi motiive ega käitumist Jumala ega iseendi eest. „Ole truu iseendale ja see peab toimuma nii nagu päevale järgneb öö – sa ei saa olla võlts ühegi inimese suhtes."[7] Ausus iseenda ees on peamine tegur enda tervendamisel ignorantsuse haigusest.

Programm pikemaks mediteerimiseks

Sellel aašramis oldud eluperioodil andsin iseendale tõotuse, et lisaks oma täispikkadele tööpäevadele, mediteerin ma lisaks veel ühel ööl nädalas. Sellel päeval lõpetasin ma oma töö kella viiest, läksin oma tuppa ja mediteerisin kella kuuest kuni kesköönì. Igaüks teist peaks selle oma praktikasse lülitama – te ei tea, kuidas see teie elu muudab.

Kui perekohustustega inimestel pole võimalik üks kord nädalas kuus tundi mediteerida, siis parim, mida te saaksite teha on see, kui te näppate ükskõik kui suure võimaliku aja ja kasutate selle ära pingutades siiralt parimal võimalikul viisil. See on ka kõik, mida te teha saate. Jumal väärtustab pühendunut, kes annab endast parima. Kui meie parimaks on vaid pool tundi sügavat meditatsiooni, siis tähendab see Jumalale sama palju kui teise kuus tundi. Mis tahes vaba aeg teil on – andke see Jumalale – ta tahab seda.[8] Olge Temaga aus kogu oma südamest. Kui teil on vaid üks tund sügavaks meditatsiooniks, siis olgu see tund kogu südamest kasutatud Jumalaga olemiseks.

Meditatsioon on erinev eraldatusest. Eraldatus tähendab seda kui te võtate endale aega üksiolemiseks – nädalavahetustel vahest,

[7] „*Hamlet*", I vaatus 3. stseen.

[8] „Issand, su Jumal, on hävitav tuli, püha vihaga Jumal" (Viies Moosese raamat 4:24).

pühapäeval või tund-kaks tööpäevadel. See on aeg lõdvestumiseks, sisevaatluseks ja õppimiseks. See võib sisaldada ka meditatsiooni perioode. Meister alustas meie Self-Realizationi ritriite selleks, et anda pühendunuile võimalus üksiolemiseks, saamaks aegajalt eemale oma maistest muredest, et mõelda Jumalast ja mediteerida pikemalt ja sügavamalt.[9]

Kuidas võidelda meditatsiooni „kuivusega"

Kui meditatsioon tekitab vaimset „kuivust" – inimene tunneb, et Jumal on tema jaoks kättesaamatu – kuidas saame siis kõige paremini sellega võidelda? On vaid üks viis: keelduge alla andmast. Jätkake meditatsioonis oma pingutusi ja lõpuks murrate te sellest takistusest läbi.

Nõrga inimese mõistus ütleb: „Hästi, ma loobun täna oma meditatsioonist, sest see ei edene kuidagi ja mul on palju tegemist." Kuid minu jaoks on see vale loogika. Selle asemele peaks pühendunu arutlema: „Elu lõpeb hetke pärast! Ma ei otsi iial mingit vabandust, et ma mediteerin hiljem – ma teen seda praegu. Hiljem võib juba olla liiga hilja." Mu praktika on olnud see, et sel hetkel kui ma mõtlen „meditatsioon", siis ma kohe ka mediteerin. Ei mingit edasi-tagasi kõikumist.

Lubage mul tuua teile üks näide: viimase paari nädala jooksul olen elanud tohutu surve all, vaja on olnud leida mitmeid kiireid lahendusi – juhtus palju asju, mis pidurdasid mu India sõitu. Kui ma istun mediteerima, siis kaldub mu mõistus neist asjadest mõtlema, kuid ma ütlen neile sissetungivaile mõtetele kogu oma tahtega: „Välja kõik!" Oma kogemusest tean, et kogu see töö saab sama hästi tehtud ka siis, kui ma olen oma mediteerimise lõpetanud. Minu Jumalaga suhtlemise pingutusi ei peaks miski ohustama.

[9] Teavet Self-Realizationi ritriitide kohta saab rahvusvahelisest peakorterist.

Möödunud ööl laotus meditatsioonis mu üle Jumaliku Ema endasse haarav kohalolek. „Ahh," ütlesin ma, „Jumalik Ema, Oma üheainsa lühikese rõõmu ja õndsuse hetkega takistad Sa miljardeil vastuhakkajail mu mõistust Endast eemale tirimast." Mida enam see rõõm teiega on, seda kauem ta teie päevategevustes viibib. Need Jumala kinnitused jäävad teie mõistusse nii, et te tunnete katkematut suhtlemise voogu. Te elate, liigute ja teie olemus on selles teadvuses. See seisund tuleb siis kui teil on meditatsioonis püsivust – kas te siis tunnete Jumala vastust või ei.

Seega, kui tunnete järgmine kord meditatsioonis kuivust, siis ärge andke alla. Jätkake seesmist Jumaliku Emaga rääkimist, paluge Temalt rohkem pühendumist. Palvetage iga päev Tema poole meditatsioonis, nii kaua, kui seda vaja. Peale igapäevaste mediteerimise perioodide viljelege samuti Jumala nime sisemise kordamise harjumust, eriti kui te tunnete väga suurt survet. Keegi ei pea seda teadma. Korrake seda mentaalselt aina ja uuesti, kuni kogu teadvus kirnub vaid ühte mõtet: „Sina, mu Jumal, Sina, Sina, Sina." Kui te nii teete, siis leiate, et Jumal vastab teile järsku, siis kui te seda kõige vähem ootate.

Jumalat on võimalik võita tingimusteta armastuse kaudu

Inimese Jumala otsimine peab olema tingimusteta – see tähendab „ilma igasuguste mööndusteta". Kui inimene seab tingimusi oma otsinguile, näiteks: üks, kolm, viis aastat – „Issand, ma annan Sulle nii palju, aga kui Sa selle aja jooksul ei ole vastanud – siis head aega," ütleb Jumal selle peale: „Ma ei taha sedasorti armastust." Niiviisi ei saa kedagi endale võita. Kes tahaks astuda abiellu sarnastel tingimustel? Tõeline armastaja annab oma armastust „nii heas kui halvas, kuni surm meid lahutab ja veel kaugemalegi". Selline peab olema pühendunu hoiak Jumaliku suhtes. Seal peab olema kindlasti Jumalale alistumine. Usaldage Teda, andke ennast Talle. Laske Tal end kasutada nii nagu Ta seda tahab. Jumal ei kasuta teid halvasti – üldsegi mitte. Ta kasutab teid targalt ja õrnalt, armastusega.

Elus on nii palju ebakindlust, et me usaldame Jumalat ebateadlikult kogu aeg. Me ei ole ühelgi hetkel enne järgmist kindlad, kas me siis enam Maa peal oleme. Me peaksime muutma selle ebateadliku usalduse palju teadlikumaks. Armastage Jumalat vaikselt oma südames. Teadke, et Tal on vägi muuta igat ebasobivat olukorda ja Ta teeb seda Tema valitud ajal, kui te seda usute.

Iga inimolevus saab Jumalat leida

Küsimus kuulajaskonnalt: „Kui keegi töötab koos nendega, kes on väga negatiivsed või materialistlikud, milline on siis parim suhtumise viis?"

Kui abikaasad saavad tingimusteta armastusega käsikäes Jumalat otsida, milline imeline seltskond see siis oleks. Neist saavad jumalikud sõbrad, kumbki aitamas teist vaimsel teel. Õnnistatud on sellised, kel on taoline suhe. Aga kui olete abielus ega oma taolist suhet, siis ärge heituge. Teisi on võimalik muuta, mitte sõnadega, vaid oma käitumisega. Te võite alistada armastuse abil. Kuid see peab olema tingimusteta, mitte selline, mis nõuab: „Ma annan oma armastust, *kui* ta vastab mu soovidele." Ärge olge üleliia mures teiste vastuse pärast, jätke see Jumala hoolde. Usaldage Tema armastuse väge.

Kui teised on kriitilised meie vaimsete püüdluste osas, peame jätkame oma jõupingutusi, kuid vaikselt ja ilma pealetükkivuseta. Neil, kes meist aru ei saa, pole vaja teada mitte kui midagi sellest, mida me teeme, samuti ei peaks me püüdma neile muljet avaldada.

Väheke enne aašramisse saabumist, kui ma veel kodus elasin, tõusin ma vahel keset ööd üles, kui kõik teised magasid ja läksin teise tuppa, et seal vaikselt istuda ja palvetada ja hiilisin siis tagasi voodisse. (Olin häbelik ja ma ei tahtnud, et teised teaksid mu sügavatest tunnetest Jumala vastu.) Kui keegi seda märkas ja küsis, miks ma seda teen, siis ma lihtsalt ütlesin: „Mul ei tule und, seepärast läksin veidikeseks teise tuppa." Polnud mingit vajadust teha sellest minu suurt näitemängu või väljanäitust. Kui keegi tahab tõepoolest Jumalat, siis leitakse Tema jaoks alati ka aega ja võimalusi.

Teine viis teiste mõistmatusega tegelemiseks on anda neile pidevalt armastust - mitte tingimata sõnades, vaid väljendades oma hinge headust käitumise kaudu. Olge hoolitsev, heatahtlik oma sõnades, isetu, valmis teenima, mõistev. Teised ei pea teadma teie võimalikke religioosseid kalduvusi ja isiklikke uskumusi - see, mida te mõtlete ja mis on teie südames, väljendub teie tegudes. Sel on inimestele kõige suurem mõju.

Jah, see võib olla raske. Kuid see muutub harjutades kergemaks. Kui te kohtute regulaarselt kas kirikus, ühismeditatsioonidel või *satsangis* teistega, kellega te saate vaimsel tasandil suhelda, siis aitab see teil tugevamaks muutuda. Me ammutame sellistest kohtumistest suurt väge. See vägi aitab meil jätkata õige suhtumisega, teades hästi ja täielikult, et Jumal vabastab meid meie keskkonna ebakõladest vaid Talle teadaoleval ajal.

Ei ole ühtki inimolevust, kes ei saaks oludele vaatamata leida Jumalat, kui ta seda tahab. Pole olemas ühtki seaduslikku vabandust. See sõltub inimese soovi suurusest. Kui keegi soovib midagi väga-väga, siis ta jahib seda soovi takistustele vaatamata. Tal on selle teostamiseks tahe. Meile on antud kõik ressursid Jumala leidmise eesmärgi saavutamiseks. Kuid me peame Talle näitama, et me võtame seda tõsiselt. Me peame pöörama ümber oma otsingute huvi valgusvihu ja keskendama oma tahte Jumala leidmisele. Siis saame Temalt vastuse.

Nõustamise antoloogia

Satsangidel ja Self-Realization Fellowshipi liikmetele saadetud kirjades toodud inspiratsiooni- ja juhatusesõnad

Vastus kõigile probleemidele

Milline abivalmis sõnum on edastatud neis Gurudeva Paramahansa Yogananda sõnades:

> Jumalas on kõik vastused teie probleemidele. Ta ilmutab End jumaliku seaduse kaudu ja kui te seda seadust järgite, siis te saate Temalt vastuse. Kõndige usu rahumeelses orus, siis kõnnib ka Jumal koos teiega ja te mõistate, et teie vastutus lasub Temal. Olge vabad katsumustest ja teid siduvatest sõlmedest. Jumal on Isa ja te olete tema laps. Ühendus Temaga on piisav kõigiks teie vajadusteks.

See, kes viljeleb meditatsiooni ustavalt, õpib, et see on tõesti Jumal, kelle käes on vastused kõigile probleemidele. Meditatsioon tõstab teadvust nii, et me saame uue ja avarama vaatenurga. Tühised katsumused ei häiri meid enam ja palju kergem on näha kõiges olevat õige tegevuse teed. Kuna Jumal saab palju tõelisemaks, siis muutub Ta mitte ainult meie elu peamiseks sihiks, vaid ka meie *praeguse hetke* keskpunktiks ja seesmise turvalisuse allikaks. Me tunneme elu ära koolina ja tema kogemusi õppimise võimalustena. Meditatsioonis Jumalaga kontaktis olemisel saadud vaimne turvalisus teeb võimalikuks tingimusteta armastuse, mõistmise ja andestuse jagamise

– ja nii paranevad meie suhted teistega. Olles turvaliselt Jumalas, ei nõua joogi teistelt seda, mida nad ei ole võimelised täitma. Üha enam ja enam leiab ta Jumala olevat „piisava kõikideks vajadusteks".

Nii paljud otsivad täna vastust, lahendust elu hirmutekitavatele hädadele. Kuid ainus püsiv lahendus nii indiviidide kui rahvaste probleemidele on tagasipöördumine Jumalasse. Minge igale uuele päevale vastu lootuse ja usuga Jumalasse, Temasse kinnistunud südame ja mõistusega.

❖ ❖ ❖

Maailma rahu palve vägi

Mõte on kõige tugevam vägi maailmas. Jumala mõttest on esile tõusnud kõik, mida me selles universumis näeme.

„Suu räägib sellest, millest süda on tulvil."[1] Meie mõtted väljenduvad meie kõnes ja tegudes. Seega on esimene samm maailma rahu eest palvetades saada isiklikus elus rahumeelseks inimeseks. Kuidas me saame tõhusalt rahu heaks palvetada ja saata välja võimsaid rahu mõtteid, kui me ise pole rahumeelsed inimesed?

Rahumeelseteks olevusteks muutumine nõuab sügavat meditatsiooni. Gurudži kirjutistes korduvalt rõhutatud meditatsiooni tähtsust. Me peame pöörama oma mõistuse sügavalt meditatsiooni praktiseerimisse.

Gurudži rääkis meile oma India tädist, kes tuli tema juurde ja ütles: „Palun aita mind. Ma olen lugenud oma palveid oma palvehelmestele nelikümmend aastat ja pole siiani leidnud seesmist rahu." Yogananda ütles talle: „Su mõistus hulgub palvete lugemise ajal kõikjal ringi ja mõtleb kõigest muust. Kui sa palvetad, siis suuna

[1] Matteuse 12:34.

oma tähelepanu sellele, mida lausud, hoia oma mõistus Ühel, kellele sa oma palved suunad."

Me ei peaks oma palveid pelgalt papagoi laadselt lugema. Papagoi võib sõnu korrata, kuid ta ei tea, mida ta ütleb. Kui me palvetame või mediteerime, peab kogu mõistus ja tähelepanu olema seal, välistades kõik ülejäänu. See on tõeline palvetamise viis ja sellise keskendumise arendamine on Self-Realizationi meditatsioonitehnikate otstarve.

Seega, et tuua maailma rahu, peaksite saama esmalt rahumeelseteks inimesteks, seejärel keskenduma heategemisele, rahu levitamisele. Esmane tõestus Jumala seesmisest kohalolust on rahu – see rahu, „mis on ülem kui kogu mõistmine."[2] Selle rahu saavutamine on iga inimolevuse kohus – sellele olevusele on Jumal andnud arukuse, eristamisvõime ja võime mõelda. Kui me kogeme seda seesmist rahu, siis tunneme, et oleme Jumalikuga ühel lainel. Siis me võime maailmarahu eest palju sügavamalt ja tõhusamalt palvetada.

Ma ei ütle, et te ei peaks palvetama maailma eest enne kui te ise rahu tunnete. Ma ütlen lihtsalt, et alustage sealt, kust rahu algab, teist endist: muutke esmalt endid, et kui keegi tuleb teie lähedusse, siis tunneb ta rahu ja rahulikkust. Kui te siis mediteerima istute ja teiste heaks palvetate, jõuab teie keskendumise vägi, teie rahu vägi väljapoole ja võib maailma mõjutada.

Gurudži ütles, et sõnade ja mõtete võnkumine tekitab kindlaid tulemusi ja jätab eetrisse jälje, mille võib korjata üles ükskõik kes ja kus, kellel on piisavalt võimas instrument. Teadus on seda näidanud piiratud kujul raadio ja televisiooni kasutamise kaudu. Kuid isegi kui meedia mu sõnu ei vahenda, siis nende jõud ja nende taga olev mõtete vägi liiguvad hetkega ümber maailma. Ülitundliku mõõteriistaga

[2] Pauluse kiri filiplastele 4:7.

saaks seda tõestada. Seega omab meie südameist ja mõistusest esile tulev võimas rahuvõnge maailmale suurt mõju. Oma osa sellesse mõjusse panustamisel on üks Paramahansadžid järgivate pühendunute kohustustest.[3]

❖ ❖ ❖

Miks mõned lapsed on sündinud kannatustega?

Kui me usume, et Jumal on õiglane – ja seda ma kindlasti usun ja kõik usundid õpetavad meile seda – milline on siis siia maailma kannatama tulnud puuetega laste sündimise põhjus? Jumal armastab meid kõiki võrdselt ja nii nagu Ta hoolib igast varblasest ja on teadlik igast liivaterastki, hoolib Ta palju enam meist. Seega pole sellele mõistlikku vastust, välja arvatud karma, põhjuse ja tagajärje seadus: mida te külvate, seda te ka lõikate.

See ei tähenda, et me peaksime vaevustes olijaisse kõva südamega suhtuma, öeldes: „See kannatus on tema karma." Ei! Jumal andis inimolevustele võime kaasa tunda, olla teiste suhtes sümpaatne. Ühelgi teisel olevusel pole selliseid omadusi. Kuid Jumal andis need meile, välistades nende kasutamise muul viisil, kui Kristus ja teised vaimsed suurkujud neid meile ette näitasid.

Selles elus nähtav on vaid üks lüli igaveses olemise ahelas. Ülejäänud on peidetud, nii me siis unustamegi, et 60, 70 või 100 eluaasta taga on terve igavene tsükkel. Mida me selles või eelmistes eludes oleme külvanud, seda peame me selles või mõnes tulevases elus lõikama. Tagajärjed ei pruugi alati väliselt põhjuseid imiteerida. Karmaliste mustrite loomisel toimivad vastastikku paljud möödunud elude tegude ja käitumiste füüsilised ja mentaalsed faktorid. Vaid vaimne meister võib selliseid näitajaid korrektselt lugeda. Seepärast

[3] Selleks asutas Paramahansa Yogananda ülemaailmse palveringi. Vt joonealust lk 32.

ei tohiks keegi kellegi praeguste olude põhjuseid hinnata või oletada. Karma pole karistamiseks, vaid õpetamiseks.

Seetõttu, nähes sünnipuudega last või kedagi teist, kes on kannatamas, on meil kahekordne kohustus. Esmalt on vaja mõista, et tegu on enese poolt ligi tõmmatud põhjusega ja pole põhjust Jumalat julmuses süüdistada. Siis on meil samuti kasvamise võimalus – ja me areneme väga palju kaastundliku käitumise läbi – andes omalt poolt midagi kaastundest, läbi teenimise ja tehes omalt poolt kõik, mis on meie võimuses nende elutingimuste ja kannatuste leevendamiseks, aitamaks neil inimestel oma kannatusi taluda.

❖ ❖ ❖

Vastus ateismile

On neid, kes väidavad, et Jumalat pole olemas. Aga kas tegelikult ongi üldse võimalik olla ateist? Ma mõistan, kui mõni lükkab tagasi kellegi ortodokssed kontseptsioonid Jumalast, kuna tal on olnud mõningaid illusioone purustavaid kogemusi konkreetse religiooni praktiseerimisega. Kuid on rumalus hüljata seetõttu Jumala olemasolu idee.

Tahan küsida selle küsimuse neilt, kes väidavad end olevat ateistid: „Kas te kasvatasite oma keha kõige esimesest tillukesest rakust?“ Ükski inimolevus ei saa vastata jaatavalt sellele küsimusele, ega öelda, kuidas ta sai areneda ainsast rakust inimolevuseks. Nad võivad edastada selle protsessi teadusliku kirjelduse, kuid mis motiveerib seda teaduslikku protsessi? Peab olema mingi Vägi, mis paneb selle aset leidma – mingi Vägi, mis hoiab planeete korrastatult liikumas, mis paneb puud ja taimed väikestes seemnetes peituvast informatsioonist kasvama. Need on Jumaliku Väe imed.

Keegi võib öelda, et ta ei võta omaks teatud kontseptsiooni Jumalast, kuid ma usun, et keegi ei oska loogiliselt öelda: „Ma ei võta omaks ideed, et mingi Vägi põhjustab kõiki neid protsesse või paneb mind mõtlema, hingama ja liikuma." Pole minul tegelikku kontrolli oma elu üle ja pole seda ka ateistil. Ta ei tea midagi sellest, kuidas ta siia tuli või millal ta sureb. Kas pole see mitte tõsi?

Universumis on Vägi, tänu millele me eksisteerime ning meile on omane arutlemise võime – saame arutleda isegi sel teemal, et me ei saa võtta omaks Jumala olemasolu ideed. Olen veendunud, et ateistid ei ole sellesse piisavalt süvenenud, muidu ei saaks nad Jumalikku Väge eitada.

❖ ❖ ❖

Muusika roll Jumala otsimisel

Universumi aineks on võnkumine ja võnkumine toodab heli. On olemas kahte sorti võnkumist: positiivne ehk kooskõlaline ja negatiivne ehk ebakõlaline. Ajastuid tagasi tahtis inimene ennast väljendada ja hakkas looma rütmilisi helisid. Tänapäeval teatakse seda muusika nime all. Pean aga ütlema, et mõned tänapäevastest helidest on kõike muud kui muusikalised? Me oleme pigem negatiivses ajastus ja üheks selle väljundiks on harmoonia puudumine tänapäeva muusikast, tihti on see vaid meloodiata kakofoonia. Inspireeritud muusika, maalikunst, skulptuur – kõik kunstivormid – on Jumala ja Tema loomingu väljendused. Mõned suurimad maailma kunstiteosed on religioossed ja kutsuvad inimeses esile religioosse inspiratsiooni. Kui keegi läheb mõnda muistsesse India templisse või külastab Vatikani ja näeb kauneid ja inspireerivaid võrratuid maale ja skulptuure, siis ei saa ta kahelda inimeses avalduvas Jumala loovas vaimus. Selliseid kunstivormid äratavad vaimseid tundeid.

Kuid keegi teist küsis, kas on õige mediteerides muusikat kuulata. See inimene tunneb, et muusika viib teda Jumalale lähemale. Jah, ta viib. Indias on skandeerimist kasutatud sajandeid vaimses otsimises. Igas religioonis on muusika vaimse riituse osa. Kuid samas pole korrektne väita, et absoluutne vaikus või seesmise muusika[4] kuulamine võib kaasa tuua sügava teostumise. Muusika kui harmooniliste helide mustri vaimne otstarve seisneb pühendumise ja inspiratsiooni äratamises, kuid siis peab liikuma pühendunu füüsiliste meeleorganite kõrvade kaudu kuuldavatest välistest helidest kaugemale ja kuulama seesmiselt, mediteerides sügavalt täielikus vaikuses universumi kosmilisele helile, loovale Sõnale ehk Jumala häälele.

Seega ei saa te mediteerida sügavalt muusikat kuulates või seda viljeldes. Te ei saa minna teatud inspiratsiooni ulatusest kaugemale, kui sõltute samal ajal kasvõi ühestki meelest. Inimene võib mediteerida teatud maani näiteks skandeerides, kui mõistus ei toetu mitte muusikale, vaid selles väljendatud mõttele. Sedaviisi olete te võimeline minema sissepoole - rahustades kõik meeled ja jäädes täielikult vaikseks. Siis saate te teada, mis Jumal on.

Üks maailma suurimaid ja tuntumaid sümfooniaorkestri dirigente Leopold Stokowski ütles mulle, et tema Jumala-kogemus tuli muusika kaudu. Ta oli tutvunud Gurudži ja tema õpetustega ja nii juhtus, et maestro palus mind endale Los Angelese tuuri ajaks appi. Meie jutud pöörlesid tihti Gurudži meditatsiooniõpetuste ümber. Ühel sellisel puhul istus maestro klaveri taha ja mängis mulle. See oli omamoodi privileeg, sest ma olin seal ainus kuulaja. Ta mängis võrratult, kuid ma mõtlesin: „Mida ma talle saan öelda? Kuidas ma talle seletan, et sellest ei piisa? Inspiratsioon pole realisatsioon - teostumine.“

Kui ta oma mängimise lõpetas, ütlesin ma: „See oli kaunis!“ Ta näis ootavat edasisi kommentaare, seega riskisin ma öelda: „Lubage

[4] Viide *Aum*'ile, Vaimu kosmilisele arukale loomise võnkumisele, kõikeläbivale helile, mida tajutakse sisemiselt kasutades Self-Realization Fellowshipi meditatsiooni meetodeid.

mul esitada teile üks küsimus. Te ütlesite, et teie meditatsioon on see, kui te mängite klaverit või juhatate orkestrit – see on teie Jumalaga kontakteerumise vorm. Kuid mis juhtuks selle kogemusega, kui te jääksite järsku kurdiks või teie käed muutuksid halvatuks nii, et te ei saaks enam ei mängida ega dirigeerida?" Ta oli hetke vaikselt mõttes. Ütlesin siis: „Sõltudes füüsilise keha võimetest, piirate te oma Jumala-kogemusi."

Ma ei madalda muusikat ja selle väärtust. Muusika on mind alati inspireerinud, nii nagu see inspireeris Gurudžid. Ma lihtsalt ütlen, et on veel midagi sellest enamat, mis on sellest kaugemal – mida te kogete vaid sügavas meditatsioonis.

Mediteerija ei vaja Jumalaga suhtlemiseks oma keha füüsilisi töövahendeid. Ta läheb oma suhtluses kaugemale iga oma keha meelelise või liikuva organi sõltuvusest, välja arvatud kõrgeim mõistus ehk teadvus.

Paljud inimesed ei taha tegelikult oma mõistuse rahutuse tõttu teha meditatsiooniks vajalikku pingutust. Nad leiavad põhjendusi, miks nad eelistavad teisi inspiratsioonivorme, õigustamaks seda seesmist, ebateadlikku soovimatust. Aga ei muusika ega ükski teine vaimse stimuleerimise allikas pole adekvaatne meditatsiooni asendaja. Kõik kunstivormid võivad inspireerida, kuid ükski ei küüni Jumalaga suhtlemiseni.

❖ ❖ ❖

Jumala jaoks aja leidmine

Keegi pole iial öelnud, et Issand tegi meist kellegi jaoks elu kergeks. See on pidev võitlus ja jääb selleks alati. Kogu loomine voolab Jumalast ja enamus inimkonnast voolab koos sellega. Isik, kes on pööranud oma elu Jumala poole, liigub piltlikult öeldes vastu hiilgasuurele lainele. Ta püüab minna tagasi Allikasse, kusjuures kõik teised liiguvad talle vastupidises suunas.

Seega on raske Jumala jaoks eraldi aega leida, kui te just ei eralda selleks otsustavalt osakest oma päevast. See ei tähenda, et Ta kõrvaldab siis kõik teie probleemid. Kuid see tähendab, et sellest Jumala-kontaktist saate te rahulikkust, vaprust ja väge, millega seista silmitsi uue päeva väljakutsetega. Mõnikord on teie koorem kergem, mõnikord mitte nii kerge. Kuid need on olukorrad, millega tuleb elus kokku puutuda.

Õnnelikumad inimesed on need, kellel on filosoofia, mille järgi elada. Inimesed murduvad probleemide all, kui nende mõistus on laiali pillatud. Üks pühendunu tuli hiljuti mu juurde ja ütles: „Põhjus sedasorti reageerimiseks või emotsionaalseks vastuseks on kursil püsimise filosoofia puudumine. Meister tavatses meile öelda, et me teeksime Jumalast oma elu Põhjanaela, nii, et läbi kõigi kogemuste pöörleks mõistus Tema ümber. Kui te võtate iga päev mõne rea Meistri kirjutistest ja siis, keset tegevusi ja töid, tulete selle mõtte juurde uuesti tagasi – tõmmates oma mõistuse kasvõi hetkeks eemale – siis võimaldab see teil säilitada seesmise tasakaalu ja jõu. Ja see aitab teil enam Jumalasse kinnistuda.

❖ ❖ ❖

Sihtide seadmine vaimseks edenemiseks

Uus Aasta on soodus aeg tegemaks vaimsel teel värsket starti. Väga paljud pühendunud ütlevad mulle: „Ma ei tea, kas ma liigun Jumalale lähemale. Ma tunnen end kuivana. Ma ei tunne mingit edenemist.“ Ma saan neile öelda vaid üht: rohkem on vaja pingutust – suuremat otsustavust tunda Jumala kohalolu, otsida Teda meditatsioonis igapäevaselt.

Vaimsele edenemisele kaasaaitavaks vahendiks on ühe

vajamineva omaduse omaksvõtmine korraga ja keskendumine selle ilmutamisele enda olemuses. Jumalikud omadused on juba meis olemas – alandlikkus, pühendumine, tarkus, kaastunne, rõõmsameelsus – need on meie hingede igavesed tunnusjooned. See on piiratud „mina", ego, mis on meie tõelist jumalikkust hägustanud.

Valige mõned omadused, mis teid eriliselt veetlevad ja keskenduge neile. Peatuge teadlikult sellel voorusel, sondeerige selle tähenduse ja otstarbe sügavust ja otsige viise selle väljendamiseks. Rakendage oma otsusekindlust, oma pidevalt uuenevat tähelepanu ja innukust enda sihi saavutamisel. Kui te tunnete saavutust teatud määral, siis lisage sellele hinge lahtirullumise teine dimensioon, kuni teie elu iga õieleht on Jumala kohalolu lõhnastatud väljenduseks.

❖ ❖ ❖

Jumal on alati meiega

Meie suhe Jumalaga muutub väga lihtsaks ja armsaks kui me püüame meeles pidada kui lähedal Ta meile igal hetkel on. Kui me otsime oma elurännakul imede näitamist või fenomenaalseid tulemusi, siis võime me mööda vaadata neist paljudest viisidest, mil moel Ta kogu aeg meie juurde tuleb. Suurte ja hiilgavate kogemuste puuduses heituvad mõned pühendunud, mõeldes, et Jumal on kaugel ja et nad ei edene Tema suunas. Aga kui me õpime olema valvel Tema kohalolu pidevate ilmutuste suhtes – nagu Gurudeva meile õpetas – leiame me kiiresti selle kinnituse, et Jumal on meiega just *praegu*. Ma innustan teid peatuma sügavuti neil Gurudži sõnadel:

> Üldlevinud vaimse heitumise põhjuseks on pühendunu ootus, et Jumala vastus tuleb suures aukartustäratavas seesmise valgustumise leegis. See ekslik arvamus nüristab pühendunu imepeente Jumalike vastuste tajumise võimet, mis oli juba olemas meditatsioonipraktikat alustades. Jumal vastab igale

pühendunu pingutusele, igale pühendud kutsele. Te mõistate isegi uustulnukana seda oma otsimistes, kui te õpite Teda ära tundma kui vaikset seesmist rahu, mis varastab ära teie teadvuse. See rahu on esimene Jumala seesmise kohalolu tõestus. Te teate, et see oli Tema, kes juhatas ja inspireeris teid mõne õige otsuseni teie elus. Te tunnete Tema väge, aitamas teid saada üle halbadest harjumustest ja toitmas teie vaimseid omadusi. Te tunnete teda igikestva rõõmuna ja armastusena, mis purskub sügavalt teie seest, ujutades üle teie igapäevaelu ja suhted.

Ma palvetan, et te võiksite aina enam ja enam tunda Tema lähedust ja näha Teda kõigis teie elu olukordades ja et te võiksite läbi meditatsiooni ja Tema armastamise sulandada oma südame ja hinge Tema kõikjalolemisse.

❖ ❖ ❖

Millal Jumal vastab?

Gurudži ütles kord: „Olen otsinud Jumalat läbi sajandite ja ikka veel ei vasta Ta mulle. Kuid mina ütlesin: „Issand, ühel päeval Sa tuled." Ma ei hoolinud sellest, kui kaua ma peaksin ootama. Ma teadsin, et iga õilsa soovi, iga hea asja kaudu, mida olin teinud, oli Ta minuga. Ja ikkagi kutsusin ma Teda, kuigi Ta oli nii lähedal."

Inimesel peaksid pidevalt olema südames armastavad nõudmised Jumala vastuse saamiseks. Seepärast õpetas Meister meid jätkama sügavat mediteerimist peale *Kriija* praktikat ja palvetama armastusväärselt: „Issand, ilmuta Ennast, ilmuta Ennast." Kõnelge Temaga nõudlikult teie hinge keeles. Tundke seda, mida te ütlete – ärge iial laske oma palvel muutuda mehhaaniliseks skandeerimiseks. Ja ärge olge kannatamatud, kui te ei tunne vastust. Nagu Gurudži ütles, ei tähenda see midagi, kui kaua me ootama peame. Teie suhtumine peaks olema: „Ma jätkan Sinu otsimist kuni oma elu lõpuni," mitte aga: „Hästi, ma annan Sulle kuus aastat, Issand, aga kui Sa pole selleks ajaks tulnud, siis keeran ma otsa ringi ja lähen maailma tagasi."

Jumala otsimine muutub eluviisiks ka oma kohustuste täitmise ajal, kui kanaldada kõiki oma energiaid ja mõtteid ühes suunas. Kui te seda järgite, siis nagu Gurudži meile ütles, võite te avastada, et saate Jumalalt mõne märgi, mõne vastuse, kui te kõige vähem ootate ja mitte tingimata mediteerides, vaid vahest peale seda. Kui see juhtub, siis ärge rääkige sellest ja ärge võtke seda kui iseenesest mõistetavat asja. Kuid öelge seesmiselt Talle: „Tänan Sind, mu Issand, tänan Sind."

Küsida Temalt, millal Ta teie juurde tuleb on vale, sest Ta on juba seal. Ta pole iial teie juurest lahkunud. Selle asemel peaks küsima: „Millal olen ma teadlik, et Sa oled minuga?" See on eluliselt vajalik. Ta on juba teie juurde tulnud. Puudub vaid teie teadlikkus. Meditatsioon pühib minema *maaja* eesriide, mis on pannud teid tundma end eraldiolevana Jumalikust Armastatust.

Kui Gurudži ütles: „Issand, ühel päeval sa tuled," siis kõneles ta poeetiliselt, sest siis ta teadvustas: „Ma kutsusin Teda, kuigi Ta on alati lähedal olnud." Pühendunu peab praktiseerima Jumala kohalolekut - keskendudes oma mõistuse alati Jumalale. Kui ta püüab elada oma elu Guru juhtnööridele häälestunult ja käitudes oma teadmise järgi õigesti, jõuab ta järsku teadlikkuseni: „Ohh! Mu Issand, ma mõtlesin, et Sa oled minust kaugel, aga ma avastasin, et Sa oled alati minuga olnud."

Seni, kuni me pole veel mõistnud, et Ta on meiega, peame me praktiseerima kannatlikkust. Gurudži jätkas - ja see on nii ilus: „Kui te loksutate sogase veega klaasi, siis jääbki see sogaseks. Aga kui te hoiate klaasi paigal, siis settib muda mõne aja möödudes põhja ja vesi muutub selgeks. Mõistus on selline. Lühike meditatsioonis istutud aeg möödus väga kiiresti. Mentaalne rahutus kadus ja mu mõistus muutus kristallselgeks ja rahulikuks." See on meditatsiooni otstarve ja väärtus.

Kui me oleme aktiivsed maailmas, siis on meie mõistus sogase vee sarnane. Aga kui me õpime meditatsioonis vaikselt istuma, settib rahutus ehk muda põhja ja vesi ehk mõistus muutub kristallselgeks. Kui see juhtub, siis võime me näha selges vaikses mõistuse vees Mõõtmatu peegeldust.

Kas te nüüd näete, miks Gurudži rõhutas aina ja uuesti: meditatsioon, meditatsioon! Eraldage meditatsiooniks alati aega, kuid täitke ka oma kohustusi südametunnistusega, täites neid sellise mõttega: „Issand, ma teenin Sind kõigis oma töödes."

❖ ❖ ❖

Oma vaimsete uskumuste jagamine teistega

Kui me oma mõistmises ja oma Jumala armastamises kasvame, siis kiirendame ka oma laste, abikaasa ja lähedaste arengut. Kuid need ei pea olema üksnes meie sõnad, mis teisi mõjutavad. Väga tihti, kui püüame oma pereliikmeid usku pöörata, põhjustab see sageli vääriti mõistmist. Kui keegi teie perest ei järgi vaimset teed, siis on vale teda survestada, et ta võtaks vastu teie uskumused. Nagu iga lillgi, peab iga isik avanema oma määratud ajal. Te ei saa sundida seemet saama ühel päeval lilleks.

Jumala otsing on individuaalne ettevõtmine. Ma ei pea silmas, et peaksime mediteerimiseks end kappi peitma, kuid me peaksime järgima oma vaimset rutiini, panemata oma pereliikmeid tundma süütunnet või ebamugavust selle pärast, et nemad ei tee sama, mida teie. Sellest võib tekkida suur pahameel. Te teate, et vastab tõele, et jutlustajate lapsed on tihti kõige problemaatilisemad, sest nende vanemad panid neid teadlikult või ebateadlikult sunduse alla. Selle tulemusena võib taoline laps pöörduda oma vanemate õpetatud religioossete põhimõtete vastu.

Parim viis inimesi muuta on teha seda eeskuju kaudu, mitte mõeldes, et me oleme paremad. Pole vaja välja näidata oma vaimseid taotlusi, parem väljendada headust, mõtlikkust, armastust, mõistmist, mis hakkavad meis Eneseteostuse osana arenema. Selline asi puudutab inimesi ja võib inspireerida neid huvituma praktikatest, mis võimaldavad teil sellisel eeskujulikul moel käituda.

❖ ❖ ❖

Harmoonia loomine suhetes teistega

Miks inimesed tülitsevad? Sest igaüks püüab oma vaatenurka läbi suruda ega taha kuulata teise oma. Me kaldume otsustama oma arvamuste kasuks. Mõistagi toob see kaasa hõõrdumisi. Ja lõpuks, peres jõuavad nad viimaks punkti, kus nad lõpetavad igasuguse üksteisega rääkimise või tahavad lahku minna.

Mäletan kui istusime kord ümber Gurudži, kõneldes vaimsetel teemadel – järsku vaatas ta kõigi meie otsa ja naeratas. Me ütlesime: „Mis lahti, Meister?" Ta raputas oma pead ja vastas: „Ma ei tõmmanud enda ligi ühtegi nõrga iseloomuga isikut, te kõik olete väga tarmukad." Siis lisas ta: „Millal iganes on teil raskusi, saage kokku ja rääkige need lahti." Meister tavatses veel öelda: „Rumalad vaidlevad, targad arutlevad." Kellelegi siin ei meeldi, et temast mõeldaks kui rumalast, seepärast me kõik siin istume ja tarkade kombel arutlemegi.

Inimesed, eriti tarmukad, peavad kohe oma suhte alguses kokku leppima, et räägivad alati asjad läbi ja selgeks ning nii, et mõlemal poolel on võimalus oma vaateid väljendada. Püüdke üksteisega rohkem suhelda. Sel hetkel kui suhtlemine peatub, lahustub ja laguneb ka suhe järkjärgult ning seejärel juba täielikult. Aga kui te austate teise isiku vaateid ja annate talle aega end ilma katkestamata väljendada, siis vahest annab ta teilegi sama võimaluse. Vaid sellise vahetuse kaudu jõuate te ühise arusaamiseni. Abielu eesmärgiks pole üksnes laste tegemine, vaid üksteise aitamine. Te aitate, mitte lüües üksteist sõnadega, vaid rääkides, jagades, suheldes.

Me vajame rohkem mõistmist ning see on Jumal ja Temale mediteerimine, mis meile seda annavad. Me peame kaasama Jumala rohkem oma kodusesse ellu. „Perekond, kus palvetatakse koos, jääb ka kokku," on kõnekäänd siin läänes ja see on tõsi.

„Jumalikus sõpruses"

Paljudes Gurudži kirjades pühendunuile lõpetas ta sõnadega: „Jumalikus sõpruses," ja ta valis selle fraasi tavapäraseks Self-Realization Fellowshipi liikmetele saadetud kirjade lõpusõnadeks. Ta ütles tihti meile, et kõrgeim ja puhtaim suhe, mis hingede vahel eksisteerib, on sõpruse vaim. Selles puudub sundus. Ta ei rääkinud tavapärasest inimsõprusest – ta pidas silmas tingimusteta sõprust, sellist, mis oli Kristusel oma järgijate suhtes ja mida nad tundsid oma guru ja üksteise suhtes. See on ebaisikuline ja samas suhetest kõige lähedasem. See on avatud selles suhtes, et teist võetakse tingimusteta, nagu ta on, kõigi tema puudustega. Kui kerkivad esile arvamuste erisused, siis ei mõisteta sõpra vääriti. Sõprus püsib katkematuna ja muutub aja jooksul armsamaks. Gurudži ütles tihti neile pühendunuile, kes tema lähedal olid: „Sõprus on nagu vein, muutub vananedes magusamaks."

Ma tahaksin lugeda mõningaid Gurudži mõtteid universaalse sõpruse ehk ülemaailmse vendluse ideaalist:

> „Maailma vennaskond" näib väga lihtsa fraasina, kuid neis kahes sõnas on ravim kõigi maailma individuaalsete, ühiskondlike, poliitiliste haiguste vastu, mis ähvardavad maailma materiaalset, mentaalset, moraalset ja vaimset õnne ... See maailm ei kuulu teile ega mulle. Me oleme reisijad, olles siin vaid lühikest aega.

> See maailm kuulub Jumalale. Ta on meie President ja Tema valitsuse all peaksime me moodustama ühinenud maailma, kus iga vennasrahvas elab selles vendluses ... Selleni viib Jumala tundmine ja Tema tundmise viisiks on Temale mediteerimine ... Vaid maailma vennaskond üksi võib peletada minema vihkamise ja hoida ära sõjad. Vaid maailma vennaskond saab tasakaalustada kogu inimkonna õitsengu. Seepärast ma ütlen teile – tooge see vendlus oma südameisse Jumalaga suhtlemise kaudu. Tundke Jumala Isadust ja et iga inimolevus kuulub teile. Nii pea kui te tunnete Jumalat oma südames, panustate te maailma tsivilisatsioonile nii, nagu ükski kuningas ega poliitik iial varem pole teinud. Armastage kõiki neid, kellega te kokku puutute. Olge võimelised ütlema täie veendumusega: „Tema on minu vend, sest mu Jumal, kes on minus, on samuti ka temas."

Meie maailm vajab täna kõige enam seda, et aina enam inimesi pingutaks, avardades oma teadvust väikesest minast kaugemale – jagades kõigile jumalikku armastust ja sõprust.

Gurudži ütles Mahatma Gandhi kohta, et ta ei kuulunud üksnes Indiale. Ta oli lihtne inimene – kellega Gurudži kohtus ja veetis koos mõned päevad – alandlik hing, kes elas äärmises lihtsuses ja riietus vaid niudevöösse. Ta oli kõige tõelisem kaasaegse ajastu kristlane ja samas oli ta India hindu. Ta ütles: „Igaüks, kes armastab mu Indiat, on indialane." Nende sõnadega ei jätnud ta kedagi välja oma armastuse sfäärist. Ta kaasas kogu inimkonna oma Jumala ja oma inimeste armastusse. Ta tundis ära ja tõi elava näitena esile inimvaimu kõikehõlmavuse.

See on samuti Gurudeva elus ilmutatud vaim. Ta ei pidanud kedagi võõraks. Ta kohtus kõigiga avasüli – armsa, lihtsa, lapseliku usalduse ja sõprusega. Ta mõistis neid, kes teda ei mõistnud. Ta praktiseeris ideaali: „Otsige esmalt ja siiralt Jumalat" – me peame kahtlusteta olema rahul sellega, et me kuulume Jumalale ja et Ta vastab meie südamete salajasele kutsele – ja siis andis Gurudži sama Jumalast leitud jumalikku armastust ja sõrpust kõigile, kellega tema teed ristusid.

Andestamine viitab meelerahule

Gurudeva tavatses öelda, et roos annab purustamisel lõhna välja ja samuti peaks Jumala pühendunu ebasõbralikkusest purustatuna ikka veel kiirgama armastuse magusat olemust.

Andestus neutraliseerib oma jumaliku armastuse leevendava palsamiga viha, süütunde ja vihkamise söövitava ärrituse. Ebatäiuslikus maailmas, kus headus kohtab vältimatult vastasseisu, on andestus Jumala-teadlikkuse väljendus. Kui meid on kuritarvitatud ja kui me siis süüdlase hukkamõistmise asemel temale vabal tahtel andeks anname ja oma teadvuse tahvelkivi puhtaks pühime, siis saavutame me selle tulemusena õnnistatud meelerahu.

Miks on vahel nii raske andestada ja unustada – täielikult minna lasta? Inimese ego nõuab kaitsmist, otsib kättemaksu ja kättetasumist – ta tunneb teist hukka mõistes end oivaliselt. Kuid see ei too meile rahu. Me oleksime palju õnnelikumad, kui oleksime pigem kuulanud oma tõelist mina, hinge – mis täidab meid otsatu küllusega, kustutades pahategija võla, palvetades: „Issand, õnnista teda." Kas me mitte ei taha, et Jumal ja teised annaksid meile andeks me vead? Andke andeks ja teilegi antakse andeks – on jumalik seadus.

Hindu pühakirjas on kirjutatud: „Inimene peaks andestama ükskõik millise vigastuse või õiguste rikkumise ... Andestuse kaudu hoitakse universumit koos. Andestamine on tugevate vägi. Andestus on ohvritoomine, mõistuse vaikus. Andestus ja leebus on enesevalitsejate omadused. Need esindavad igavest voorust." Püüdke elada selle ideaali kohaselt, pakkudes kõigile headust ja tervendavat armastust. Siis tunnete te Jumala kõike-embavat armastust oma südamesse voolamas.

Meie mineviku vigade kustutamine

Gurudeva Paramahansa Yogananda on öelnud: „Terve elu vead

võib parandada *täna* ... Nii pea kui te kuulutate välja otsuse ja tahate tugevalt olla uus inimene, te ka muutute."

Ammutades kõikealistavast hingejõust, võime me hetkega muutuda. Mis seda takistab? Me samastume liialt oma puudustega, võtame omaks piiravaid ideid iseendi kohta ja seepärast madaldab meid esmalt heitumine, seejärel inerts. Olles teinud vigu, kanname me endaga kaasas kahetsuse ja lüüasaamismeeleolu üleliigset koormat.

Me peame vabastama end neist surnud raskustest. Saladus seisneb käesolevas hetkes elamises. Minevik on läinud – nüüd on aeg teha siiras pingutus nii, nagu me teame, kuidas Jumal tahaks, et me elaksime. Kui me astume vale sammu, peaksime me viivitamatult end parandama, paluma seesmiselt Tema abi ja püüdma valida õige suuna. Selle asemele, et peatuda mineviku vigadel, keskendugem rõõmul, mida Issand tunneb, kui näeb meid kasvamas väes ja tarkuses. Positiivne pingutus koos Jumalale keskendunud tähelepanuga toob meile vabaduse ja entusiasmi tunde ning lisab tahtele tohutu jõu. Jumala õnnistusega toetatud tahe võib saavutada ükskõik mille. Üle kõige võime me saada täiuslikeks Jumala armastajateks, kes on Temale häälestunud, imendunud Tema armastusse, juhitud Tema tarkusest – kontrollides nii oma saatust.

❖ ❖ ❖

Meile mõeldud Jumala tingimusteta armastus

Mis on Jumala olemus? Ta on isa, ema ja sõber. Armastus, kaastunne, mõistmine, andestus.

Jumalikud kehastused, nagu Jeesus ja Krišna ilmutasid Jumala omadusi ülimal määral, et võiksime Jumalikkust näha ja tunda. Sellised eeskujud on inimkonna julgustamiseks vajalikud, sest vajame rasketel aegadel meeldetuletust, et Jumala armastus ja andestus on suurem, kui me iial seda ette kujutada suudame. Hädad tekitavad tihti ka vastupidise tunde, et Jumal on meid maha jätnud ja mõistus lülitab Ta välja samal hetkel, kui me peaksime oma usus Temani jõudma.

Nõrkusehetkedel on abiks see, kui me peatume mõnel näitel pühakirjadest. Need kirjeldavad, kuidas Jumal, nähes siiralt end muuta tahtvat eksinud pühendunut, ilmutab end Temaga üheks saanud suurhingede kaudu. Pühal õhtusöömaajal Jeesus mitte ainult ei öelnud Peetrusele, et too ta ära salgab, vaid püüdis Peetrust ka lohutada ja kaitsta teda südame kaotamise eest, öeldes: „Aga mina olen sinu pärast Jumalat palunud, et su usk ei lõpeks. Ja kui sa ükskord pöördud, siis kinnita oma vendi!"[5] Ta mõistis, et tema järgija lojaalsuse vallutab hirm. Kuid ta nägi seda nõrkust ajutisena ja see ei muutnud mingil viisil tema armastust Peetruse vastu ega usaldust, et Peetrus teostab Jumala tahet.

Iga hing on Jumala tingimusteta armastuse saaja. Igaüks on Tema soosik – tavatses Gurudži öelda. Meie suurima heasoovijana on Issand palju enam innustunud meie päästmisest, kui me ise. Suhelge sügavalt selle lõputu armastuse Jumalaga – Ta ootab teid alati meditatsiooni templis.

„Tänage kõiges"

Pühakiri ütleb meile: „Rõõmustage alati, palvetage lakkamatult, tänage kõige eest."[6] Kui me teadvustame tänulikult meie Taevase Isa armastavat headust, siis me süvendame Temaga ühel lainel olemist. Väärtustamine avab südame Jumala küllusele selle paljudes väljendusvormides.

Katkematu tänulikkuse hoiakul on kolm arenguastet:

Esimene võimaldab õppida viivitamatut tänutundes Jumala poole pöördumist, mil iganes on meil põhjust rõõmu tundmiseks.

[5] Luuka 22:32.

[6] Pauluse esimene kiri tessalooniklastele 5:16-18.

Iga eriline õnnistus peaks meile meenutama, et me tänaksime kõigi rõõmude tõelist Andjat.

Teiseks, et me ei võtaks oma elus olevat head enesestmõistetavana. Öeldakse, et me mõistame harva seda, kuni see on meie käest kadunud, kuid see ei pea nii olema. Laske meil ära tunda ja kalliks pidada armastatute, tervise, tingimuste ja mugavuste täielikku väärtust, looduse ilu, kõikjal külluses olevat hüve – suunates kogu aeg oma armastava tähelepanu Jumalikule Andjale.

Viimaks, kui me treenime oma mõistust tänama Jumalat isegi keset raskusi, siis leiame me varjatud õnnistuse iga vastasseisu taga. Tema tänamine neis olukordades vajab erilist tahteakti – seeläbi näitame oma usaldust ja keskendume automaatselt enam sellele, mis on tolles olukorras positiivset. Katsumused on vaid Tema „hellitavalt väljasirutatud käe vari,“[7] tänulikkus aitab meil tõsta oma silmavaadet varjust kõrgemale – Jumala käe juurde. Me avame oma mõistmise õppimist vajavatele väärtuslikele õppetundidele, meie vaim tõuseb ülespoole ja usk purskub meie sees laiali. Need positiivsed tunded vabastavad meis oleva tervendava väe ja jõu ning kõrgendavad meie vastuvõtlikkust Jumala ümberkujundavale puudutusele.

„Palvetagem siis lakkamatult,“ suheldes hetkest hetkesse meie Igavese Isa ja Sõbraga. Kui Ta teab, et Ta on meie elus esimene, siis annab Ta meile selgesti teada oma igikestvast, kõiketäitvast armastusest.

[7] Francis Thompsoni „Taevakoer“.

PARAMAHANSA YOGANANDA EESTIKEELSED RAAMATUD

Saadaval www.srfbooks.org *või teistes veebipoodides*

Joogi Autobiograafia

Inimese Igavene Otsirännak

Edu Seadus

Kuidas Kõnelda Jumalaga

Teaduslikud Tervendamise Jaatused

Metafüüsilised Meditatsioonid

Religiooniteadus

Paramahansa Yogananda Ütlused

Rõõmu leidmine iseendas

PARAMAHANSA YOGANANDA INGLISKEELSED RAAMATUD

Autobiography of a Yogi

God Talks With Arjuna: The Bhagavad Gita —
A New Translation and Commentary

The Second Coming of Christ
The Resurrection of the Christ Within You —
A revelatory commentary on the original teachings of Jesus

The Yoga of Jesus

The Yoga of the Bhagavad Gita

The Collected Talks and Essays
Volume I: **Man's Eternal Quest**
Volume II: **The Divine Romance**
Volume III: **Journey to Self-realization**

Wine of the Mystic
The Rubaiyat of Omar Khayyam — A Spiritual Interpretation

Songs of the Soul

Whispers from Eternity

Scientific Healing Affirmations

In the Sanctuary of the Soul
A Guide to Effective Prayer

The Science of Religion

Metaphysical Meditations

Where There Is Light
Insight and Inspiration for Meeting Life's Challenges

Sayings of Paramahansa Yogananda

Inner Peace
How to Be Calmly Active and Actively Calm

Living Fearlessly
Bringing Out Your Inner Soul Strength

The Law of Success

How You Can Talk With God

Why God Permits Evil and How to Rise Above It

To Be Victorious in Life

Cosmic Chants

PARAMAHANSA YOGANANDA AUDIOSALVESTISED

Beholding the One in All

The Great Light of God

Songs of My Heart

To Make Heaven on Earth

Removing All Sorrow and Suffering

Follow the Path of Christ, Krishna, and the Masters

Awake in the Cosmic Dream

Be a Smile Millionaire

One Life Versus Reincarnation

In the Glory of the Spirit

Self-Realization
The Inner and the Outer Path

SELF-REALIZATION FELLOWSHIPI TEISED TRÜKISED

Täielik kataloog, mis kirjeldab kõiki Self-Realization Fellowshipi trükiseid ja audio/video salvestisi, on saadaval nõudmisel.

The Holy Science
autor svaami Sri Yukteswar

Only Love
Living the Spiritual Life in a Changing World
autor Sri Daya Mata

Finding the Joy Within You
Personal Counsel for God-Centered Living
autor Sri Daya Mata

God Alone
The Life and Letters of a Saint
autor Sri Gyanamata

"Mejda"
The Family and the Early Life of Paramahansa Yogananda
autor Sananda Lal Ghosh

Self-Realization
(kvartaliajakiri, mille 1925. aastal asutas Paramahansa Yogananda).

DVD VIDEO

Awake: The Life of Yogananda
Valminud stuudios CounterPoint Films

Täielik kataloog raamatute ja audio/video salvestistega – nende hulgas Paramahansa Yogananda haruldaste arhiivisalvestistega — on saadaval www.srfbooks.org.

TASUTA SISSEJUHATAV BUKLETT

Paramahansa Yogananda poolt õpetatud teaduslikke meditatsioonitehnikaid, nende seas *kriija joogat*, samuti tema juhiseid tasakaalustatud vaimse elamise kõikide tahkude kohta, õpetatakse *Self-Realization Fellowshipi Õppetundides*. Selleks, et saada endale *Õppetunde* käsitlevat võrdlevat tasuta teabepaketti, külastage palun *www.srflessons.org*

Self-Realization Fellowship
3880 San Rafael Avenue • Los Angeles, CA 90065-3219
Phone +1(323) 225-2471 • Fax +1(323) 225-5088

www.yogananda.org

PARAMAHANSA YOGANANDAST

„Jumala armastuse ja inimkonna teenimise ideaal leidis täieliku väljenduse Paramahansa Yogananda elus... Kuigi suurem osa tema elust möödus väljaspool Indiat, asetub ta ikkagi talle kuuluvale kohale meie suurte pühakute hulgas. Tema töö jätkab kasvamist ja särab aina eredamalt, tõmmates kõikjal inimesi Vaimu palverännaku teele."

-India valitsuse auavaldusest seoses Paramahansa Yoganandale pühendatud margiga.

Paramahansa Yoganandat austatakse laialdaselt kui ühte meie aja silmapaistvamat vaimset tegelast. Sündinud 1893. aastal Põhja Indias, elas ja õpetas ta USAs enam kui kolmkümmend aastat – alates 1920. aastast, mil ta kutsuti India delegaadina religioossete liidrite rahvusvahelisele kongressile Bostonisse – kuni oma lahkumiseni 1952. aastal. Oma elu ja õpetuste kaudu panustas ta kaugeleulatuvalt suuremasse teadlikkusse ning ida vaimsest tarkusest lugupidamisse läänes.

Paramahansa Yogananda elulugu „Joogi autobiograafia" on selle armastatud maailmaõpetaja otsene kütkestav portree, samuti põhjapanev India muistse teaduse ja jooga-filosoofia ning tema ajaproovi läbi teinud meditatsioonitraditsiooni tutvustus. Katkematu bestsellerina seitsekümmend aastat tagasi toimunud esmasest väljaandmisest saadik, on raamatut tõlgitud enam kui viiekümnesse keelde ning seda kasutatakse kui teksti- ja viitematerjalina paljudes kolledžites ja ülikoolides. Tänapäeva vaimseks klassikaks peetuna on see raamat leidnud oma tee miljonite lugejate südameisse üle terve maailma.

Täna jätkub Paramahansa Yogananda poolt alustatud vaimne ja humanitaarne töö Self-Realization Fellowshipi/Yogoda Satsanga Society of India presidendi vend Chidananda juhtimise all. Lisaks meistri kirjutiste, loengute ja mitteametlike vestluste (kaasa arvatud koduõppe tundide seeria) väljaandmisele tegeleb ühing ka oma üle maailma paiknevate templite, rahupaikade ja keskuste ülevaatamisega, Self-Realizationi kloostrikogukondade ja ülemaailmse palveringiga.

SELF-REALIZATION FELLOWSHIPI EESMÄRGID JA IDEAALID

Nagu need on paika pannud asutaja Paramahansa Yogananda ja president – vend Chidananda.

Levitada rahvaste seas teadmist selgetest teaduslikest tehnikatest personaalse otsese Jumala-kogemuse saavutamiseks.

Õpetada, et elu eesmärgiks on enesepingutuse kaasabil inimese sureliku teadvuse arendamine Jumala-Teadvuseks, asutada selle saavutamiseks Self-Realization Fellowshipi templeid üle terve maailma ning julgustada koduste ja südametes asuvate individuaalsete Jumala templite rajamist.

Avaldada täielikku harmooniat, algupärase kristluse ja algupärase Bhagavan Krišna õpetatud Jooga põhiolemuslikku ühtsust - näitamaks, et need tõe põhimõtted on kõigi tõeliste religioonide ühiseks teaduslikuks alusmüüriks.

Näidata ühte jumalikku kiirteed, milleni kõigi tõeliste religioossete uskumuste teerajad lõpuks viivad – igapäevast-, teaduslikku-, pühendumuslikku Jumalale mediteerimise kiirteed.

Vabastada inimene tema kolmekordsest kannatusest: kehalistest haigustest, mentaalsetest ebakõladest ja vaimsest ignorantsusest.

Julgustada „lihtsat eluviisi ja kõrget mõtlemist“, levitada kõigi inimeste seas vendluse vaimu, õpetades nende ühtsuse igavest alust – sugulust Jumalaga.

Näidata mõistuse ülimuslikkust keha üle, hinge ülimuslikkust mõistuse üle.

Saada kurjast üle heaga, kurbusest rõõmuga, julmusest lahkusega, ignorantsusest tarkusega.

Ühendada teadus ja religioon läbi nende aluspõhimõtete ühtsuse teostamise.

Olla ida ja lääne kultuurilise ja vaimse mõistmise ja nende erisuste vahetamise eestkõnelejaks.

Teenida inimkonda kui iseenda suurimat Mina.

www.ingramcontent.com/pod-product-compliance
Lightning Source LLC
Chambersburg PA
CBHW032148310526
45969CB00038B/378